铁路劳动安全培训题库

中国国家铁路集团有限公司 劳动和卫生部 安全监督管理局 主编

中国铁道出版社有限公司
CHINA RAILWAY PUBLISHING HOUSE CO., LTD.
北　京

内 容 简 介

本书依据《铁路劳动安全培训规范(2023版)》要求,根据《铁路劳动安全》培训教材编写。全书共分六篇,内容包括安全基础篇、常见事故预防篇、季节性劳动安全篇、专业劳动安全篇、事故处置篇、劳动防护用品与职业健康篇。本书突出对安全实作的考核和事故案例的分析,具有较强的针对性和实用性。

本书适用于铁路从业人员劳动安全培训考核,以及站段、车间、班组"三级"安全教育的培训考核,也可供职业院校铁道类专业在校学生安全教育参考。

图书在版编目(CIP)数据

铁路劳动安全培训题库 / 中国国家铁路集团有限公司劳动和卫生部,中国国家铁路集团有限公司安全监督管理局主编. -- 北京 : 中国铁道出版社有限公司, 2025. 8(2025. 10 重印).
ISBN 978-7-113-32529-9

Ⅰ. U298-44

中国国家版本馆 CIP 数据核字第 2025UD4472 号

书　　名:铁路劳动安全培训题库
作　　者: 中国国家铁路集团有限公司劳动和卫生部
中国国家铁路集团有限公司安全监督管理局

策划编辑: 崔忠文
责任编辑: 秦绪涛　李纯一　聂宏伟　　**编辑部电话:**(010)51871560
封面设计: 高博越
责任校对: 安海燕
责任印制: 赵星辰

出版发行: 中国铁道出版社有限公司(100054,北京市西城区右安门西街8号)
网　　址: https://www.tdpress.com
印　　刷: 北京联兴盛业印刷股份有限公司
版　　次: 2025年8月第1版　2025年10月第3次印刷
开　　本: 880 mm×1 230 mm 1/32　**印张:** 10　**字数:** 277千
书　　号: ISBN 978-7-113-32529-9
定　　价: 45.00元

编审人员

国铁集团：

安　拓　刘　宁　聂士伟　张　亮　张志科

戴瑞亮　胡　崇　郭战伟　马慧君　李文涛

闫永利　卢　剑　史宪晟　许结龙

哈尔滨局集团公司：

张　平　张淑伟　佟　辛　张　岩　王正宇

沈阳局集团公司：

吴　凯　杨逢春　范洪发　常　也　朱　锴

周作宝

北京局集团公司：

袁树军　陈鑫栋　申文军　刘爱新

武汉局集团公司：

曾　斌　徐　艳　党　昭　梁耀辉　赵　勇

庞燕苏　牛　仪　吴睿聪

西安局集团公司：

刘佳臻

上海局集团公司：

楼湖广　王　磊　叶　飞　黄宝瑛　桂九宏

孙大为　汪中飞　朱程丹　阮芙蓉　张鑫楠

刘　仓　胡长青　顾　峰　吴胜利　骆晓明

刘　铁　吴建新　鲁熹禧　王　飞　赵　宁

南昌局集团公司：

卢润初　黄进发　李炳林　黄存国　方善锋

饶　强　谢　鹏　徐　扬　章其昌　胡善同

冯　金

广州局集团公司：

邱升辉

兰州局集团公司：

柴仓宝　杨　帆

铁路安全研究中心：

李秋芬　张雨晨

铁科院集团公司：

邱永祥　刘松涛　刘光奇

铁道出版社公司：

秦绪涛　崔忠文　刘　钢　薛丽娜　聂宏伟

李纯一　曾丽辰　冯琪宇　鹿金炜

前言

为了进一步加强和规范铁路劳动安全培训工作，推进劳动安全培训考核的规范化和标准化，中国国家铁路集团有限公司劳动和卫生部、安全监督管理局依据《铁路劳动安全培训规范(2023版)》《铁路劳动安全》培训教材，组织编制了《铁路劳动安全培训题库》。

本题库内容源自《铁路劳动安全》培训教材，突出安全操作技能，分为安全基础篇、常见事故预防篇、季节性劳动安全篇、专业劳动安全篇、事故处置篇、劳动防护用品与职业健康篇，共六篇二十九章。题型设置有填空题、选择题、判断题、简答题、情境题、事故案例分析题。常见事故预防篇和专业劳动安全篇设置有情境题，提炼作业过程中的安全注意事项和应急处置措施，呈现铁路标准化作业的真实场景；常见事故预防篇设置有事故案例分析题，收录运输生产过程中真实发生的典型事故案例，引导职工深入思考作业风险点及防控措施。本题库适用于铁路从业人员劳动安全培训考核，以及站段、车间、班组“三级”安全教育的培训考核，也可供职业院校铁道类专业在校学生安全教育参考。

题库配套开发有“铁路劳动安全培训题库”微信小程序，

方便职工日常练习自测。

本题库由中国国家铁路集团有限公司劳动和卫生部、安全监督管理局主编;哈尔滨、沈阳、武汉、上海、南昌、兰州局集团公司,铁路安全研究中心,铁科院集团公司,铁道出版社公司相关人员参与编写;安拓、刘宁、许结龙、吴凯、卢润初、楼湖广、柴仓宝、曾斌统稿。审定过程中,广泛征求国铁集团各专业部门和相关铁路局集团公司专家的意见建议,保证了内容的专业性、权威性、实用性。

由于编写时间有限,书中难免存在不妥之处,诚请读者批评指正。

编　者

2025 年 6 月

目录

安全基础篇

第一章 安全概述

一、填空题

1. 安全是指在生产过程中，能将__________和财产损失控制在可接受水平的状态。

2. 劳动安全是劳动者享有的在从业过程中__________获得保障、免受__________的权利。

3. 根据安全风险管理理念，我国对生产经营单位提出了构建安全风险分级管控和______________双重预防机制的要求。

4. 按照轨迹交叉理论，通过避免人的______________和物的______________同时同地出现，可以有效预防事故的发生。

二、选择题

（一）单项选择题（每题备选答案中，只有一个符合题意的正确答案，请将正确答案前的字母填到题目中的括号内）

1. 铁路安全管理工作重心的发展历程，很好地诠释了由事故管理到隐患管理，再到风险管理，强调（　　）的发展规律。

A. 及时防范、源头治理　　B. 及时防范、应急治理

C. 超前防范、源头治理　　D. 超前防范、应急治理

2. 安全风险管理是指根据安全风险评估的结果，确定安全风险控制的（　　）和安全风险控制措施，以达到改善安全生产环境、减少和杜绝生产安全事故的目标。

A. 程度等级　　B. 具体因素

C. 方法工具　　D. 优先顺序

（二）多项选择题（每题备选答案中，有两个或两个以上符合题意的正确答案，请将正确答案前的字母填到题目中的括号内）

1. 危险源是指可能造成（　　）或其他损失的根源或状态。

A. 人员伤害　　B. 财产损失

C. 管理失控　　D. 作业环境破坏

2. 铁路运输安全是指在铁路运输过程中，(　　)的全部生产活动。

A. 维护铁路正常的运行秩序

B. 保证货物完整性

C. 保障旅客和铁路从业人员生命财产安全

D. 保证运输设备完整性

3. 防护措施是指为避免职工在作业时身体的某部位误入危险区域或接触有害物质而采取的(　　)、通风等措施或手段。

A. 个人防护　　B. 屏障

C. 安全距离　　D. 隔离

4. 伤亡事故分为(　　)、一般事故。

A. 特别重大事故　　B. 重大事故

C. 较大事故　　D. 中等事故

三、判断题(判断下列各题，正确的在题干后面括号内打"√"，错误的打"×")

1. 安全不是瞬间的结果，而是对系统在某一时期，某一生产过程状态的描述，是一个动态过程。(　　)

2. 事故是由于物质或能量释放导致的人身伤害、环境破坏或财产损失等不良后果的级别达到了一定程度的危险情形。(　　)

3. 铁路运输安全包括行车安全、环境及路外安全、消防安全等方面的内容，劳动安全不包括在铁路运输安全范围内。(　　)

四、简答题

1. 双重预防机制强调构筑防范生产安全事故的两道防火墙，这两道"防火墙"分别指什么?

2. 风险的定义是什么?

3. 风险与隐患有什么区别?

参 考 答 案

一、填空题

1. 人员伤亡
2. 人身安全;职业伤害
3. 隐患排查治理
4. 不安全行为;不安全状态

二、选择题

(一)单项选择题

1. C　　2. D

(二)多项选择题

1. ABD　　2. ABCD　　3. ABCD　　4. ABC

三、判断题

1. √　2. √　3. ×　解析:铁路运输安全包括行车安全、劳动安全、环境及路外安全、消防安全、综合治安及反恐防暴等方面的内容。

四、简答题

1. 答:第一道“防火墙”是管风险,以安全风险辨识和管控为基础,从源头上系统辨识风险、分级管控风险,努力把各类风险控制在可接受范围内,杜绝和减少事故隐患。第二道“防火墙”是治隐患,以隐患排查和治理为手段,认真排查风险管控过程中出现的缺失、漏洞和风险控制失效环节,坚决把隐患消灭在事故发生之前。

2. 答:风险是指某一特定危险情况发生的可能性与后果严重性的组合。

3. 答:风险是在未导致人员伤亡、财产损失的情况下,人们对危险源可能造成的损失进行主观判断的结果。而隐患是将考虑事故发生的可能性转变成了现实存在。因此,风险是不能够被消除的,而隐患通过治理是可以被消除的。

第二章 国家法律法规

一、填空题

1. 铁路运输生产活动必须遵循的与安全密切相关的综合法律是《中华人民共和国____________》。

2. 安全生产工作应当以人为本，坚持人民至上、生命至上，把保护______________摆在首位。

3. 安全生产工作的方针是______第一、______为主、综合治理。

4.《中华人民共和国刑法》规定，因交通运输肇事后逃逸致人死亡的，处____年以上有期徒刑。

5.《铁路安全管理条例》规定，铁路线路两侧应当设立__________________，以保护铁路线路安全。

6. 铁路交通事故中，造成 3 人以下死亡，或者 10 人以下重伤，或者 1 000 万元以下直接经济损失的，为______事故。

二、选择题

（一）单项选择题（每题备选答案中，只有一个符合题意的正确答案，请将正确答案前的字母填到题目中的括号内）

1.《中华人民共和国刑法》规定，铁路职工违反规章制度，致使发生铁路运营安全事故，造成严重后果的，处（　　）年以下有期徒刑或者拘役。

A. 两　　B. 三　　C. 五　　D. 七

2.《中华人民共和国刑法》规定，安全生产设施或者安全生产条件不符合国家规定，因而发生重大伤亡事故或者造成其他严重后果的，对直接负责的主管人员和其他直接责任人员，处（　　）年以下有期徒刑或者拘役。

A. 两　　B. 三　　C. 五　　D. 七

3. 铁路交通事故中，繁忙干线客运列车脱轨（　　）辆以上并中断铁路行车 48 h 以上的，为特别重大事故。

A. 17　　B. 18　　C. 19　　D. 20

4. 铁路交通事故中，货运列车脱轨（　　）辆以上的，为重大事故。

A. 40　　B. 50　　C. 60　　D. 70

5. 铁路交通事故中，造成（　　）人以上 10 人以下死亡，或者 10 人以上 50 人以下重伤，或者 1 000 万元以上 5 000 万元以下直接经济损失的，为较大事故。

A. 2　　B. 3　　C. 4　　D. 5

（二）多项选择题（每题备选答案中，有两个或两个以上符合题意的正确答案，请将正确答案前的字母填到题目中的括号内）

1.《中华人民共和国安全生产法》规定安全生产工作实行“三管”，即（　　）。

A. 管行业必须管安全　　B. 管业务必须管安全

C. 管技术必须管安全　　D. 管生产经营必须管安全

2.《铁路交通事故应急救援和调查处理条例》适用于铁路机车车辆发生（　　）等影响铁路正常行车的铁路交通事故的应急救援和调查处理。

A. 冲突　　B. 脱轨　　C. 火灾　　D. 爆炸

3. 铁路交通事故等级分为（　　）。

A. 特别重大事故　　B. 重大事故

C. 较大事故　　D. 一般事故

4.《中华人民共和国刑法》规定，违反（　　）、腐蚀性物品的管理规定，在生产、储存、运输、使用中发生重大事故，造成严重后果的，处三年以下有期徒刑或者拘役。

A. 爆炸性　　B. 易燃性　　C. 放射性　　D. 毒害性

三、判断题（判断下列各题，正确的在题干后面括号内打“√”，错误的打“×”）

1.《中华人民共和国劳动法》是我国第一部关于安全生产的综合

法律，是安全生产的基本法。（ ）

2. 未经安全生产教育和培训合格的从业人员，在有师傅带领的情况下，可以上岗作业。（ ）

3. 铁路运输企业工作人员不得窃取、泄露旅客身份信息。（ ）

4. 在安全事故发生后，负有报告职责的人员不报或者谎报事故情况，贻误事故抢救，情节严重的，处一年以下有期徒刑或者拘役。（ ）

5. 铁路交通事故中，中断繁忙干线铁路行车 6 h 以上的为重大事故。（ ）

6. 从事铁路安全检查的工作人员应当佩戴安全检查标志，有权拒绝不接受安全检查的旅客进站乘车和托运行李物品。（ ）

7. 职工在工作时间前后在工作场所内，从事与工作有关的预备性或者收尾性工作受到事故伤害的，应当认定为工伤。（ ）

8. 在上下班途中，凡是受到交通事故或者城市轨道交通、客运轮渡、铁路列车事故伤害的，都应当认定为工伤。（ ）

四、简答题

1.《中华人民共和国安全生产法》对从业人员有哪些基本要求？

2.《中华人民共和国刑法》中对强令他人违章冒险作业发生事故的处理有何规定？

3.《中华人民共和国刑法》中对交通肇事后逃逸的处理有何规定？

4.《中华人民共和国劳动法》对从业人员有哪些基本要求？

参考答案

一、填空题

1. 安全生产法　　2. 人民生命安全
3. 安全;预防　　4. 七
5. 铁路线路安全保护区　　6. 一般

二、选择题

(一)单项选择题

1. B　2. B　3. B　4. C　5. B

(二)多项选择题

1. ABD　2. ABCD　3. ABCD　4. ABCD

三、判断题

1. × 解析:《中华人民共和国安全生产法》是我国第一部关于安全生产的综合法律,是安全生产的基本法。 2. × 解析:未经安全生产教育和培训合格的从业人员,不得上岗作业。 3. √ 4. × 解析:在安全事故发生后,负有报告职责的人员不报或者谎报事故情况,贻误事故抢救,情节严重的,处三年以下有期徒刑或者拘役。 5. × 解析:铁路交通事故中,中断繁忙干线铁路行车 6 h 以上的为较大事故。 6. √ 7. √ 8. × 解析:在上下班途中,受到非本人主要责任的交通事故或者城市轨道交通、客运轮渡、铁路列车事故伤害的,应当认定为工伤。

四、简答题

1. 答:(1)未经安全生产教育和培训合格的从业人员,不得上岗作业。(2)生产经营单位的特种作业人员必须按照国家有关规定经专门的安全作业培训,取得相应资格,方可上岗作业。(3)生产经营单位的从业人员不落实岗位安全责任,不服从管理,违反安全生产规章制度或者操作规程的,由生产经营单位给予批评教育,依照有关规章制度给予处分；构成犯罪的，依照《中华人民共和国刑法》有关规定追究刑事责任。

2. 答：强令他人违章冒险作业，或者明知存在重大事故隐患而不排除，仍冒险组织作业，因而发生重大伤亡事故或者造成其他严重后果的，处五年以下有期徒刑或者拘役；情节特别恶劣的，处五年以上有期徒刑。

3. 答：违反交通运输管理法规，因而发生重大事故，致人重伤、死亡或者使公私财产遭受重大损失的，处三年以下有期徒刑或者拘役；交通运输肇事后逃逸或者有其他特别恶劣情节的，处三年以上七年以下有期徒刑；因逃逸致人死亡的，处七年以上有期徒刑。

4. 答：(1)劳动者应当完成劳动任务，提高职业技能，执行劳动安全卫生规程，遵守劳动纪律和职业道德。(2)从事特种作业的劳动者必须经过专门培训并取得特种作业资格。(3)劳动者在劳动过程中必须严格遵守安全操作规程。(4)从事技术工种的劳动者，上岗前必须经过培训。

第三章 企业规章制度

一、填空题

1.《铁路技术管理规程》特别要求铁路行车有关人员，在任职、提职、改职前，必须取得相应__________证书和岗位培训合格证书。

2. 站内和行人较多的地段，牵引供电设备支柱在距轨面2.5 m高处均要设白底黑字“__________”并有红色闪电符号的警示标志。

3. 发现牵引供电设备断线及其部件损坏，应立即通知附近车站，在牵引供电设备检修人员到达未采取措施以前，任何人员均应距已断线索或异物处所____m以外。

4.《铁路车站行车作业人身安全规定》要求清扫道岔(含降雪天气清扫道岔积雪)前须得到____________或有关人员的同意。

5.《牵引变电所安全工作规程》规定，牵引变电所的电气设备自________________即认定为带电设备。

二、选择题

(一)单项选择题(每题备选答案中，只有一个符合题意的正确答案，请将正确答案前的字母填到题目中的括号内)

1.《电气化铁路有关人员电气安全规则》规定，电气化铁路相关作业人员(　　)至少进行一次安全考试，考试合格后，方准参加作业。

A. 每月　　B. 每季度　　C. 每半年　　D. 每年

2. 距牵引供电设备带电部分不足(　　)m的燃着物体，用水或灭火器灭火时，牵引供电设备必须停电。

A. 2　　B. 2.5　　C. 4　　D. 10

3. 距牵引供电设备带电部分超过2 m的燃着物体，使用沙土灭火时，牵引供电设备可不停电，但须保持灭火机具及沙土等与带电部分的距离在(　　)m以上。

A. 1　　B. 2　　C. 3　　D. 4

4.《高速铁路牵引变电所安全工作规则》规定，牵引变电所的运维和修试人员应（　　）进行一次身体检查。

A. 每半年　　B. 每年　　C. 每两年　　D. 每三年

5. 野外作业遇雷雨时，作业人员应放下手中的（　　），迅速到安全处所躲避。

A. 所有工具　　B. 通信工具

C. 金属器具　　D. 非金属器具

6.《牵引变电所安全工作规程》规定，从事牵引变电所运行和检修工作的有关人员必须实行（　　）等级制度。

A. 生产　　B. 安全　　C. 规章　　D. 任务

7. 除牵引供电专业人员按规定作业外，任何人员及所携带的物件、作业工器具等须与牵引供电设备高压带电部分保持（　　）m 以上的距离，距离不足时，牵引供电设备须停电。

A. 1　　B. 2　　C. 5　　D. 10

8. 除牵引供电专业人员按规定作业外，任何人员及所携带的物件、作业工器具等须与回流线、架空地线、保护线保持（　　）m 以上距离，距离不足时，牵引供电设备须停电。

A. 1　　B. 2　　C. 5　　D. 10

（二）多项选择题（每题备选答案中，有两个或两个以上符合题意的正确答案，请将正确答案前的字母填到题目中的括号内）

1. 新接收录用、转岗、晋升人员在上岗前须经过（　　）三级安全培训教育，保证其具备本岗位安全操作、应急处置等知识和技能。

A. 单位　　B. 车间　　C. 技术科　　D. 班组

2.《铁路车站行车作业人身安全规定》要求行车作业人员不准脚踏（　　）等。

A. 钢轨面　　B. 道岔连接杆

C. 尖轨　　D. 辙叉心

3. 野外作业遇雷雨时，作业人员严禁在（　　）躲避。

A. 大树下　　B. 电杆旁

C. 停留的列车底部　　　　D. 涵洞内

三、判断题（判断下列各题，正确的在题干后面括号内打“√”，错误的打“×”）

1. 机车、动车及各种车辆上方的接触网设备未停电并办理安全防护措施前，禁止任何人员攀登到车顶或车辆装载的货物上。　（　）

2. 在修建靠近接触网的构筑物时，可以借助接触网支柱搭脚手架。　（　）

3. 电气化区段上水、保洁、施工等作业，不得将水管向供电线路方向喷射，站车保洁不得采用向车体上部喷水方式洗刷车体。　（　）

4. 调车作业时，在车列、车辆运行中，最多允许两人站在同一闸台、车梯及机车一侧脚踏板上。　（　）

5. 防护员（驻站联络员、现场防护员）必须由经培训考试合格的人员担任并持证上岗。　（　）

6. 遇有雷电时（在作业地点可见闪电或可闻雷声）如需完成接触网上作业，应采取全面的安全防护措施。　（　）

7. 新职、转岗、晋升人员经安全培训合格后，严禁未定职人员单独作业，严禁师徒分离。　（　）

四、简答题

1. 关于作业人员与牵引供电设备的安全距离有何规定？

2. 牵引供电设备故障时，有何安全注意事项？

3. 对牵引供电设备带电部分周围燃着物体灭火时，有何消防安全要求？

参考答案

一、填空题

1. 职业资格　　2. 高压危险
3. 10　　4. 车站值班员
5. 第一次受电开始

二、选择题

（一）单项选择题

1. D　2. C　3. B　4. B　5. C　6. B　7. B
8. A

（二）多项选择题

1. ABD　2. ABCD　3. ABCD

三、判断题

1. √　2. ×　解析：禁止借助接触网支柱搭脚手架。　3. √　4. ×　解析：调车作业时，在车列、车辆运行中，禁止两人及以上站在同一闸台、车梯及机车一侧脚踏板上。　5. √　6. ×　解析：遇有雷电时（在作业地点可见闪电或可闻雷声）禁止在接触网上作业。　7. √

四、简答题

1. 答：为保证人身安全，除牵引供电专业人员按规定作业外，任何人员及所携带的物件、作业工器具等须与牵引供电设备高压带电部分保持 2 m 以上的距离，与回流线、架空地线、保护线保持 1 m 以上距离，距离不足时，牵引供电设备须停电。

2. 答：牵引供电设备故障时，与牵引供电设备相连接的支柱、接地引下线、综合接地线等可能出现高电压，未采取安全措施前，禁止与其接触，并保持安全距离。

3. 答：（1）距牵引供电设备带电部分不足 4 m 的燃着物体，用水或灭火器灭火时，牵引供电设备必须停电。（2）距牵引供电设备带电部分超过 2 m 的燃着物体，使用沙土灭火时，牵引供电设备可不停电，但须保持灭火机具及沙土等与带电部分的距离在 2 m 以上。

第四章 安全权责

一、填空题

1.《中华人民共和国安全生产法》规定，从业人员有权拒绝违章指挥和强令__________。

2.《中华人民共和国安全生产法》规定，从业人员有权了解其作业场所和工作岗位存在的危险因素、防范措施及______________，有权对本单位的安全生产工作提出建议。

3. 从业人员发现直接危及人身安全的紧急情况时，有权__________或者在采取可能的应急措施后撤离作业场所。

4. 分管生产的负责人统筹组织生产过程中各项安全生产制度和措施的落实，改善安全生产条件，对企业安全生产工作负__________责任。

二、选择题

（一）单项选择题（每题备选答案中，只有一个符合题意的正确答案，请将正确答案前的字母填到题目中的括号内）

1.《中华人民共和国劳动法》规定，劳动者依法享有接受（　　）的权利。

A. 职业技能培训　　B. 高等教育

C. 函授教育　　D. 全日制教育

2. 从业人员应当接受安全生产教育和培训，掌握本职工作所需的安全生产知识，提高安全生产技能，增强（　　）和应急处理能力。

A. 分级管控　B. 监督管理　C. 综合治理　D. 事故预防

3. 从业人员在（　　）期间被证明不符合录用条件的，铁路运输企业有权与其解除劳动合同。

A. 试用　　B. 学习　　C. 培训　　D. 教育

（二）多项选择题（每题备选答案中，有两个或两个以上符合题意的

正确答案，请将正确答案前的字母填到题目中的括号内）

1.《中华人民共和国安全生产法》规定，从业人员有权对本单位安全生产工作中存在的问题提出（　　）。

A. 批评　B. 检举　C. 控告　D. 疑义

2.《中华人民共和国劳动法》规定，劳动者需要履行遵守（　　）的义务。

A. 廉洁纪律　B. 作业指南　C. 劳动纪律　D. 职业道德

三、判断题（判断下列各题，正确的在题干后面括号内打“√”，错误的打“×”）

1. 企业员工发现事故隐患或者其他不安全因素，应当立即向现场安全生产管理人员或者本单位负责人报告。（　　）

2. 劳动纪律的本质是绝大部分员工遵守的规则。（　　）

3. 从业人员严重失职，营私舞弊，给用人单位造成重大损害的，铁路运输企业有权与其解除劳动合同。（　　）

4. 劳动者依法享有获得劳动安全卫生保护的权利。（　　）

5. 企业员工应落实岗位安全职责，遵守本单位的安全生产规章制度和操作规程。（　　）

6. 从业人员在安全生产中的义务仅包括个人的行为规范，不包括对企业和社会的责任。（　　）

四、简答题

1.《中华人民共和国安全生产法》规定从业人员应当履行哪些安全生产义务？

2.《中华人民共和国安全生产法》规定从业人员享有哪些安全生产权利？

3.《中华人民共和国劳动法》规定劳动者应当履行哪些义务？

4. 铁路运输企业有权与企业员工解除劳动合同的情形有哪些？

5. 企业员工落实岗位安全职责的具体内容是什么？

参 考 答 案

一、填空题

1. 冒险作业　　2. 事故应急措施
3. 停止作业　　4. 直接领导

二、选择题

（一）单项选择题

1. A　2. D　3. A

（二）多项选择题

1. ABC　2. CD

三、判断题

1. √　2. ×　解析：劳动纪律的本质是**全体员工共同遵守**的规则。3. √　4. √　5. √　6. ×　解析：从业人员在安全生产中的义务**是全面的**，既包括个人的行为规范，**也包括对企业和社会的责任**。

四、简答题

1. 答：(1)从业人员在作业过程中，应当严格落实岗位安全责任，遵守本单位的安全生产规章制度和操作规程，服从管理，正确佩戴和使用劳动防护用品。(2)从业人员应当接受安全生产教育和培训，掌握本职工作所需的安全生产知识，提高安全生产技能，增强事故预防和应急处理能力。(3)从业人员发现事故隐患或者其他不安全因素，应当立即向现场安全生产管理人员或者本单位负责人报告；接到报告的人员应当及时予以处理。

2. 答：(1)有权了解其作业场所和工作岗位存在的危险因素、防范措施及事故应急措施，有权对本单位的安全生产工作提出建议。(2)有权对本单位安全生产工作中存在的问题提出批评、检举、控告。(3)有权拒绝违章指挥和强令冒险作业。(4)发现直接危及人身安全的紧急情况时，有权停止作业或者在采取可能的应急措施后撤离作业场所。(5)因生产安全事故受到损害的从业人员，除依法享有工伤保险外，依照有关民事法律尚有获得赔偿的权利的，有权提出赔偿要求。

3. 答：(1)劳动者应当完成劳动任务。(2)劳动者应当提高职业技能。(3)劳动者应当执行劳动安全卫生规程。(4)劳动者应当遵守劳动纪律和职业道德。

4. 答：(1)在试用期间被证明不符合录用条件的。(2)严重违反用人单位的规章制度的。(3)严重失职，营私舞弊，给用人单位造成重大损害的。(4)劳动者同时与其他用人单位建立劳动关系，对完成本单位的工作任务造成严重影响，或者经用人单位提出，拒不改正的。(5)以欺诈、胁迫的手段或者乘人之危，使对方在违背真实意思的情况下订立或者变更劳动合同的情形致使劳动合同无效的。(6)被依法追究刑事责任的。

5. 答：企业员工应落实岗位安全职责，遵守本单位的安全生产规章制度和操作规程；服从管理，正确佩戴和使用劳动防护用品；接受安全生产教育和培训，掌握本职工作所需的安全生产知识，提高安全生产技能，增强事故预防和应急处理能力；发现事故隐患或者其他不安全因素，应当立即向现场安全生产管理人员或者本单位负责人报告。

第五章 安全标志标识

一、填空题

1. 、、等以带斜杠的圆边框为基本型式的安全标志属于______标志。

2. 在起重吊装作业场所设置安全标志，其传达的安全信息是指令作业及现场人员必须__________。

3. 在电气焊作业地点设置安全标志，其传达的安全信息是指令作业人员必须佩戴____________。

4. 在吊装作业现场设置安全标志，其传达的安全信息是警告作业人员__________。

5. 安全标志用于警告现场人员__________。

二、选择题

（一）单项选择题（每题备选答案中，只有一个符合题意的正确答案，请将正确答案前的字母填到题目中的括号内）

1. 安全色与对比色搭配使用时，安全色中的红色搭配的对比色为（　　）色。

A. 白　　B. 蓝　　C. 绿　　D. 黑

2. 安全色与对比色搭配使用时，安全色中的蓝色搭配的对比色为(　　)色。

A. 白　　B. 红　　C. 绿　　D. 黑

3. 在高处作业场所设置安全标志  ，其传达的安全信息是要求作业人员(　　)。

A. 禁止伸入　B. 当心夹手　C. 禁止抛物　D. 禁止转动

4. 在机床作业场所设置安全标志  ，其传达的安全信息是指令作业人员(　　)。

A. 必须戴面具　　B. 必须戴安全帽

C. 必须戴遮光护目镜　　D. 必须戴防护眼镜

5. 在作业场所设置安全标志  ，其传达的安全信息是要求现场人员(　　)。

A. 禁止动火　　B. 禁止烟火

C. 禁止用水灭火　　D. 禁止存放易燃物

6. 在作业场所设置安全标志  ，其传达的安全信息是警告现场人员(　　)。

A. 连续转弯　B. 当心闪电　C. 当心触电　D. 当心电缆

7. 在升降作业平台附近设置安全标志  ，其传达的安全信息是指令作业人员(　　)。

A. 必须穿防护服　　B. 必须系安全带

C. 必须穿救生衣　　D. 必须单人作业

8. 在作业场所设置安全标志，其传达的安全信息是指令作业人员(　　)。

A. 必须戴防尘口罩　　B. 必须戴防护眼镜

C. 必须戴护耳器　　D. 必须戴防毒面具

9. 在作业场所设置安全标志，其传达的安全信息是警告作业人员(　　)。

A. 当心机械伤人　　B. 禁止转动

C. 禁止伸入　　D. 禁止启动

(二)多项选择题(每题备选答案中，有两个或两个以上符合题意的正确答案，请将正确答案前的字母填到题目中的括号内)

1. 安全标志在日常生产中起着传递(　　)等安全信息的作用。

A. 禁止　　B. 警告　　C. 指令　　D. 提示

2. 安全色包括(　　)、绿色。

A. 红色　　B. 蓝色　　C. 黄色　　D. 橙色

3. 安全色中的红色应用于(　　)等。

A. 禁止标志　　B. 交通禁令标志

C. 消防设备标志　　D. 危险信号旗

4. 安全色中的黄色应用于(　　)等。

A. 禁止标志

B. 道路交通标志和标线中的警告标志

C. 警告信号旗

D. 道路交通标志和标线中的指示标志

5. 安全色中的绿色应用于(　　)等。

A. 提示标志　　B. 应急避难场所

C. 机械的停止按钮　　　　D. 避险处

6. 安全色与对比色应按规定搭配使用，其中安全色（　　）的对比色是白色。

A. 黄色　　B. 蓝色　　C. 红色　　D. 绿色

三、判断题（判断下列各题，正确的在题干后面括号内打“√”，错误的打“×”）

1. 安全色中的蓝色应用于各种指令标志、道路交通标志和标线中的指示标志等。（　　）

2. 对比色黑色可与安全色红色、黄色搭配使用，用于安全标志的文字、图形符号和警告标志的几何边框。（　　）

3. 指令标志是强制人们必须做出某种动作或采用防范措施的图形标志。（　　）

四、简答题

1. 安全标志分哪几种类型？

2. 什么是安全色？包括哪几种颜色？

参考答案

一、填空题

1. 禁止　　2. 戴安全帽
3. 遮光护目镜　　4. 当心吊物
5. 当心塌方

二、选择题

(一)单项选择题

1. A　2. A　3. C　4. D　5. B　6. C　7. B
8. D　9. A

(二)多项选择题

1. ABCD　2. ABC　3. ABCD　4. BC　5. ABD
6. BCD

三、判断题

1. √　2. ×　解析:对比色黑色与安全色**黄色**搭配使用。　3. √

四、简答题

1. 答:安全标志分四种类型,即禁止标志、警告标志、指令标志和提示标志。

2. 答:安全色是传递安全信息含义的颜色。安全色包括红色、蓝色、黄色、绿色四种颜色。

常见事故预防篇

第一章 预防机车车辆伤害

一、填空题

1. 班前、班中禁止______，按规定时间休息，班中精力充沛，工作时不准嬉戏打闹。

2. 作业中应按规定着装，正确佩戴、使用__________用品用具。

3. 通过线路时，应走地道或天桥。必须横越线路时，应做到“__________________”，并注意左右机车车辆的动态及脚下有无障碍物。

4. ________人员严禁扒乘机车车辆，以车代步。

5. 任何人员严禁在运行中的机车车辆前面______。

6. 横越停有机车车辆的线路时，先确认该机车车辆__________，然后在该机车车辆较远处通过。

7. 严禁横越线路或侵限行走的同时使用__________设备(包括无线调车灯显设备、GSM-R 手持台、无线列调电台、货检作业手持机及电台等)联系、联控。

8. 禁止在不具备__________条件的桥梁、站台、路肩上使用各类交通工具。

9. 上道作业、上下工、出退乘应按___________路线行走，执行同去、同归制度。

10. 在区间行走时应走路肩，不间断瞭望，在双线区间应______列车运行方向行走，禁止在______和______中间行走或躲避列车。

11. 进出高速铁路防护栅栏门、桥隧疏散救援通道门，执行高速铁路________制度。

12. 严禁未定职人员单独作业，严禁______分离。

13. 顺线路行走时，应走两线路中间或路肩，作业人员及所携带的工具不得侵入______________。

14. 搬运材料、配件需在两线间行走时，应设置______，不得紧靠线路。

15. 上道作业人员原则上应从______一侧上下道，确需横越线路时，应明确防护措施并纳入作业方案。

16. 施工、维修均应编制__________，并按规定审批。

17. 施工(维修)作业应召开点前______会和点后______会。

18. 调车组需保持同侧作业，不准运行中______上下车(牵出时最后一辆及《车站行车工作细则》等另有规定的除外)。

19. 手推调车时，必须在车辆______进行，并注意脚下有无障碍物。

20. 调整钩位、处理钩销时不得探身到两______之间。

21. 在站内行走应走车站__________路线。

22. 调车带风作业时，必须执行____________、____________、三提钩的作业程序。

23. 机车乘务员在运行中应认真瞭望，遇有危及人身安全的情况时，应立即采取减速或______措施。

24. 步行上下工必须走道心时，应设置______防护。

25. 施工维修作业中，现场防护员每 3～5 min 应与____________联系确认一次。

二、选择题

(一)单项选择题(每题备选答案中，只有一个符合题意的正确答案，请将正确答案前的字母填到题目中的括号内)

1. 高速铁路施工、维修及上道检查作业必须在(　　)进行。

A. 天窗点内　　B. 夜间

C. 列车运行间隔　　D. 线路空闲时

2. 施工单位的安全员、防护员、联络员、带班人员和工班长应经过(　　)有关部门或指定单位培训。

A. 车间　　B. 站段

C. 铁路局集团公司　　D. 施工单位

3. 普速铁路列车运行速度大于（　　）km/h 的区段，巡查、巡守人员不得在道床范围内行走。

A. 80　　B. 100　　C. 110　　D. 120

4. 普速铁路列车运行速度为 140 km/h 时，本线来车下道完毕距离应不小于（　　）m。

A. 800　　B. 1 000

C. 1 200　　D. 1 400

5. 高速铁路固定设备的临时上道检查、故障抢修作业须在《行车设备检查登记簿》内登记，并经（　　）同意后，方可上道作业。

A. 列车调度员　　B. 车站值班员

C. 作业负责人　　D. 车站负责人

6. 普速铁路作业人员下道避车时，距钢轨头部外侧距离不小于（　　）m，设有避车台（洞）的桥梁（隧道）应进入避车台（洞）避车。

A. 2.5　　B. 2.0　　C. 1.5　　D. 1.0

7. 上线路作业时，禁止携带（　　）等声讯电子设备。

A. 非生产配置的手机　　B. 无线调车灯显设备

C. GSM-R 手持台　　D. 无线列调电台

8. 线间距不足（　　）m 地段，正线两线间不得停留人员和放置机具、材料。

A. 10.5　　B. 8.5　　C. 7.5　　D. 6.5

9. 参加营业线施工的劳务派遣工和业务外包用工应由具有带班资格的（　　）带领，不准上述劳务人员单独上道作业。

A. 正式职工

B. 劳务派遣单位负责人

C. 业务外包单位负责人

D. 施工负责人

10. 在调车作业中，允许（　　）。

A. 在车钩上坐立

B. 在平车端板支架上站立

C. 在设有上下车脚蹬的调车机车上下车

D. 在棚车顶部行走

11. 上下工区间行走通过桥梁、道口或横越线路时，应该(　　)。

A. 直接快速通过

B. 与驻站联络员联控确认

C. 随意通过

D. 无须确认信号通过

(二)多项选择题(每题备选答案中，有两个或两个以上符合题意的正确答案，请将正确答案前的字母填到题目中的括号内)

1. 线路作业和巡检人员必须熟悉管内的(　　)，作业和巡检时应注意瞭望，及时下道避车。

A. 线桥设备情况　　B. 列车运行速度

C. 列车运行密度　　D. 各种信号显示方法

2. 作业人员严禁坐卧或站立在(　　)。

A. 道心里　　B. 机车车辆底下

C. 钢轨上　　D. 轨枕头上

3. 驻站联络员应密切注视、监听(　　)情况，及时向现场防护员预告列车运行情况及调车作业动态。

A. 施工作业　　B. 车站接发列车

C. 调车(转场、取送)车列　　D. 调车作业

4. 施工和维修作业过程中遇特殊情况确需调整作业方案时，应由施工(维修)负责人研判风险，经段分管副职及以上人员批准，并采取相应保障措施，通知(　　)及相关配合单位负责人后方可实施。

A. 驻站联络员　　B. 现场防护员

C. 作业组负责人　　D. 施工车辆

5. 遇有(　　)、扬沙等恶劣天气影响瞭望时，应停止线上作业和上道检查；必须作业时，应采取特殊安全措施，保证来车之前按规定的距离及时下道。

A. 降雾　　B. 霾

C. 暴风雨(雪)　　D. 冰冻

6. 上道作业防护专用备品主要包括(　　)。

A. 机车信号　　B. 视觉信号

C. 听觉信号　　D. 通信工具

7. 施工和维修作业时,遇(　　)时,应增加中间联络防护人员。

A. 通信信号不良　　B. 作业人员不足

C. 瞭望条件不良　　D. 作业繁忙

8. 铁路局集团公司应制定驻站(调度所)联络员、现场防护员及施工负责人之间的联控办法,明确通信设备管理要求,对(　　)等环节进行规范。

A. 联控时机

B. 联控内容

C. 联控对象

D. 联控标准用语及复诵确认

9. 参加营业线施工的劳务派遣工和业务外包用工不得(　　)。

A. 单独上道作业

B. 未经培训合格即上岗

C. 担任施工安全防护员和带班人员

D. 单独使用各类作业车辆

10. 在站内顺线路行走时,不准脚踏(　　)位置。

A. 钢轨面　　B. 道岔连接杆

C. 尖轨　　D. 辙叉心

11. 调车作业时,以下作业必须等列车、车列(组)停妥的有(　　)。

A. 摘结制动软管

B. 调整钩位

C. 处理钩销

D. 采取或撤除防溜措施

12. 调车作业时,在车列、车辆走行中禁止(　　)等行为。

A. 骑坐车帮
B. 跨越车辆
C. 在装载易窜动货物间站立
D. 在车梯上探身过远

三、判断题（判断下列各题，正确的在题干后面括号内打"√"，错误的打"×"）

1. 上道作业人员应熟知作业区域、行走径路及两侧相关的设备设施，并随时注意使用情况，如遇设备设施、走行通道发生异状或变化时，应及时通知有关人员并采取安全措施。（ ）

2. 作业人员下道避车时应背向列车认真瞭望，防止列车上的抛落、坠落物或绳索伤人。（ ）

3. 上道作业过程中，严禁关闭各种辅助生产工具（如电台等）。（ ）

4. 上道作业过程中，严禁用衣帽等物品遮挡耳目，影响视听。（ ）

5. 高速铁路设备发生故障，需在双线区间的一条线路上处理故障时，维护单位应按规定向列车调度员申请本线封锁、邻线限速（最高速度不得超过 160 km/h）。（ ）

6. 对营业线施工的轨道、桥隧、通信信号、接触网等技术复杂、可能危及行车安全的作业项目，严禁分包、转包。（ ）

7. 凡影响行车、人身安全的施工和维修作业及发生线路故障的地点，均应设置防护。未设好防护，禁止开工。（ ）

8. 上道施工和维修作业人员应相对集中，在防护可控范围内，不得过于分散，应严格遵守作业人员和机具避车制度，采取措施保证行车和作业人员安全。（ ）

9. 普速铁路列车运行速度为 80 km/h 时，本线来车下道完毕距离应不小于 500 m。（ ）

10. 普速铁路与高速铁路并行地段施工维修作业，人员和工机具

常见事故预防篇

严禁侵入高速铁路建筑限界，需侵入高速铁路建筑限界时，相邻高速铁路限速。（ ）

11. 登乘内燃、电力机车作业时，必须在机车停稳时再上下车（设有便于上下车脚蹬的调车机车除外）。（ ）

12. 调车作业中，师徒两人可以站在同一闸台、车梯及机车一侧踏板上。（ ）

13. 在路肩窄、路基高的线路上和高度超过 1.1 m 的站台上作业时，必须等车速不超过 10 km/h 时再稳上稳下。（ ）

14. 列车通过道口时，道口看守员必须提前出务（场）立岗，立岗接车应站立于规定的接车位置。（ ）

15. 视觉信号包括信号旗、信号灯等显示的信号，当看到白灯左右急剧摇动时，列车要立即停车。（ ）

16. 站内设备巡检时，应背对列车运行方向行走，不准脚踏钢轨面、道岔连接杆及尖轨等处。（ ）

17. 施工维修作业中，作业人员可以未经防护员通知擅自上道。（ ）

18. 施工维修作业中，现场防护员可以临时调换，无须任何批准。（ ）

四、简答题

1. 什么是机车车辆伤害？

2. 造成机车车辆伤害的主要因素有哪些？

3. 站内顺线路行走时有哪些安全注意事项？

4. 区间行走时有哪些安全注意事项？

5. 必须横越列车、车列（组）时，应遵守哪些安全规定？

6. 上道施工维修过程中，遇通话联络中断，现场防护员应如何处置？

7. 施工和维修作业时现场防护员应如何站位、移动？

8. 调车作业时对上、下车车速有什么要求？

9. 调车作业中使用铁鞋制动时应注意哪些事项?

五、情境题

1. 普速铁路甲站调车作业繁忙,车站平面布局如右图所示。站场共设有3条股道,A点位于站房西侧的调车组待班室门口,B点为3道尾部车辆检查作业点。两点间通行路径需依次经过站房与1道之间的人行通道、跨越Ⅱ道平交道口、3道西侧的作业通道。工长老李需带领2名检车员从A点出发,前往B点执行车辆检查任务。结合甲站的现场环境和调车作业安全要求,老李一行在从A点步行至B点过程中,应执行哪些人身安全规定?

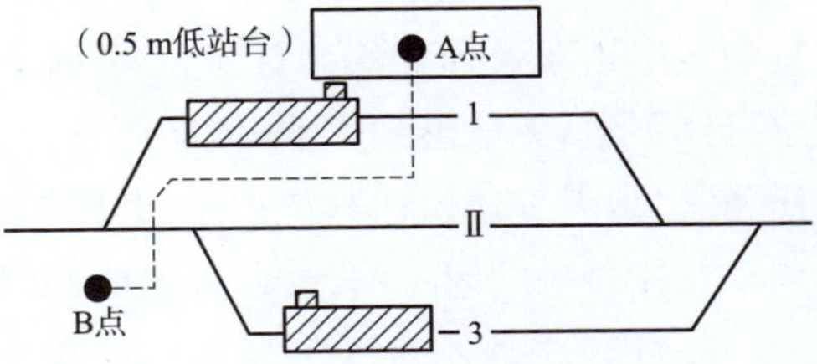

甲站平面示意

2. 某日,高速铁路列车调度员接到D0123次列车司机汇报,列车运行速度为200 km/h时在下行线K255＋300—K256＋100处晃车,列车调度员向后续首列D0125次列车发布限速120 km/h的调度命令。D0125次列车通过晃车地点后,司机报告仍晃车,列车调度员立即通知工务部门上道检查。线路工区驻站联络员小李到达车站后,在通知作业负责人组织人员上道检查作业前必须办理什么手续?

3. 甲编组站到发线3道内,66166次货物列车刚完成编组作业,本务机车正从机务段出库,准备执行挂车任务。机车副司机小吴负责在地面指挥机车连挂车辆,其作业区域位于3道与邻线4道之间的安全通道。此时邻线4道正在进行调车作业,一台调车机车正以15 km/h速度推送8辆车向小吴所在位置方向移动,调车组人员在车列前端进行瞭望引导。机车副司机小吴在地面指挥本务机车挂车过程中,应重点注意哪些人身安全事项?

4. 某日,甲工务段乙线路工区按计划安排防护员小李到丙站担当工务维修施工作业驻站联络员,作业时间为6时至9时。7时30分,小李因腹痛需要去卫生间，便临时请求电务驻站联络员小张代替其继续防护。请问小李的做法是否妥当，应如何处置？

5. 甲站正在进行一批夜间调车作业，计划于22时至次日2时完成货物线取送车及列车编组任务。22时50分，连结员老王在作业中突感身体不适，无法继续作业，便向调车长请假。由于调车组人手紧张且任务紧急，老王建议让其徒弟学习连结员小赵接替自己的工作。请问调车长能否采纳老王的建议，并说明原因。

6. 甲电务段乙工区信号工小李和现场防护员小王两人在点外检查站内室外信号设备时，发现上行出站高柱信号机红灯灯泡断丝需要更换，便通过对讲机向工长汇报。工长安排人员送灯泡和防护用品到现场，通知小李准备在点外更换灯泡。请问小李应如何处置？

六、事故案例分析题

【案例1】 工长上道作业未尽防护责任致他人被列车刮碰

2015年×月××日1时45分，甲电务段乙信号车间丙工区天窗结束后，在没有点外维修计划、防护电台没电、没有携带列车报警接收机的情况下，工长经某担当现场防护员，并协助徒弟见习生贾某在丁线戊站内21号道岔处进行维修作业。2时30分K××××次旅客列车接近，经某没有及时发现来车并组织下道，导致贾某被通过的列车刮碰，经抢救无效死亡。构成铁路交通一般事故。

1. 事故发生的直接原因是什么？

2. 事故中作业人员存在哪些违章行为？

【案例2】 调车长指挥不当致车档处作业人员被撞轧

2020年×月××日14时05分，甲站调1机车执行D10号计划，调车计划标注“因编1、2、4、5、6道减速器设备停用，规定驼峰严禁溜放作业，执行推送作业”。作业至第3钩编4摘3辆时，调车长秦某遥控指挥溜放3辆棚车，棚车走行500 m与编4道停留的8辆空车连挂。此时制动员郑某正在编4道第4、5位车档处摘解制动软管，在冲击力的作用下车列向前移动约2 m，将郑某撞倒、轧断右腿。构成铁路交通一般事故。

1. 事故发生的原因是什么？

2. 事故中作业人员存在哪些违章行为？

【案例 3】　轨道作业车司机抢越线路被撞身亡

2020 年×月××日，甲工电段乙综合机修车间轨道作业车司机李某、副司机张某值乘轨道车运送巡养工区人员及机具到达区间后，10 时 19 分轨道车到达前方丙站 4 道停车。10 时 21 分李某去车站运转室，10 时 26 分返回轨道车，乘车途中又下车去卫生间，经车站大门出站，10 时 42 分进入车站返回。11 时 21 分 K×××次列车站内Ⅱ道通过，李某在距通过列车约 100 m 处，由左侧站台抢越Ⅱ道至右侧，双手拉住 4 道轨道作业车扶手登乘轨道作业车时，身体失稳侵入邻线机车车辆限界，被通过列车机后第 7 位车撞击后死亡。构成铁路交通一般事故。

1. 事故发生的直接原因是什么？

2. 事故中轨道作业车司机李某存在什么违章行为？

【案例 4】　货运人员违章横越线路被撞身亡

2020 年×月××日 21 时 32 分，甲货运中心乙站区专用线外勤货运员余某从车站货检室出发前往 4 道进行货物列车检查作业，横越Ⅵ道过程中，未执行“一站、二看、三通过”规定，被通过的 K××××次旅客列车以 73 km/h 速度碰伤，经抢救无效死亡。构成铁路交通一般事故。

事故发生的直接原因是什么？

【案例 5】　连结员进入车档处作业未设置防护被车钩挤伤

2020 年×月××日 16 时 33 分，甲站执行第 A003 号调车作业计划，作业前调车长王某未对本组作业人员进行人身安全提示提醒。作业至第 6 钩专用线 9 道送 3 辆，连结员刘某在车列与存车连挂过程中未向调车长汇报并征得同意，未使用紧急停车信号防护，直接进入车档处调整钩位，调车长王某也未及时发现，导致刘某被车钩挤伤，经抢救无效死亡。构成铁路交通一般事故。

1. 事故发生的直接原因是什么？

2. 事故中作业人员存在哪些违章行为？

【案例 6】 工务施工未设现场防护致作业人员被撞身亡

2020 年×月××日 2 时 41 分，甲工务段乙线路车间组织丙上行线大机捣固及线路整修施工。机捣后，施工负责人陈某发现 K180+270 处需人工进行线路顺撬，要求带班人（兼防护员）熊某处置，随即熊某派蒋某等 6 人赶往该处作业，未设置现场防护员。5 时 21 分，陈某在没有确认线路顺撬作业是否结束的情况下，联系驻站联络员正点销记开通线路。5 时 32 分，仍在该处作业的蒋某被动检车撞击身亡，另有两人在慌忙下道过程中摔伤。构成铁路交通一般事故。

1. 事故发生的直接原因是什么？

2. 事故暴露出施工作业人员存在什么问题？

【案例 7】 学习连结员进档作业被车轮碾压致重伤

2020 年×月××日 1 时 50 分，甲局集团公司乙站所辖丙站专调在乙站上行调车场 20 道连挂 21 辆，连结员刘某带徒弟王某检查 20 道线路及车辆。4 时 38 分，刘某从平调电台中听到"越区好了"，带领王某前往 20 道检查待挂的 21 辆车，此时线路内只停留 14 辆，还有 7 辆未溜放到位。4 时 39 分，王某在未确认全部溜放车辆是否停妥、未向调车长汇报的情况下，进入北端 1、2 位车档处连结制动软管，刘某为其提供照明。4 时 41 分，驼峰溜放的 7 辆车与 14 辆存车连挂，致使 14 辆存车移动约 1.5 m，正在车档处作业的王某右小腿被车轮碾压截肢。构成铁路交通一般事故。

经查，王某签订师徒协议后仅跟随师傅学习 2 个班。该铁路局集团公司车务系统安全管理细则规定"学习连结员须现场观摩学习 3 个大班，方可在师傅指导下操作信号设备或跟班调车作业"。

1. 事故发生的直接原因是什么？

2. 事故暴露出师带徒作业存在什么问题？

【案例 8】 机车司机徒手放置铁鞋手被轧伤

2021 年×月××日 7 时 45 分，甲机务段乙运用车间电力机车司机胡某违反《铁路机车操作规则》关于机车检查项目和作业标准的规定，独自一人在丙库内J43道接准备回送丁折返段的HXD3C型09××号机车。在机车未升弓合闸、制动缸无压力的情况下，撤除防溜铁鞋，提开连挂机车车钩后发现机车溜逸，徒手放置铁鞋防溜时，右手四指被车轮轧伤。构成铁路交通一般事故。

1. 事故发生的直接原因是什么？

2. 事故中作业人员存在什么违章行为？

【案例9】　线路除雪作业下道避车不及时被列车撞轧

2021年×月××日，甲站站长口头通知车站值班员准备除雪，随后副站长白某未在《行车设备检查登记簿》内登记，设置一名现场防护员后就带领调车组人员进行除雪作业。6时54分，车站值班员通知现场防护员王某××次列车通过，王某通知正在使用风力除雪机作业的白某下道避车，但白某没有下道，王某也没有及时制止作业，导致白某被通过列车撞轧，经抢救无效死亡。构成铁路交通一般事故。

1. 事故发生的直接原因是什么？

2. 事故中作业人员存在哪些违章行为？

【案例10】　现场防护员不履职致作业人员被通过列车撞伤

2021年×月××日，甲工务段综合车间乙钢轨整修工区在丙站内8号道岔施工天窗结束后，在未申请天窗点外作业的情况下，铝热焊作业组负责人、车间技术员蔺某带领职工继续在线路上检查设备，施工负责人唐某发现后未制止。0时55分，现场防护员高某接到驻站联络员列车接近的通知后，因其未携带信号灯，携带的口笛因压扁失效，未能向在8号道岔处作业的胡某发出下道信号，也未督促其下道避车，导致胡某被通过的列车撞伤。构成铁路交通一般事故。

1. 事故发生的原因是什么？

2. 事故中作业人员存在哪些违章行为？

【案例11】　作业人员站位侵限被调车车列撞轧身亡

2021年×月××日22时25分，甲机务段乙运转车间指导司机黄某、赵某在丙站站内夜查。两人从站台西端横越线路行至1、2道两线间，赵某靠近1道停留的X××××次机车副司机室下方询问值乘情况，黄某站在2道轨枕头外侧，侵入机车车辆限界。22时31分，黄某被2道由西向东推进的调车车列撞倒，经抢救无效死亡。构成铁路交通一般事故。

1. 事故发生的直接原因是什么？

2. 事故暴露出现场作业存在什么违章行为？

【案例12】 安全监察人员下道不及时被撞重伤

2021年×月××日，甲工务大机段清筛二车间在乙站下行线施工，段施工安全监察李某在乙站下行线8、14、20号道岔施工区段进行安全检查。4时57分，驻站联络员通知现场防护员×××××次列车乙站Ⅱ道通过。4时58分，现场防护员通知作业负责人本线有列车通过，组织人员下道避车。5时04分，列车通过8号道岔时，李某未及时下道避车，被通过列车撞击造成重伤。构成铁路交通一般事故。

1. 事故发生的直接原因是什么？

2. 事故暴露出现场安全防护存在什么问题？

【案例13】 学习连结员领车中坠落被车辆挤压身亡

2021年×月××日23时16分，甲车务段乙站运转丙班调车组执行第101号调车作业计划。作业至第10钩货1线摘37辆时，连结员田某带领学习连结员赵某在推进车列第一位空平车上领车。调车车列推进运行至货1线D_{71}号信号机前减速时，赵某从车辆前端人力制动机踏板上坠落至车辆与高站台缝隙间，被挤压身亡。构成铁路交通一般事故。

1. 事故发生的直接原因是什么？

2. 事故中师带徒存在什么违章行为？

【案例14】 上道作业未建立防护被列车刮碰

2023年×月××日9时41分，甲车务段乙站站长姜某在未设置防护、未在车站行车室《行车设备检查登记簿》内登记、未携带防护对讲机的情况下，擅自关闭咽喉处监控视频，带领副站长刁某，各携带一台风力除雪机进行道岔除雪，被本站Ⅲ道发出的×××××次列车刮碰，造成姜某重伤、刁某轻伤。构成铁路交通一般事故。

1. 事故发生的直接原因是什么？

2. 事故中现场作业存在哪些违章行为？

【案例 15】　随车机械师途中下车检查侵限被撞身亡

2024 年×月××日 17 时 08 分，甲局集团公司 D××××次动车组列车运行至乙上行线 A 站至 B 站间撞野猪停车。17 时 09 分，随车机械师向司机申请非会车侧下车检查，邻线限速 160 km/h。17 时 16 分，随车机械师未穿防护服从非会车侧下车，在检查过程中，违反国铁集团《高速铁路动车组列车车辆故障应急处置办法》第二十一条"……作业需侵入邻线限界时应扣停邻线列车"之规定，进入会车侧检查，因身体侵限被邻线G××××次列车刮碰身亡。构成铁路交通一般事故。

1. 事故发生的直接原因是什么？

2. 事故中随车机械师现场作业有哪些不安全行为？

【案例 16】　检车员横越线路未注意瞭望被溜放车辆刮碰

2024 年×月××日 5 时 09 分，甲车辆段乙运用车间检车员张某、姚某出务去丙下行北到发场 19 道进行到达列车作业。两人沿下行调车场内平过道横越 10 道时，未执行《铁路车辆安全管理规则》第七十二条"横过线路和道口时，注意瞭望机车、车辆，执行'一站、二看、三确认、四通过'制度"之规定，被驼峰溜放车辆刮碰，造成一死一伤。构成铁路交通一般事故。

经查：甲车辆段制定的此处固定行走路线需横越下行调车场 11 条线路，如经由驼峰作业平台行走仅需横越 2 条线路。

1. 事故发生的直接原因是什么？

2. 事故中固定行走路线设置存在什么问题？

【案例 17】　上道作业防护失效致线路工被通过列车撞轧

2025 年×月××日，甲工电段乙综合维修车间丙综合维修工区工长郄某未向车间申请天窗点内维修计划，组织人员利用列车间隔进行冻害整治作业。作业过程中，作业负责人工长郄某未携带对讲机，驻站联络员、现场防护员、远端防护员配备的对讲机型号不统一，导致远端防护员与驻站联络员无法取得联系。劳务工担任下行远端防护员，并站在封闭网外防护。现场防护员接到驻站联络员上下行均有列车接近的通知后，组织作业人员下道避车，在上行列车通过后，本线下行列车未通过的情况下，盲目同意作业人员上道，未通知驻站联络员和远端防护员，且站位不利于瞭望，未及时发现来车，造成一名线路工被通过列车撞轧身亡。构成铁路交通一般事故。

1. 事故发生的直接原因是什么？

2. 事故中作业人员存在哪些违章行为？

参考答案

一、填空题

1. 饮酒
2. 劳动防护
3. 一站、二看、三通过
4. 非调车
5. 抢越
6. 暂不移动
7. 无线通信
8. 道路通行
9. 固定走行
10. 面迎;邻线;两线
11. 登销记
12. 师徒
13. 机车车辆限界
14. 防护
15. 本线
16. 作业方案
17. 布置;总结
18. 反面
19. 两侧
20. 车钩
21. 固定走行
22. 一关(关折角塞门);二摘(摘制动软管)
23. 停车
24. 专人
25. 驻站联络员

二、选择题

(一)单项选择题

1. A　2. C　3. D　4. D　5. A　6. B　7. A
8. D　9. A　10. C　11. B

(二)多项选择题

1. ABCD　2. ABCD　3. BCD　4. ABCD　5. ABCD
6. BCD　7. AC　8. ABCD　9. ABCD　10. ABCD
11. ABCD　12. ABCD

三、判断题

1. √　2. ×　解析:作业人员下道避车时应**面向**列车认真瞭望,防止列车上的抛落、坠落物或绳索伤人。 3. √ 4. √ 5. √ 6. √ 7. √ 8. √ 9. × 解析：普速铁路列车运行速度为 80 km/h 时，本线来车下道完毕距离应不小于**800 m**。 10. × 解析：普速铁路与高速铁路并行地段施工维修作业，人员和工机具严禁侵入高速铁路建筑限界，需侵入高速铁路建筑限界时，**封锁相邻高速铁路**。 11. √ 12. × 解析：调车作业中，**禁止**两人及以上站在同一闸台、车梯及机车一侧踏板上。 13. × 解析：在路肩窄、路基高的线路上和高度超过 1. 1 m 的站台上作业时，**必须停车上下**。 14. √ 15. × 解析：视觉信号包括信号旗、信号灯等显示的信号，当看到白灯**上下**急剧摇动时，列车要立即停车。 16. × 解析：站内设备巡检时，应**面迎**列车运行方向行走，不准脚踏钢轨面、道岔连接杆及尖轨等处。 17. × 解析：施工维修作业中，作业人员**不可以**未经防护员通知擅自上道。 18. × 解析：施工和维修作业前应按规定设置驻站（调度所）联络员、现场防护员，驻站（调度所）联络员和现场防护员施工维修期间**不得临时调换**。特殊情况需调换时，由车间主任（副主任）批准，报段指挥中心核备，并通知所在作业组负责人、驻站联络员、现场防护员等。

四、简答题

1. **答：**机车车辆伤害是指铁路机车车辆在运行过程中碰、撞、轧、压、挤、摔等造成的伤害。

2. **答：**(1)作业人员违章抢道、走道心、翻越车辆、钻车底、未按固定走行路线行走、超速上下车、在机车车辆上未抓牢站稳、以车代步、违章使用手机等声讯电子设备、作业侵限等人为因素造成的伤害。(2)线路上作业不设防护、作业防护不到位、作业环境不良、违章指挥等管理因素造成的伤害。

3. **答：**在站内行走应走车站固定走行路线，如站台或线路两侧平坦处。顺线路行走时，应走两线路中间或路肩，作业人员及所携带的工具不得侵入机车车辆限界，并注意邻线的机车车辆和货物装载状态，严禁在道心、轨枕头上行走，不准脚踏钢轨面、道岔连接杆、尖轨、辙叉心等。

4. 答:在区间行走时应走路肩,不间断瞭望,在双线区间应面迎列车运行方向行走,禁止在邻线和两线中间行走或躲避列车。

5. 答:必须横越列车、车列(组)时,严禁钻车。应先确认该列车、车列(组)暂不移动,然后由车辆通过台或两车车钩上越过。越过时勿碰开钩销,上下车时要抓紧蹬稳并注意邻线有无机车车辆运行。经车辆通过台越过应从车梯上下车。确认列车、车列(组)暂不移动有困难时,禁止翻越车辆。从客车车门下车时,应左右瞭望,注意邻线机车车辆动态,防止碰撞。

6. 答:上道施工维修过程中,如遇通话联络中断,现场防护员必须立即通知所有作业人员携带机具(料)撤离到安全地点避车;待联络恢复正常后,按规定组织作业人员上道作业。

7. 答:现场防护员应根据施工作业现场地形条件、列车运行特点、施工人员和机具布置等情况确定站位和移动路径,并做好自身防护。在区间线路、站内线路、道岔上维修时,现场防护员应站在维修地点附近且瞭望、通信信号、监听条件较好的安全地点进行防护。

8. 答:上车时,车速不得超过 15 km/h;下车时,车速不得超过 20 km/h。在高度不超过 1.1 m 的站台上下车时,车速不得超过 10 km/h。在路肩窄、路基高的线路上和高度超过 1.1 m 的站台上作业时,必须停车上下。

9. 答:使用铁鞋制动时,应背向来车方向,严禁徒手使用铁鞋,并注意车辆、货物状况和邻线机车车辆的动态。严禁带铁鞋叉子上车。

五、情境题

1. 答:(1)按站内固定走行径路行走。(2)横越 1 道、Ⅱ道时,应做到"一站、二看、三通过",并注意左右机车车辆的动态及脚下有无障碍物,确认 1 道机车车辆暂不移动,然后在该机车车辆较远处通过。严禁在运行中的机车车辆前面抢越。(3)应走两线路中间或路肩,作业人员及所携带的工具不得侵入机车车辆限界,并注意邻线的机车车辆和货物装载状态。(4)严禁在道心、轨枕头上行走,不准脚踏钢轨面、道岔连接杆、尖轨、辙叉心等。

2. 答：驻站联络员小李应在《行车设备检查登记簿》内登记，提出本线封锁、邻线列车限速 160 km/h 及以下的申请，在得到列车调度员（车站值班员）签认后，方可通知作业负责人组织人员上道检查。

3. 答：(1)应按规定穿着高可视性警示服，站立于安全位置，注意邻线机车车辆动态。(2)机车移动连挂中禁止进入线路提钩、摘结制动软管或调整钩位。(3)须向司机显示停车信号进行防护后，方可进入车档作业。调整钩位、处理钩销时不得探身到两车钩之间。作业完毕后，方可撤除防护。

4. 答：不妥当。小李应通知施工负责人组织现场作业人员下道避车，待人员机具全部下道后方可离开岗位。

5. 答：调车长不能采纳老王的建议。因为严禁未定职人员单独作业，严禁师徒分离。

6. 答：小李应拒绝在点外更换灯泡。更换信号机灯泡不属于允许天窗点外维修项目，应在天窗点内或临时封锁要点进行。

六、事故案例分析题

【案例 1】

1. 答：工长经某在没有天窗点外维修作业计划、防护电台失效、未携带列车报警接收机的情况下，违章带领见习生贾某上道维修作业，未认真瞭望来车，是事故发生的直接原因。

2. 答：(1)经某在没有作业计划、防护失效的情况下，带领见习生贾某上线作业，违反上道作业安全防护制度。(2)经某在上道作业过程中，担当现场防护员期间参与作业，未瞭望来车情况。

【案例 2】

1. 答：制动员郑某未确认编 4 道是否有车列进入，盲目进入车档摘解制动软管，被车列撞倒轧伤，是事故发生的直接原因。在甲站编 4 道减速器设备停用改为推送作业，且调车计划明确标注禁止溜放的情况下，调车长秦某仍按溜放方式指挥作业，是事故发生的主要原因。

2. 答:(1)调车长秦某调车作业盲目图快,将推送作业改为溜放作业,致使编 4 道原停留的 8 辆空车被溜放的 3 辆棚车撞击后移动,将正在车档处作业的郑某撞倒轧伤。(2)调车作业过程中,制动员郑某进入车档前不与调车长联系,未执行调车作业标准中联控的有关要求。

【案例 3】

1. 答:轨道车司机李某在运行的列车前抢越,匆忙登乘轨道车时身体失稳侵入邻线机车车辆限界,是事故发生的直接原因。

2. 答:轨道车司机李某两次往返横越正线,均未执行"一站、二看、三通过"规定,且在列车通过前抢越。

【案例 4】

答:余某在横越线路时,未执行"一站、二看、三通过"规定,是事故发生的直接原因。

【案例 5】

1. 答:连结员刘某未向调车长请示,不使用紧急停车信号防护,擅自进入车档处作业,是事故发生的直接原因。

2. 答:(1)甲站调车长王某调车作业前没有对本组作业人员进行人身安全提示提醒,作业中未进行有效的互控联防。(2)连结员刘某不执行《铁路调车作业》标准,在进入车档处作业前,未向调车长汇报并得到同意,也未使用无线调车灯显紧急停车信号防护。

【案例 6】

1. 答:施工负责人陈某在没有确认现场作业结束的情况下,盲目通知驻站联络员销记开通线路;带班人熊某在未设置现场防护员的情况下,安排 6 人进行线路顺撬作业,导致蒋某被通过动检车撞击身亡,是事故发生的直接原因。

2. 答:6 名作业人员在明知现场未设置防护,不具备安全作业条件的情况下,仍违规进行线路顺撬作业,未拒绝违章作业。

【案例 7】

1. 答:刘某带领学习连结员王某,在未确认全部溜放车辆是否停妥、未向调车长汇报的情况下,让徒弟王某进入车档连结制动软管,是事故发生的直接原因。

2. 答:刘某在徒弟王某没有完成跟班学习任务,不具备实际操作行车设备能力的情况下,违规允许徒弟现场进档作业。

【案例 8】

1. 答:司机胡某库内接车作业时,在机车未升弓合闸、制动缸无压力的情况下,撤除防溜铁鞋,提开连挂机车车钩后机车发生溜逸,并在机车移动中徒手放置铁鞋,是事故发生的直接原因。

2. 答:司机胡某到达接车股道后,独自一人进行接车,且徒手使用铁鞋。

【案例 9】

1. 答:白某接到现场防护员下道避车的通知后,没有立即下道避车,是事故发生的直接原因。

2. 答:(1)白某未在行车室天窗点外《行车设备检查登记簿》内登记,作业时也没有通知值班员,就直接带领调车组人员携带风力除雪机上道进行除雪作业。(2)现场防护员王某发现白某未下道避车时,没有及时制止作业,未履行现场防护员职责。

【案例 10】

1. 答:现场防护员高某接到列车接近通知后,未发出下道信号,未督促作业人员下道避车,导致胡某被撞伤,是事故发生的直接原因。作业组负责人、车间技术员蔺某未申请天窗点外作业,盲目带领职工上道检查设备,是事故发生的主要原因。

2. 答:(1)施工负责人唐某发现作业人员无计划点外上道进行设备检查未制止,也未安排驻站联络员登记。(2)现场防护员高某作业前不检查确认防护用品状态,携带失效的口笛作业。

【案例 11】

1. 答:黄某在两线间检查机车乘务作业时,侵入邻线机车车辆限界,未观察邻线来车情况,是事故发生的直接原因。

2. 答:黄某、赵某在现场作业时,未严格执行作业中自控、互控制度;站立时侵入机车车辆限界,不注意机车车辆动态。

【案例 12】

1. 答:李某在作业负责人组织下道避车时,未及时下道,是事故发生的直接原因。

2. 答:现场作业负责人、现场防护员组织作业人员下道避车时,对于李某未下道均未采取进一步措施。

【案例 13】

1. 答:学习连结员赵某在推进调车作业过程中,站在推进车列第一位平车前端人力制动机踏板上,没有站稳抓牢,在车列减速过程中坠落,是事故发生的直接原因。

2. 答:领车连结员田某在带徒作业过程中,未尽到师傅的责任,未制止、纠正徒弟的违章行为。

【案例 14】

1. 答:姜某组织上道除雪作业前,没有在《行车设备检查登记簿》内登记,未设置驻站和现场防护,是事故发生的直接原因。

2. 答:(1)站长姜某在未建立防护体系的情况下,违章指挥副站长刁某上道进行除雪作业。(2)除雪作业人员未在车站登记,未携带通信工具,擅自关闭监控视频。

【案例 15】

1. 答:随车机械师未申请扣停邻线列车,违章进入交会侧检查,身体侵限,是事故发生的直接原因。

2. 答:(1)进入会车侧可能侵限未提出扣停邻线列车的申请。(2)随车机械师上道作业未穿防护服。

【案例 16】

1. 答:张某、姚某出务作业,走行过程中未严格执行"一站、二看、三确认、四通过"制度,未瞭望确认下行调车场驼峰溜放车辆情况,横越10道时被溜放车辆刮碰,是事故发生的直接原因。

2. 答:甲车辆段在确定检车员固定行走路线时没有选择安全合理的路线,让作业者在驼峰溜放区域横越 11 条线路才能到达作业地点,增大了人身安全风险。

常见事故预防篇

【案例 17】

1. 答:现场防护员明知本线来车尚未通过作业地点的情况下,盲目同意作业人员上道作业,也未瞭望来车情况,是事故发生的直接原因。

2. 答:(1)郄某利用列车间隔进行天窗点内作业项目,作业组成员也没有拒绝违章指挥,盲目服从。(2)郄某违章安排劳务工担任防护工作,远端防护员不能与驻站联络员直接联系,防护失效。(3)现场防护员盲目同意作业人员上道后,没有通知驻站联络员和远端防护员,且站位不利于瞭望,失去防护作用。

第二章　预防触电伤害

一、填空题

1.《铁路电力安全工作规程》规定，凡对地电压在____V及以下为低压电，反之为高压电。

2. 摆脱电流是指触电后能自主摆脱电源而无病理性的__________，成人为10 mA，也是人体的安全电流。

3. 致命电流是指引起心室颤动而危及生命的__________，成人一般为50 mA。

4. 人体直接接触或过分靠近电气设备及线路的带电导体而发生的触电现象称为______________。

5. 防止感应电压触电的方法较为常见的是对触及的设备或线路进行______；作业人员穿静电防护服或导电鞋，使用__________或穿戴绝缘用品等。

6. 电气化铁路区段声屏障、风屏障、栅栏等金属体结构部分应可靠______。

7. 电气设备一定要有保护______和保护接地装置，并经常进行检查，确保其安全可靠。

8. 修理和移动电气设备时，要完全断电，在醒目位置悬挂“_____________________”的安全标示牌。

9. 在作业场所附近的架空线路，一律视为______，禁止触碰，并保持足够的安全距离。

10. 触电时人体会受到某种程度的伤害，按其形式可分为______和电伤两种。

11. 使用不导电的绝缘材料将带电体封闭起来称为__________。

12. 人体、物体等接近带电体而不发生危险的安全可靠距离，称为______距离。

13. 人体触电方式主要有________触电和间接接触触电。

14. 在干燥的情况下，安全电压为___V；在隧道或潮湿场所，安全电压为___V；在游泳池或设有电路的水槽内，安全电压为___V。

15. 发生电器火灾时，应立即切断_____。

16. 邻近相带电部分和接地金属应用_______隔开；低压相间距离很小，检修时要注意防止人体同时________和防止_________。

17. 一般不应带负荷断电和接电，断开导线时应先断开_____，后断开_____；搭线接电时，应先接_________，后接_________。

18. 零线回路中不允许装设_______和开关。

19. 对于绝缘用具，使用前应进行必要的擦拭和_________检测，合格后才能使用。

20. 对于停电设备上的作业，必须在完成_________后进行。

21. 作业人员涉电作业时，任何接入电路中的电气设备未经验电，一律视为_____，不准身体触及。

22. 直流电(简称 DC)是指_____和大小都不随时间变化的电压或电流，又称恒定电流。

23. 电流通过导体时，如果电流超过_____载流量，导体的发热将超过允许值，导致绝缘损坏，甚至引起漏电和发生火灾。

24. 为保证人身安全，除牵引供电专业人员按规定作业外，任何人员及所携带的物件、作业工器具等须与回流线、架空地线、保护线保持___m 以上距离，距离不足时，牵引供电设备须_____。

25. 电力线路、光电缆、管路等跨越电气化铁路施工时，须在接触网_____并做好_____防护措施后进行。

26. 当电气设备碰壳或电力系统一相发生接地短路时，电流从接地处四散流出，在地面上形成不同的电位分布，当人走近短路点时，人的两脚之间会出现_______，称为_________。

27. 修理和移动电气设备时，未经验电的设备和线路一律认为_____。带电容的设备要先_____，可移动的设备要防止拉断电线。

28. 在低压设备上作业前，必须检查工具、测量仪表、_______是否完好。

29. 电气化铁路区段各车站给水线、装卸线、电力机车整备线和动车组整备线，在分段绝缘器内侧____m处应设安全区域标志。

30. 车辆通过电气化铁路平交道口时，货物装载高度（从地面算起）不得超过____m，超过时，应绕行立交道口或进行货物倒装。

二、选择题

（一）单项选择题（每题备选答案中，只有一个符合题意的正确答案，请将正确答案前的字母填到题目中的括号内）

1. 我国交流电供电的标准频率为（　　）Hz。

A. 50　　B. 60　　C. 100　　D. 120

2. 电气化铁路相关作业人员（　　）须进行一次安全考试，考试合格后，方准参加作业。

A. 每季度　　B. 每半年　　C. 每年　　D. 每两年

3. 电气化铁路区段进行架空电力线路维修、施工作业时，在与铁路长距离平行作业区段内至少每隔（　　）m加装1组接地线。

A. 100　　B. 500　　C. 1 000　　D. 1 500

4. 机床工作灯、手提临时照明灯，要使用不超过（　　）V的安全电压。

A. 48　　B. 36　　C. 60　　D. 110

5. 为保证人身安全，除牵引供电专业人员按规定作业外，任何人员及所携带的物件、作业工器具等须与牵引供电设备高压带电部分保持（　　）m以上的距离。

A. 0.5　　B. 1.0　　C. 1.5　　D. 2.0

6. 当跨步电压达到（　　）V以上时，人体将面临触电危险。

A. 12　　B. 24　　C. 36　　D. 40

7. 行人持有长大、飘动等物件通过道口时或跨越电气化铁路时，不得高举挥动，应与牵引供电设备带电部分保持（　　）m以上的距离。

A. 0.5　　B. 1.0　　C. 1.5　　D. 2.0

8. 距牵引供电设备支柱及牵引供电设备带电部分(　　)m 范围以内具备接入综合接地条件的金属结构应纳入综合接地系统。

A. 5　　B. 6　　C. 7　　D. 10

9. 对于绝缘用具,使用前应按规定对其进行(　　)试验。

A. 耐高温　　B. 耐压　　C. 电场　　D. 耐潮

10. 检修设备时,因接地刀闸与检修设备之间连有断路器,当接地刀闸和断路器合上后,应在断路器操作把手悬挂(　　)标示牌。

A.“禁止分闸”

B.“禁止合闸,线路有人工作”

C.“止步,高压危险”

D.“禁止攀登,高压危险”

11. 站内和行人较多的地段,牵引供电设备支柱在距轨面 2.5 m 高处均要设白底黑字(　　)并有红色闪电符号的警示标志。

A.“禁止攀爬”　　B.“小心触电”

C.“高压危险”　　D.“有电危险”

12. 电气化铁路区段列车故障需上车顶作业时,以下操作正确的是(　　)。

A. 司机确认接触网无电后可直接登顶检修

B. 按规定办理停电手续并做好安全防护措施后方可作业

C. 使用绝缘杆触碰接触网验证无电即可作业

D. 在未接地情况下,穿戴绝缘手套快速完成检修

13. 电气化区段维修或更换信号设备扼流变压器引接线时,以下操作正确的是(　　)。

A. 可直接作业,完成后通知电务部门备案

B. 采取牵引回流畅通措施后方可开始作业

C. 只需断开电源,无须其他安全措施

D. 由工务专业人员单独进行处理

14. 关于电气化铁路区段室外设备金属箱体的接地要求,以下说法正确的是(　　)。

A. 通信设备需要接地,其他设备可选择性接地

B. 除专业特殊规定外,所有室外设备金属箱体均应可靠接地

C. 仅在雷雨天气时需要实施外壳接地

D. 红外和安全监控设备无须接地防护

（二）多项选择题（每题备选答案中,有两个或两个以上符合题意的正确答案,请将正确答案前的字母填到题目中的括号内）

1. 属于常见的防止感应触电的方法有(　　　)。

A. 对触及的设备及线路进行接地

B. 作业人员使用绝缘工具

C. 作业人员穿戴绝缘用品

D. 作业人员穿静电防护服或导电鞋

2. 在电气设备设施上作业时,应执行(　　　)。

A. 工作票制度

B. 工作许可制度

C. 工作监护制度

D. 工作间断、转移和终结制度

3. 防触电常用的技术措施包括(　　　)、接零、装设漏电保护装置。

A. 绝缘　　B. 屏护　　C. 间距　　D. 接地

4. 间接接触触电类型包括(　　　)。

A. 跨步电压触电　　B. 感应电压触电

C. 雷电触电　　D. 静电触电

5. 根据工频电通过人体的电流大小及呈现的不同反应,通过人体的电流级别可分为(　　　)。

A. 感知电流　B. 反应电流　C. 摆脱电流　D. 致命电流

6. 在高压设备上作业时,接地的作用包括(　　　)。

A. 防止工作中突然来电

B. 消除邻近高压线路上的感应电压

C. 放净线路或设备上可能存在的电荷

D. 防止雷电电压的威胁

7. 关于电气化铁路区段需停电装卸作业的安全规定，以下说法正确的是（　　）。

A. 作业前必须断开隔离开关停电

B. 装卸作业应在指定安全区域内进行

C. 确认人员和机具已撤至安全地带并撤除接地线后，方可操作隔离开关

D. 断开隔离开关后即可开始作业

三、判断题（判断下列各题，正确的在题干后面括号内打“√”，错误的打“×”）

1. 方向和大小都随时间周期性变化的电压或电流，称为交流电。（　　）

2. 电气绝缘的性能是否良好，可通过测量其绝缘电阻、耐压强度来衡量。（　　）

3. 一般情况下，接地电网的单相触电比不接地电网的危险性大。（　　）

4. 由于带电积云接近地面，在架空线路导线或其他导电凸出物顶部感应出大量电荷引起的称为电磁感应雷。（　　）

5. 禁止使用未经试验、试验不合格或超过试验周期的绝缘工具。（　　）

6. 静电触电是用电设备的某个部位上储存的电荷通过人体放电引起的触电。（　　）

7. 电气化铁路区段整修电缆时，电缆铠装及电缆芯两端须装设临时接地线。（　　）

8. 遇有雨、雪、雾等恶劣天气时，一般不进行接触网V形天窗作业。（　　）

9. 雷雨天应远离高压电杆、铁塔和避雷针。（　　）

10. 更换线路熔丝时可以加大规格，或者用其他金属丝代替。（　　）

11. 高压设备不论是否有绝缘，均应采取屏护措施。 （ ）

12. 当电流流过人体时可造成人体内部器官损害，如呼吸系统、血液循环系统（心脏）、中枢神经系统等发生变化，机能紊乱，严重时会导致休克甚至死亡。 （ ）

13. 遇有雨、雪、重雾、霾等恶劣天气，或空气相对湿度大于 85%时，可以进行间接带电作业。 （ ）

14. 发生电器火灾时，应立即切断电源，使用水或泡沫灭火器灭火。 （ ）

15. 遇雷雨天气时，做好防护后可以操作接触网隔离开关。 （ ）

16. 装卸货物线的接触网隔离开关平时要处于分闸状态，雨、雪、雾、霾等恶劣天气情况下，严禁处于合闸状态。 （ ）

17. 保持配电线路和电气设备的绝缘良好，是保证人身安全和电气设备正常运行的基本要素。 （ ）

18. 电气化铁路区段，具有升降、伸缩、移动平台等功能的机械设备进行施工、装卸等作业时，作业范围与牵引供电设备高压带电部分须保持 2 m 以上的距离。 （ ）

19. 无论何种情况下，临近铁路营业线作业时，牵引供电设备都可不停电，但须按照铁路营业线施工安全管理有关规定执行。 （ ）

20. 机车、动车及各种车辆上方的接触网设备未停电并办理安全防护措施前，只有专业人员才能攀登到车顶或车辆装载的货物上，其他人禁止攀登。 （ ）

21. 电气化区段保洁作业时，站车保洁可以采用自上而下向车体喷水方式洗刷车体。 （ ）

22. 牵引供电设备故障时，与牵引供电设备相连接的支柱、接地引下线、综合接地线等可能出现高电压，未采取安全措施前，禁止与其接触，并保持安全距离。 （ ）

23. 牵引供电设备支柱及各部接地线损坏，回流吸上线与钢轨或扼流变压器连接脱落时，车站值班员可以对其进行应急处置。 （ ）

24. 天桥、跨线桥靠近或跨越牵引供电设备的地方，须设置防护栅网，防护栅网安设“禁止攀爬”标志。（ ）

25. 人体未直接接触带电体时就不会引起触电。（ ）

26. 电气设备碰壳或电力系统一相发生接地短路时，电流从接地处四散流出，在地面上形成不同的电位分布，距离短路点越远，电位越高。（ ）

27. 发生电气设备故障时，不得自行拆卸，要报告专业管理部门。（ ）

28. 使用中经常接触的配电箱、配电盘、闸刀等电气设备，当其绝缘材料出现老化或损坏时仍可继续使用，无须立即更换。（ ）

29. 高压设备上作业验电时，可以使用任意电压等级的验电器，只要能够检测到是否有电即可。（ ）

30. 临时工作中断后和每班恢复工作前，可以不必重新检查电源状态，只要之前确认过无电即可。（ ）

31. 低压设备上作业，装拆配电总盘及母线的接地线时，可以由现场作业人员自主操作。（ ）

32. 低压设备上作业时，动力配电箱的闸刀开关可以带负荷断开，只要操作人员穿戴好绝缘防护手套就可以操作。（ ）

33. 电气设备的金属外壳必须接地(接零)，接地线要符合标准，当设备正在通电运行时，可以临时断开其外壳接地线进行检修。（ ）

34. 电气或线路拆除后，只要确认断电，可以不必包扎可能来电的线头，以方便后续操作。（ ）

35. 临时装设的电气设备可以将电动工具的外壳接地线和工作零线拧在一起插入插座，以简化接线。（ ）

36. 电气化铁路区段利用作业车进行作业时，工作平台可以向未封锁、有电的线路侧旋转。（ ）

37. 接触网不停电的大型养路机械作业过程中，作业人员手持金属工具可与接触网带电部分保持 1.5 m 的距离。（ ）

四、简答题

1. 如何防止跨步电压触电？
2. 常见的防止感应电压触电的方式有哪些？
3. 什么是保护接地？
4. 什么是工作接地？
5. 简述工作监护制度的主要内容。
6. 发现牵引供电设备断线、损坏或挂有异物时如何确保安全？
7. 简述电气化铁路区段操作接触网隔离开关的安全规定。

五、情境题

1. 某日，甲工务段线路工小李暴风雨后巡检线路设备，发现一根10 kV电线被倾倒树木刮断垂落在地面上，电线周围伴有电火花和轻微嗞嗞声。请问小李应如何安全处置？

2. 某日，甲车辆段检修库内，检修工小张发现一台正在运行的电焊机因线路老化放电打火，出现浓烟和噼啪电火花声。请问小张应如何正确处置？

3. 某日，甲工务段线路工小赵在电气化区段线路附近处理线路旁竹子后，准备将砍下的5 m长竹子斜立肩扛从无人看守平交道口横跨线路搬运至另一侧。从安全的角度考虑，小赵的行为是否可取，为什么？

4. 甲供电段计划对某电气化铁路区段的架空电力线路进行全面检修，作业内容为更换老化的支撑绝缘子。作业区段长度约5 km，与铁路线路呈长距离平行布置，最近处距离铁路接触网仅8 m。老张为现场作业负责人，请问他应该如何设置接地线？

六、事故案例分析题

【案例1】　接触网作业未装设地线致作业人员被感应电击中身亡

2020年×月××日8时40分，甲供电段乙供电车间丙供电运行工区在丁站进行V形天窗（上行停电，下行有电）接触网设备检查监测

常见事故预防篇

作业。工作领导人程某发现10道38号钢支柱上行侧软横跨上部固定绳处悬挂有一片200 mm×300 mm的塑料布后,既没有向供电调度申请作业命令,也未采取安全措施,在未装设接地线的情况下,临时安排王某回工区取绝缘手套和安全带后上网处理。王某处理完毕返回钢支柱时,被感应电击伤,经抢救无效死亡。构成铁路交通一般事故。

1. 事故发生的原因是什么?

2. 事故中现场作业存在哪些违章行为?

【案例2】 劳务工操作高空作业平台车侵入接触网限界触电

2021年×月××日,甲铁路工程总承包公司劳务分包单位乙建筑工程公司劳务工周某、王某在未经安全操作规程和技能培训,未进行安全技术交底的情况下,在丙货场综合楼使用高空作业平台车进行墙面粉刷作业。16时11分,周某在调整高空作业平台车位置过程中侵入接触网安全限界,导致接触网放电将其灼伤。构成铁路交通一般事故。

1. 事故发生的直接原因是什么?

2. 事故中存在什么管理问题?

【案例3】 劳务派遣工擅自登上接触网下机车被电击伤

2021年×月××日,甲机车车辆公司劳务派遣工庞某在乙机务段安装机车调车安全辅助防护系统。17时41分,庞某擅自登上丙整备车间16道(电气化铁路)的DF4DK型3×××号机车,使用未经登记领取的天窗钥匙打开天窗登上机车顶部,被电击伤。

经查:甲机车车辆公司未制定本务机车调车安全辅助防护系统安装作业组织方案、未指派作业负责人、未向乙机务段报备劳务派遣人员资料,也未组织劳务派遣人员进行电气化铁路安全知识培训。DF4DK型3×××号机车小修交验结束后,未锁闭车门。

1. 事故发生的直接原因是什么?

2. 事故暴露出哪些管理问题?

【案例4】 违章登杆作业未正确使用安全带被电击后坠落致重伤

2021年×月××日21时38分,甲供电段乙接触网工区在丙线丁至戊下行处理缺陷。接触网工杨某、刘某在接触网作业车配合下完成233号杆接触网缺陷处理后，作业车先行返回己站。杨某、刘某在线路上复核发现233号杆拉出值超标，临时决定登杆调整。21时42分，杨某在接触网接地保护线已经拆除、回流线未验电接地的情况下登杆作业，攀爬中因斜腕臂阻挡，同时解开安全带的双钩，将安全钩绕过斜腕臂时，手触碰平、斜腕臂间回流线跳线，被感应电电击坠落，造成重伤。构成铁路交通一般事故。

1. 事故发生的直接原因是什么？

2. 事故中现场作业存在哪些违章行为？

【案例5】 作业人员未采取有效防护措施盲目登杆被电击

2022年×月××日4时03分，甲供电段乙供电车间作业组工作领导人副工长伍某(兼监护人)、地线监护人张某、接触网工赵某在丙上行线A站至B站间处置116号支柱电气连接线螺杆缺失作业。4时26分，赵某在114号、118号支柱接触网上接挂好接地线，未设置回流线接地线。4时28分，赵某在伍某监护下登上116号支柱，加挂好等电位短接线后对接触网设备进行检查。4时43分，伍某登上支柱复查时，未加挂等电位短接线发生触电并坠落，被安全带吊挂在116号支柱腕臂处，经抢救无效死亡。构成铁路交通一般事故。

1. 事故发生的直接原因是什么？

2. 事故中现场作业组织存在哪些问题？

【案例6】 外包人员电气化区段违规攀登救援起重机顶部触电

2022年×月××日14时42分，甲起重设备维修公司维修人员夏某、潘某在乙机务段库内J18线对救援起重机进行维修，15时20分作业结束后离场。15时27分，夏某独自返回J18线作业地点，在接触网未停电的情况下，无视电气化区段不准登顶作业的安全提示和警示标志，攀至起重机顶部，侵入接触网限界被电弧灼伤坠落地面。构成铁路交通一般事故。

经查：甲起重设备维修公司未对从事铁路设备维修作业人员进行

铁路安全知识培训教育。回放监控视频，发现事故发生前一名委外维修人员多次攀爬起重机顶部侵入接触网限界，乙机务段均未发现。

1. 事故发生的直接原因是什么？

2. 事故中存在哪些管理问题？

【案例7】 电力工违规操作触电身亡

2024年×月××日，甲供电段乙电力工区按计划开展电力设备技表巡视，同时按照工区第18号“安全工作命令”在计划外进行设备爬藤处理作业。10时57分，电力线路工房某在未申请停电、未穿戴绝缘防护用品、未确认安全距离的情况下，使用可伸缩金属材质高空锯处理丙站杆架式变压器立杆带电部位爬藤时触电身亡。构成铁路交通一般事故。

经查：丙站杆架式变压器为长期无负荷设备，车间没有停电或拆除，仍安排日常维护保养，当日爬藤已到达变压器带电部位。甲供电段违反《铁路电力安全工作规程》工作票管理有关规定，允许工区在批准的作业计划之外使用“安全工作命令”安排作业项目。

1. 事故发生的直接原因是什么？

2. 事故中存在哪些管理问题？

参考答案

一、填空题

1. 250
2. 最大电流
3. 最小电流
4. 直接接触触电
5. 接地;绝缘工具
6. 接地
7. 接零
8. 禁止合闸,有人工作
9. 有电
10. 电击
11. 电气绝缘
12. 安全
13. 直接接触
14. 36;12;6
15. 电源
16. 绝缘板;接触两相;相间短路
17. 火线;地线;地线(零线);火线(相线)
18. 熔断器
19. 绝缘电阻
20. 验电接地
21. 有电
22. 方向
23. 安全
24. 1;停电
25. 停电;安全
26. 电位差;跨步电压
27. 有电;放电
28. 防护用具
29. 2
30. 4.5

二、选择题

(一)单项选择题

1. A　2. C　3. C　4. B　5. D　6. D　7. D
8. A　9. B　10. A　11. C　12. B　13. B　14. B

(二)多项选择题

1. ABCD　2. ABCD　3. ABCD　4. ABCD　5. ABCD
6. ABCD　7. ABC

三、判断题

1.√ 2.√ 3.√ 4.× 解析：由于带电积云接近地面，在架空线路导线或其他导电凸出物顶部感应出大量电荷引起的称为**静电感应雷**。 5.√ 6.√ 7.√ 8.√ 9.√ 10.× 解析：更换线路熔丝时**不得**随意加大规格，更**不能**用其他金属丝代替。 11.√ 12.√ 13.× 解析：遇有雨、雪、重雾、霾等恶劣天气，或空气相对湿度大于85%时，**不可以**进行间接带电作业。 14.× 解析：发生电器火灾时，应立即切断电源，用**沙土或二氧化碳灭火器**灭火，切不可用水或泡沫灭火器灭火。 15.× 解析：遇雷雨天气时，**禁止**操作接触网隔离开关。 16.× 解析：装卸货物线的接触网隔离开关平时要处于**合闸**状态，雨、雪、雾、霾等恶劣天气情况下，严禁处于**分闸**状态。 17.√ 18.√ 19.× 解析：**在距牵引供电设备高压带电部分 2 m 以外，与回流线、架空地线、保护线 1 m 以外**，临近铁路营业线作业时，牵引供电设备可不停电，但须按照铁路营业线施工安全管理有关规定执行。 20.× 解析：机车、动车及各种车辆上方的接触网设备未停电并办理安全防护措施前，**禁止任何人员**攀登到车顶或车辆装载的货物上。 21.× 解析：电气化区段上水、保洁、施工等作业，**不得将水管向供电线路方向喷射，站车保洁不得采用向车体上部喷水方式洗刷车体**。 22.√ 23.× 解析：牵引供电设备支柱及各部接地线损坏，回流吸上线与钢轨或扼流变压器连接脱落时，**禁止非专业人员与之接触**。 24.× 解析：天桥、跨线桥靠近或跨越牵引供电设备的地方，须设置防护栅网，防护栅网安设“**高压危险**”标志。 25.× 解析：对于高压带电体，人体虽未直接接触，**但由于不满足安全距离，高电压对人体放电**，造成单相接地而引起触电。 26.× 解析：电气设备碰壳或电力系统一相发生接地短路时，电流从接地处四散流出，在地面上形成不同的电位分布，距离短路点**越近**，电位越高。 27.√ 28.× 解析：使用中经常接触的配电箱、配电盘、闸刀、按钮、插座、导线等要完好无损，**绝缘老化、损坏的要及时更换**。 29.× 解析：验电指使用**专门的**验电器对特定设备验明是否有电。使用的验电器电压等级**须对应于被验设备电压等级**。　30. × 解析：临时工作中断后和每班恢复工作前，**都必须重新检查电源是否断开，并经验电确定**。　31. × 解析：在配电总盘及母线上进行工作时，**在验明无电后应挂临时接地线**，装拆接地线都必须**由符合规定的人员进行**。　32. × 解析：动力配电箱的闸刀开关，**禁止**带负荷拉开。　33. × 解析：电气设备的金属外壳必须接地（接零），接地线要符合标准，**有电设备禁止断开外壳接地线**。　34. × 解析：电气或线路拆除后，可能来电的线头**必须及时用绝缘胶布包扎好**。　35. × 解析：临时装设的电气设备必须将金属外壳接地，**严禁**将电动工具的外壳接地线和工作零线拧在一起插入插座。　36. × 解析：电气化铁路区段利用作业车进行作业时，工作平台**严禁**向未封锁、有电的线路侧旋转。　37. × 解析：大型养路及施工机械作业，**如施工机械不超出机车车辆上部限界**，且作业人员及所持机具与接触网带电部分保持**2 m以上**距离时，接触网可不停电。不符合上述条件时，**应按照规定办理停电手续并做好安全防护措施后**，方能作业。

四、简答题

1. 答：如遇到电线路掉落地面，须尽可能远离电线路落地点。发现有跨步电压危险时，应单足或并双足跳离危险区。

2. 答：常见的防止感应电压触电的方式包括：(1)采取接地方式对触及的设备或线路进行接地；(2)作业人员穿静电防护服或导电鞋；(3)使用绝缘工具或穿戴绝缘用品等。

3. 答：保护接地是为了防止设备因绝缘损坏带电危及人身安全所设的接地，如电机、变压器、开关设备、照明器及其他电气设备的金属外壳应予以接地。

4. 答：工作接地是指在工作正常或事故情况下，为保证电气设备正常运行，必须在电力系统中某一点进行接地。工作接地可直接接地或经特殊装置接地，多在变压器低压侧使用。

5. 答：工作监护制度是保证人身安全和操作正确性的主要组织措

施。当完成工作许可手续后，工作执行人（监护人）应向工作班组人员交代现场安全措施、带电部位和其他注意事项。工作执行人（监护人）必须始终在工作现场，对工作班组人员的安全认真监护，及时纠正违反安全规程的操作。

6. 答：发现牵引供电设备断线及其部件损坏，或发现牵引供电设备上挂有线头、绳索、塑料布或脱落搭接等异物，均不得与之接触，应立即通知附近车站，在牵引供电设备检修人员到达未采取措施以前，任何人员均应距已断线索或异物处所 10 m 以外。

7. 答：接触网隔离开关操作人员须经过培训并取得由供电设备管理单位颁发的安全操作证后，才能担任工作。操作隔离开关执行一人操作、一人监护制度；操作隔离开关前操作人必须戴安全帽、绝缘手套，穿绝缘靴，监护人须穿绝缘靴、戴安全帽，双方检查确认隔离开关及其操作机构正常，接地线良好，方准按程序操作；遇雷雨天气时，禁止操作隔离开关；严禁带负荷操作隔离开关。

五、情境题

1. 答：小李不得靠近或直接触碰电线，须与电线落地点保持 10 m 以上距离，并及时通知相关供电部门。

2. 答：小张应立即切断电源，如发现刚起火，可用沙土或二氧化碳灭火器灭火。

3. 答：该行为是不可取的。持有长大、飘动等物件通过道口时或跨越电气化铁路时，不得高举挥动，应与牵引供电设备带电部分保持 2 m 以上的距离。

4. 答：电气化铁路区段进行架空电力线路维修、施工作业时，在与铁路长距离平行作业区段内至少每隔 1 km 加装 1 组接地线。

六、事故案例分析题

【案例 1】

1. 答：王某安全意识淡薄，在未装设接地线的情况下，违章上网作业，是事故发生的主要原因；工作领导人程某违章指挥，超范围作业，在未采取安全措施的情况下，安排王某上网处理异物，是事故发生的重要原因。

2. 答：(1)工作领导人程某安排工作随意，发现接触网挂异物时未按规定程序处置。(2)王某明知未装设接地线，没有拒绝作业，冒险上网处理异物。

【案例 2】

1. 答：劳务工周某在接触网未停电的情况下，违规操作高空作业平台车侵入接触网安全限界，是事故发生的直接原因。

2. 答：劳务分包单位在电气化铁路区段组织施工作业前，未按规定对作业人员进行安全培训教育，也未进行安全技术交底。甲铁路工程总承包公司监管不到位。

【案例 3】

1. 答：庞某擅自登上接触网下机车，使用未经登记的天窗钥匙打开天窗登顶，是事故发生的直接原因。

2. 答：(1)甲机车车辆公司作业时未制定作业组织方案，未指派作业负责人，未报备劳务派遣人员资料，未组织作业人员进行电气化铁路安全知识培训，现场无人监护。(2)DF_{4DK} 型 3×××号机车小修交验结束后，未锁闭车门。(3)乙机务段丙整备车间对机车天窗锁钥匙管理不善，钥匙流出不受控。

【案例 4】

1. 答：杨某在接触网接地保护线已经拆除、回流线未验电接地的情况下，违章登杆作业中未正确使用安全带，手触碰到平、斜腕臂间回流线跳线被感应电电击，是事故发生的直接原因。

2. 答：(1)杨某作业时未验电接地，盲目攀杆准备实施第二次调整。高处作业未正确使用安全带。(2)刘某对杨某盲目攀杆作业、未按规定使用安全带等违章行为未及时发现并制止，监护职责缺失。

【案例 5】

1. 答：伍某在未设置回流线接地线、未加挂等电位短接线、无人监护的情况下，登杆进行复查作业，是事故发生的直接原因。

2. 答：(1)工作领导人副工长伍某违章兼任监护人。(2)赵某看到伍某登杆未加挂等电位短接线违章作业未制止。

【案例6】

1. 答:维修人员夏某在接触网未停电的情况下,无视电气化区段不准登顶作业的安全提示和警示标志,擅自攀爬到起重机顶部,侵入带电接触网限界,是事故发生的直接原因。

2. 答:(1)甲起重设备维修公司主要从事铁路起重设备维修业务,对维修人员未进行必要的铁路安全知识培训教育。(2)乙机务段对救援起重机维修委外作业缺少监管,未及时发现委外人员多次违规攀爬起重机顶部侵入接触网限界。

【案例7】

1. 答:电力线路工房某在未停电、未穿戴绝缘防护用品、未确认安全距离的情况下,违章使用金属材质高空锯处理变压器带电部位爬藤,是事故发生的直接原因。

2. 答:(1)甲供电段违反《铁路电力安全工作规程》工作票管理有关规定,允许工区在批准的作业计划之外使用"安全工作命令"安排作业项目,以"安全工作命令"代替"停电作业工作票"。(2)甲供电段专业管理不到位,对长期停用的变压器没有停电或拆除,正常安排日常维护保养。

第三章 预防高处坠落

一、填空题

1. 在距坠落高度基准面____m及以上有可能坠落的高处进行的作业，都称为高处作业。

2. 当作业位置至坠落高度基准面的垂直距离为12 m时，可能坠落范围的半径为____m。

3. 高处作业按性质和环境的不同，可分为______________和特殊高处作业两类。

4. 高处作业前应进行__________及风险评估，并根据其结果选择恰当的工作方法及装备。

5. 从事高处作业的人员必须身体健康，并必须定期进行__________。

6. 从事高处作业必须设立并明确__________人员。

7. 凡从事高处作业的人员必须经高处作业上岗前安全技术培训，熟知现场环境和施工安全要求，经培训合格后______上岗。

8. 高处作业使用区域限制用安全带时，其安全绳的长度应保证使用者不会到达可能发生________的位置，并在此基础上具有足够的长度，能够满足工作的需要。

9. 梯子的立梯坡度一般以____°左右为宜。

10. 高处作业时，安全带的挂点应选择作业处______的牢固位置。

11. 当车梯工作台面上有人时，推动车梯的速度不得超过____km/h，并不得发生冲击和急剧起、停。

12. 夜间进行高处作业必须有足够的______设备。

13. 坡面作业中，严禁一个安全桩拴____根及以上安全绳。

14. 选择坠落防护方式时，应遵循对______的防护措施优于对个人的防护措施。

15. 冬季高处作业前，应检查爬梯、杆、柱是否结冰或湿滑，并采取______措施。

16. 在有毒有害、易燃易爆、粉尘的环境中进行高处作业时，应首先对作业点进行______，合格后方可进行作业。

二、选择题

（一）单项选择题（每题备选答案中，只有一个符合题意的正确答案，请将正确答案前的字母填到题目中的括号内）

1. 高处作业等级中，作业高度在 5 m 以上至 15 m 时，称为（　　）。

A. Ⅰ级高处作业　　B. Ⅱ级高处作业
C. Ⅲ级高处作业　　D. Ⅳ级高处作业

2. 高处作业等级中，作业高度在 15 m 以上至 30 m 时，称为（　　）。

A. Ⅰ级高处作业　　B. Ⅱ级高处作业
C. Ⅲ级高处作业　　D. Ⅳ级高处作业

3. 在距坠落高度基准面（　　）m 及以上进行杆塔作业，对人进行坠落防护时，应使用围杆作业用安全带或坠落悬挂用安全带。

A. 2　　B. 3　　C. 4　　D. 5

4. 关于高处作业场所的安全要求，下列说法正确的是（　　）。

A. 安全通道可以堆放多件物料
B. 悬空作业处只要有安全带就不需要防护栏
C. 边缘及孔洞必须设置安全栏杆或盖板
D. 临时高处作业可不设置围挡

5. 检修作业车作业平台上有人作业时，必须优先听从（　　）的指挥。

A. 地面监护人员　　B. 作业平台上操作人员
C. 安全监督员　　D. 车辆驾驶员

（二）多项选择题（每题备选答案中，有两个或两个以上符合题意的

正确答案，请将正确答案前的字母填到题目中的括号内）

1. 下列属于特殊高处作业的是（　　）。

A. 强风高处作业　　B. 悬空高处作业

C. 夜间高处作业　　D. 带电高处作业

2. 在作业人员出现（　　）等情况时，不得从事高处作业。

A. 身体不适　　B. 情绪不稳定

C. 服用影响判断力的药品　　D. 极度疲劳

3. 作业人员在进行高处作业时，应该使用（　　）。

A. 安全帽　　B. 安全带

C. 防滑鞋　　D. 高可视性警示服

4. 安全带使用前需检查（　　）。

A. 系带撕裂或开线情况　　B. 金属配件腐蚀情况

C. 安全带颜色　　D. 弹簧弹跳性

5. 在（　　）屋顶上作业时，必须铺设人字梯、木板，并做好必要的固定措施。

A. 石棉瓦　　B. 玻璃钢瓦　　C. 瓦楞铁　　D. 塑料

6. 遇有（　　）、沙尘暴等恶劣天气时，应停止露天高处作业。

A. 六级及以上大风　　B. 暴雨

C. 大雪　　D. 大雾

7. 高处作业前，需要检查的设施有（　　）。

A. 人员行走通道

B. 临空处的栏杆、安全网

C. 行走和站立的脚手板

D. 上下梯子

8. 以下说法符合梯子使用安全规定的是（　　）。

A. 梯子应放置牢稳，采取防滑措施

B. 梯子垫高、接高使用时要确保安全

C. 在电气设备附近使用金属梯

D. 梯子支柱必须能承受作业人员及工具重量

9. 安全带的类型包括(　　　)。

A. 围杆作业用安全带　　B. 区域限制用安全带

C. 坠落悬挂用安全带　　D. 围栏作业用安全带

三、判断题(判断下列各题,正确的在题干后面括号内打“√”,错误的打“×”)

1. 高处作业时,作业人员必须了解本工作的作业内容和作业区域的环境条件。(　　)

2. 高处作业时,作业人员在作业完毕摘掉防护用具后可直接离开。(　　)

3. 当在作业过程中需要提供作业人员部分或全部身体支撑,使作业人员双手可以从事其他工作时,应使用围杆作业用安全带。(　　)

4. 专门为区域限制用安全带设计的零部件,不应用于围杆作业用安全带及坠落悬挂用安全带。(　　)

5. 专门为围杆作业用安全带设计的零部件,可以用于坠落悬挂用安全带。(　　)

6. 临边作业应设置防护围栏和安全网。(　　)

7. 未设置隔离设施的高处作业,人员不得进行垂直施工作业。(　　)

8. 除非必要,应以非高处作业替代高处作业(作业面降到 2 m 以下),尽量以低级别高处作业替代高级别高处作业。(　　)

9. 高处作业时,梯子上最多允许两人同时作业。(　　)

10. 高处作业过程,检修作业车作业平台转向时允许人员上下。(　　)

11. 高处作业时,为提高作业效率,可以上下抛掷工具。(　　)

12. 高处作业时,安全带的挂点可以选择转动设备作为固定点。(　　)

13. 从事高处作业的人员严禁岗前饮酒,作业中严禁追逐、嬉闹、开玩笑或在作业的高处睡觉。(　　)

14. 高处作业时，只要作业人员佩戴安全带，可以不必设置警戒范围和警示标志。 （ ）

15. 高处作业时，若脚手板有斜纹裂痕但未断裂，经检查后可继续使用。 （ ）

16. 高处作业时，架设的辅助设施必须设置标志并安排专人监护，防止有人移动。 （ ）

17. 攀登作业完毕下电杆时，允许不借助登杆工具直接滑下或跳下。 （ ）

18. 经验丰富的作业人员在上树砍剪枝时，在有专人防护的情况下，可以视情况决定是否系安全带。 （ ）

19. 检修作业车作业人员在防护栅外作业时，若临时找不到固定点，可暂时将安全带系在作业平台护栏上。 （ ）

20. 检修作业车移动或作业平台升降时，如果情况紧急且时间紧迫，可以允许经验丰富的作业人员快速上下。 （ ）

21. 在曲线地段使用车梯时，可以不采取防倾倒措施，因为车梯本身有制动装置。 （ ）

22. 用车梯作业时应指定负责人，所用的零件、工具等可以放置在工作台台面上。 （ ）

23. 上下梯子时，必须背向梯子，且不得手持器物。 （ ）

四、简答题

1. 高处作业人员应具备哪些基本身体条件?

2. 高处作业时如何进行现场监护?

3. 从事高处作业时，若靠近电源线路作业，有哪些注意事项?

五、情境题

1. 某日，甲工务段桥隧工区工长老李带领 5 名桥隧工在高 12 m 的桥梁上进行步行板更换作业。桥隧工小林在作业过程中，因未系安全带不慎从支架步行板空当处坠入预先铺设的安全网内受伤，无法自行移动。请问工长老李应如何应急处置?

2. 某日，甲房建公寓段乙房建车间工长老王带领 2 名房建整修工，使用 2.5 m 高人字梯对车间办公楼门前照明灯进行检查。请问工长老王对正确使用人字梯应做哪些提醒？

3. 某日，甲供电工区接到登杆作业任务，作业人员小王为本次登杆作业的主要操作人员。当小王准备穿戴安全带时，发现安全带生产厂家、生产日期、安全承重等标识完全缺失，无法辨认其是否符合安全使用标准。请问小王应如何处置？

4. 某日，甲供电段接触网运行工区计划对某区段支柱进行高空绝缘子更换作业，作业高度为 6 m，需使用轨道车升降平台进行高处作业。作业当天为阴雨天气，现场风力四级。作业人员小张在穿戴劳动防护用品时，应注意哪些方面？

六、事故案例分析题

【案例 1】 作业人员擅自登高作业跌落致重伤

2017 年×月××日 7 时，甲建筑段房建工区安排职工王某、炎某和周某三人在乙站第一、二站台清理地面雨水管井内杂物。9 时 17 分，清理杂物结束后，周某擅自扩大作业范围，独自通过二站台天桥步梯上到风雨棚上方检查雨水管入口堵塞情况。9 时25 分，周某脚踩的 PVC 雨水管横管断裂，周某从 3.9 m 高处坠落站台地面，造成重伤。

1. 事故发生的直接原因是什么？

2. 周某作业中存在什么安全隐患？

【案例 2】 未按固定走行路线行走被异物绊倒摔伤

2020 年×月××日 13 时 12 分，甲工务段作业人员作业完毕后，沿乙下行线路肩自东向西行走，劳务工许某脱离作业群体，未按固定走行路线行走，而是沿铁路框架涵翼墙顶行走。行至未安装防护栅栏的 K1558＋820 处时，被电缆线绊倒，坠落至铁路框架涵下的国道旁，造成重伤。

1. 事故发生的直接原因是什么？

2. 事故中存在哪些违章行为？

【案例 3】　机车调度员擦拭窗户玻璃无防护坠楼身亡

2021 年×月××日 13 时 20 分，甲机务段安全科机车调度员孙某午休时，在未使用安全带、未佩戴安全帽的情况下，自行在运安综合楼二楼安全科更衣室窗外擦窗户玻璃，作业中坠落至楼下，经医院抢救无效死亡。

事故发生的直接原因是什么？

【案例 4】　违章登高作业摔下致重伤

2023 年×月××日 19 时 30 分，甲客运段洗涤车间机修钳工班班长丁某带领机修钳工陈某、司炉班长孔某到洗涤车间烫平作业区门口安装照明灯。丁某与孔某两人在门外安装照明灯。陈某在无人防护、未佩戴安全帽的情况下，独自使用人字梯登高拆吊顶铝扣板穿电源线，不慎从 2.44 m 高的人字梯上摔下，造成重伤。

事故发生的直接原因是什么？

【案例 5】　盲目踩踏雨棚坠落致重伤

2024 年×月××日 1 时 20 分，甲工务段乙线路车间丙线路工区组织在丁上行线 K2262＋000—K2263＋300 间清理杂草。当日为大风低温降雨天气，在作业过程中，防护员吴某向作业负责人请假去方便，行至 K2263＋027 连接两个涵洞的挡雨棚处，踩踏雨棚有机玻璃板（厚度不足、使用年限较长，未设警示标识）时，玻璃板破裂，吴某坠落至涵洞，造成重伤。

1. 事故发生的直接原因是什么？
2. 事故中存在什么管理问题？

【案例 6】　吊篮支架断裂导致作业人员坠落悬空窒息身亡

2024 年×月××日 11 时 06 分，甲工务段乙桥路检查工区工长何某按计划在丙特大桥 3 号桥墩处进行墩台设备检查作业，作业过程中吊篮斜撑支架失稳，引发步行板脱落，导致何某坠落，被低挂于吊篮栏杆上的半身式安全带拉住悬空，因无落脚点和救援设施，现场无法施救，何某穿戴的半身式安全带腰带上滑至胸部导致其窒息。12 时 17 分，救援人员将何某营救至墩台顶部，何某经抢救无效死亡。

经查：施工单位在施工中，桥梁吊篮支架斜支角钢(N3)安装方向与设计不符，焊接与涂装厚度不符合设计标准，降低了支架结构强度和防腐能力。甲工务段未按修理规则对吊篮进行日常维护保养，未发现、消除支架严重锈蚀及斜支角钢(N3)脱落等隐患。

1. 事故发生的原因是什么？

2. 安全带按作业类别分有哪几种类型？

3. 坠落悬挂用安全带有哪些使用要求？

参考答案

一、填空题

1. 2	2. 4
3. 一般高处作业	4. 危险识别
5. 体格检查	6. 现场监护
7. 持证	8. 坠落
9. 60	10. 上方
11. 5	12. 照明
13. 两	14. 人群
15. 防滑	16. 检测

二、选择题

(一)单项选择题

1. B　2. C　3. A　4. C　5. B

(二)多项选择题

1. ABCD　2. ABCD　3. ABC　4. ABD　5. ABCD
6. ABCD　7. ABCD　8. AD　9. ABC

三、判断题

1. √　2. ×　解析:高处作业时,作业人员在作业完毕后**须对作业场所进行检查**。　3. √　4. √　5. ×　解析:专门为围杆作业用安全带设计的零部件,**不应用于**坠落悬挂用安全带。　6. √　7. √　8. √　9. ×　解析:**严禁**两人同时在梯子上作业。　10. ×　解析:高处作业过程,检修作业车移动或作业平台升降、转向时,**严禁**人员上下。　11. ×　解析:高处作业所用的工具、零部件、材料等必须装入工具袋,上下时手中不得拿物件,**禁止**上下抛掷。　12. ×　解析:高处作业时,必须系好安全带(绳),并**拴挂在**作业处上方(高挂低用)**牢固的挂点上**,不准钩在转动设备或移动部件上。　13. √　14. ×　解析:高处作业场所**应设定**

警戒范围并设置围挡，凡有危险的作业点应及时设置安全警示标志，且不得擅自移动。 15. × 解析：凡开裂严重、斜纹裂痕、腐朽、硬伤、有空洞、严重变形、有大结疤等缺陷，以及厚度小于 5 cm 或板宽小于 25 cm 的脚手板，严禁投入高处作业使用。 16. √ 17. × 解析：攀登作业完毕下电杆时，每下一步电杆要扣好登高板挂钩，并收紧试拉，每步下杆距离不应过大。禁止不借助登杆工具，而从杆上滑下、跳下。 18. × 解析：上树砍剪枝时，应有专人防护，作业人员不应攀抓脆弱和枯死的树枝，应站在坚固的树干上，系好安全带。 19. × 解析：检修作业车作业人员在作业平台防护栅外作业时，必须将安全带拴挂在牢固可靠部位。 20. × 解析：检修作业车移动或作业平台升降时，严禁人员上、下。人员上、下作业平台应征得作业平台操作人或监护人同意。 21. × 解析：当车梯在曲线上或遇大风时，对车梯要采取防止倾倒的措施。 22. × 解析：用车梯作业时应指定负责人，所用的零件、工具等均不得放置在工作台台面上。 23. × 解析：上下梯子时，必须面向梯子，且不得手持器物。

四、简答题

1. 答：凡从事高处作业的人员必须身体健康，并必须定期进行体格检查。严禁患高处作业禁忌证的人员从事高处作业。身体不适、情绪不稳定、服用降低判断力和行动能力的药品期间，不得从事高处作业。

2. 答：从事高处作业必须设立并明确现场监护人员。对于违章指挥，作业人员有权抵制；对于违章作业，施工作业负责人和监护人有权对其进行批评教育；对于不听劝阻者，监护人有权要求其停止作业。相关管理人员应随时检查高处作业情况。

3. 答：从事高处作业时，若靠近电源线路作业，应先联系停电，确认停电后方可进行工作。

五、情境题

1. 答：老李应立即按照从业人员伤亡事故应急救援处置预案开展救援，拨打“120”急救电话，将事故发生情况向单位报告，停止桥上所有施工作业，疏散其他作业人员至安全区域，对事故现场进行拍照，在做好安全措施后组织人员进行救援。若小林意识清醒，询问其伤情。在移动小林过程中防止搬运不当造成二次伤害，将小林安全转移至就近道路交通安全区域等待医护人员救治。

2. 答：(1)首先检查梯子是否坚固，放置要牢稳，不可使其动摇或倾斜过度，梯脚应采取防滑措施（包脚），作业人员戴好安全帽，必须有人扶梯监护，方可作业。(2)不应站立在高于梯子标明的最高站立平面以上的踏板上，禁止站立在最顶部两级踏板上。(3)严禁两人同时在梯上作业。(4)人在梯子上工作时，严禁移动梯子。上下梯子时，必须面向梯子，且不得手持器物。(5)人字梯必须具有坚固的铰链和限制开度在 30°～60°的拉索。

3. 答：小王应启用备用安全带。根据《坠落防护　安全带》(GB 6095—2021)规定，标识缺失或失效的安全带禁止使用，应启用备用安全带。

4. 答：小张必须正确使用劳动防护用品，戴好安全帽、系好安全带（绳），穿好防护鞋，扎紧袖口、扣好纽扣、束好衣服下摆、扎好裤管口，不穿过于宽松和飘逸的衣服，做到衣着灵便。

六、事故案例分析题

【案例 1】

1. 答：周某在未采取任何防坠落措施的情况下，擅自超范围独自登高检查风雨棚雨水管入口堵塞情况，脚踩雨水管断裂坠落，是事故发生的直接原因。

2. 答：周某超范围作业，高处作业未按规定采取安全防护措施，未按规定使用劳动防护用品。

【案例 2】

1. 答：许某未按固定走行路线行走，在未安装防护栅栏的铁路框架涵翼墙顶行走，被电缆线绊倒后坠落，是事故发生的直接原因。

2. 答：(1)劳务工许某作业结束返回时未按固定走行路线行走。(2)现场作业人员作业后未执行“同去同归”制度，作业负责人和现场防护员均未及时制止许某脱离作业群体的行为。

【案例 3】

答：孙某擦拭二楼更衣室窗户玻璃时，未使用安全带、未佩戴安全帽，是事故发生的直接原因。

【案例 4】

答：机修钳工陈某在无人防护、未佩戴安全帽的情况下，独自使用人字梯登高作业，是事故发生的直接原因。

【案例 5】

1. 答：吴某安全意识不强，盲目踩踏雨棚有机玻璃板，玻璃板破裂，是事故发生的直接原因。

2. 答：甲工务段对涵洞附属设备隐患排查不到位，在涵洞周围未设置围栏和警示标志。

【案例 6】

1. 答：(1)吊篮斜撑支架失稳，引发步行板脱落，导致何某坠落，何某穿戴的半身式安全带腰带上滑至胸部导致其窒息，是事故发生的直接原因。(2)甲工务段对吊篮不进行日常维护保养，吊篮支架严重锈蚀，斜支角钢脱落等隐患未及时发现消除，是事故发生的主要原因。(3)施工单位不按设计施工，桥梁吊篮支架强度达不到设计标准，结构件容易锈蚀，是事故发生的重要原因。

2. 答：依据《坠落防护　安全带》(GB 6095—2021)，安全带按作业类别主要分为三类，即区域限制用安全带、围杆作业用安全带和坠落悬挂用安全带。

3. 答：使用坠落悬挂用安全带有如下要求：(1)高处作业过程中使用安全带，使用者体重及负重之和不大于 100 kg。(2)坠落悬挂用系带应为全身式系带。(3)坠落悬挂安全救援挂点的位置应位于使用者双肩或前胸，即高挂低用。(4)使用坠落悬挂用安全带必须确定安全空间，即位于作业面下方，不存在对坠落者造成碰撞伤害物体的立体空间。(5)包含未展开缓冲器的坠落悬挂用安全绳长度应小于或等于 2 m。

第四章 预防机械、起重伤害

一、填空题

1. 使用钳工工作台铲削工作物时，虎钳不得有____，工件要夹紧。

2. 机械钳工作业时，修理机械必须______卸负荷后方可进行。

3. 检修氧气表、乙炔表时，禁止用______试验。

4. 剪冲机床作业时，剪冲机械须有防止伤害的______装置。

5. 拆装、检修较大机件时，所用吊具必须符合所吊工件的______。

6. 试验风镐时，人员不得在________上方。

7. 使用砂轮机研磨过小工件时，不准手持研磨，应使用______夹牢作业。

8. 各种机械设备转动的______部分，均要设有安全防护装置。

9. 机电设备停电、停工休息时必须拉闸关机，电箱按要求______。

10. 维修人员从事高处作业时，应佩戴安全帽，系挂________。

11. 钻孔操作时站立位置要适当，钻孔高度不得超过工作者________，不得用力过猛。

12. 工作中严禁面对砂轮站立，应将身体保持在砂轮回转方向的______。

13. 起重机械每次作业的第一钩及起吊重量达到80%额定起重量时，须试验__________。

14. 两台起重机抬吊，应选______起重机，动作必须互相配合。

15. 起重机起吊长大、易滑、柔性货物时，________禁止站人。

16. 车床拆卸卡盘时，应使用______撬松卡盘主轴螺栓，不准用倒车或用棒顶。

17. 用立式旋床旋修笨重工件时，必须检查吊运工具，确认状态良好并______。

18. 塔式起重机(6～8 t上旋式)安装时需注意______埋设，并由专人检查。

19. 起重机械设备指挥者所处位置应能全面观察作业现场，并使______、起重工都可清楚看到。

20. 起重机械设备作业完毕后，各控制手柄必须置于______，切断电源。

二、选择题

(一)单项选择题(每题备选答案中，只有一个符合题意的正确答案，请将正确答案前的字母填到题目中的括号内)

1. 砂轮机开动后，身体应站立在(　　)，头部要躲开，工件放置研磨台上轻轻推动，严禁用工件撞击砂轮。

A. 正面　B. 侧面　C. 前面　D. 后面

2. 操作机床作业，利用正向卡盘夹持工作物时，其直径不得大于卡盘直径的(　　)。

A. 三分之二　B. 四分之三
C. 五分之四　D. 六分之五

3. 砂轮机研磨台间距应在(　　) mm 以内。

A. 3　B. 4　C. 5　D. 6

4. 轮轴加工专用机床的吊具及马蹄铁(　　)应进行一次探伤检查。

A. 每周　B. 每月　C. 每旬　D. 每季度

5. 机床旋笨重工件时，顶针伸出量不得大于(　　)。

A. 三分之一　B. 二分之一
C. 三分之二　D. 四分之三

6. 机床旋一般工件时，顶针伸出量不得大于(　　)。

A. 二分之一　B. 三分之二
C. 四分之三　D. 五分之四

7. 清理、维护、维修设备时，必须(　　)进行。

A. 运行中　B. 停机前　C. 停机后　D. 开机后

8. 刨床尾部伸缩部分，应根据其(　　)安设防护挡杆。

A. 长度　B. 宽度　C. 高度　D. 重量

9. 使用摩擦压力机时，安装或更换模具时要切断(　　)，手柄置于空位。

A. 电源　B. 风源　C. 水源　D. 油源

10. 起重机械有可能造成电击危险的电气设备外壳，应当设有(　　)安全警示标志。

A. 带电　B. 高温　C. 防潮　D. 高压

11. 在电压 154 kV 的架空输电线附近作业时，作业人员、起重机、工索具及货物的任何部位距输电线的最小距离为(　　)m。

A. 1.5　B. 2.0　C. 4.0　D. 5.0

12. 流动式起重机械作业前，(　　)须划定作业区域。

A. 起重司机　B. 信号指挥人员

C. 安全防护人员　D. 起重工

13. 同一区域多台流动式起重机同时作业时，安全间距应不小于(　　)m。

A. 3　B. 10　C. 20　D. 30

14. 起重机械起吊时，作业人员应站在安全地点，与吊装物保持(　　)m 以上的退让余地。

A. 1.0　B. 1.5　C. 1.8　D. 2.0

15. 两台起重机抬吊，起重机负荷不得超过两台起重机总能力的(　　)。

A. 80%　B. 85%　C. 90%　D. 95%

16. 起重机作业中突然断电，应将所有控制器手柄扳回(　　)，关闭总开关。

A. 上升位　B. 下降位　C. 零位　D. 自动位

(二)多项选择题(每题备选答案中，有两个或两个以上符合题意的正确答案，请将正确答案前的字母填到题目中的括号内)

1. 各种锤、铲、锉、冲、斧等手动工具的材质硬度要适中，表面需(　　)。

A. 平整　　B. 无卷边　　C. 无裂纹　　D. 无缺损

2. 使用手提式风钻、电钻前，应首先检查确认钻机的(　　)等技术状态和绝缘良好。

A. 外壳　　B. 手把　　C. 开关　　D. 电源线

3. 在钻机尚未停止转动时，严禁接触(　　)。

A. 钻头　　B. 钻夹头　　C. 开关　　D. 钻套

4. 操作机械设备时，个人着装的要求是(　　)。

A. 领口紧　　B. 袖口紧　　C. 下摆紧　　D. 裤腿紧

5. 手动砂轮机作业暂时停止时，不得将砂轮机随意乱放，应放在(　　)的处所。

A. 不通风　　B. 不潮湿　　C. 不冷冻　　D. 不碰撞

6. 用立式旋床旋修笨重工件时，不正确的操作是(　　)。

A. 检查吊运工具状态良好并挂牢

B. 工件找正时高速操作

C. 吊运时稳起稳落

D. 更换刀具不停车进行

7. 新购置或改造后的起重机械，投入使用前应对设备全面检查、调整，组织操作和维修人员进行技术培训，掌握(　　)。

A. 设备构造　　B. 设备性能

C. 维保知识　　D. 操作要求

8. 以下属于起重机安全装置的有(　　)。

A. 起重量限制器　　B. 行程限制器

C. 端部止挡　　D. 联锁装置

9. 以下属于起重机打击伤害原因的有(　　)。

A. 吊具或吊装容器损坏　　B. 物件捆绑不牢

C. 制动器失灵　　D. 钢丝绳断裂

10. 起重机夹挤事故可能由(　　)造成。

A. 起重机与建筑结构安全距离不足

B. 操作失误导致溜车

C. 吊物坠落

D. 勾挂不当

11. 起重机械触电伤害的主要原因包括（　　　）。

A. 起重机械作为触电源

B. 起重机械距离高压带电体过近产生感应带电

C. 起重机械支腿未找平

D. 起重机械触碰带电物体

12. 机械设备长时间不用时，应（　　　）。

A. 保持现状不变

B. 切断电源

C. 将机器各部件设定归为零位

D. 切断气源和水源

三、判断题（判断下列各题，正确的在题干后面括号内打“√”，错误的打“×”）

1. 使用轮轴压力机装退轮对时，要检查确认压力机、吊具、卡具及各部螺栓、链、环等技术状态良好。（　　）

2. 在剪、冲、压机床作业过程，可以直接用手向模具内取送料。（　　）

3. 车床在加工内孔时，严禁不停车将手伸入孔内试摸工作物或将头部靠近转动部分察看切削内孔情况。（　　）

4. 未经授权许可，任何人不得拆除设备的安全装置或对安全装置进行改造。（　　）

5. 钻床作业禁止在任何转速下用手拧紧钻套或更换钻头。（　　）

6. 有联锁装置的防护门在联锁失效后严禁操作。（　　）

7. 为提高作业效率，可以徒手清理车床、铣床等设备上的铁屑等杂物。（　　）

8. 机械设备故障时，设备操作人员应自行维修设备。 （ ）

9. 机械维修人员必须经相关专业培训并取得维修资格后，才能进行维修作业。 （ ）

10. 维修机械时必须停机，切断设备的动力源（电源、气源、水源），并设置标示牌。 （ ）

11. 使用车床切断工作物时，应正对切口站立。 （ ）

12. 双刀架刨床两侧必须设闭车装置。 （ ）

13. 特种设备操作、信号指挥人员须取得“特种作业操作证”方准独立作业。 （ ）

14. 起重机运行方向逆变时可以以倒车代替制动。 （ ）

15. 有联锁装置的防护门在联锁失效后，应小心操作。 （ ）

16. 车床切削铸铁、铸铜毛坯凸出部分时，可以直接走刀，无须手盘车试转。 （ ）

四、简答题

1. 防止机械设备伤害的“四不准”规定具体是什么？

2. 防止机械设备伤害的“一禁、二必须、三定、四不准”安全规定中“三定”的具体内容是什么？

3. 使用钳工工作台铲削工作物时，有哪些安全注意事项？

4. 使用铣床、镗床、磨床作业时，有哪些安全注意事项？

5. 使用剪、冲、压机床作业时，有哪些安全注意事项？

6. 分解组装机械上的配件时，有哪些安全注意事项？

7. 流动式起重机械作业前，有哪些安全准备要求？

8. 起重作业过程中“三不越过”规定具体是什么？

9. 试验风动工具时有哪些安全注意事项？

10. 起重机械作业过程中“十不吊”规定具体是什么？

五、情境题

1. 甲车间维修女工小赵需一节 30 cm 长的钢管做引导管，随即来到车间钳工台。将一根 1 m 长的钢管固定在电动砂轮夹持器内，小赵站在砂轮片正面，右手操作手柄，左手放在眼睛前方，并不时向背后梳理垂向胸前的长发或捂住口鼻。上述作业过程中，小赵违反了哪些安全作业要求？

2. 某日甲车间机械加工乙班组组织作业。9 时 05 分冲压设备发生故障，小王立即停机向设备车间报修，9 时 30 分维修人员小赵到场，未执行断电挂牌直接在冲压设备后部开始排查故障。9 时 32 分乙班组小李因急需用料进入班组寻找小王操作设备备料，9 时 45 分在寻找小王无果后，在明知自己不具备相关设备操作资质的情况下直接启动冲压设备，模具突然下落，造成正在维修设备的小赵右手掌压伤。请问小赵和小李分别存在哪些违章行为？

3. 甲工务机械段对一台液压轨道打磨车进行季度检修，该设备配备高压液压系统（压力 30 MPa）、旋转打磨砂轮（转速3 000 r/min）及可升降作业平台（高度 2.5 m）。检修过程中，维修组应遵守哪些安全规定？

4. 某日 11 时 30 分，甲车间轮轴组旋轮工小刘对一台旋轮机进行日常维护，发现发动机皮带异响。11 时 35 分，小刘将发动机外壳罩拆除，但未发现皮带异响原因，便将发动机外壳罩盖回原位，并徒手拧上外壳罩 4 个螺丝。14 时 01 分，旋轮工小李启动该设备运行；14 时 50 分，外壳安装螺丝受到振动并松动脱落；14 时 53 分，旋轮机旋转轴带突然脱出并将外壳罩击飞击中小李头部。请问小刘和小李分别存在哪些违章行为？

5. 某日，甲机务段乙检修车间对机车柴油发动机进行检修，作业环节配备燃油压力监测与自动切断系统（配备压力传感器、超压报警器及紧急切断阀）。作业过程中，检修员小王因认为系统频繁报警影响检修进度，便屏蔽了报警器。请问小王的行为是否正确，拆除或改造安全装置有何规定？

6. 甲铁路物流中心乙货场配置有 2 台汽车吊，额定起重量分别为 10 t 和 15 t，该货场近期需接卸 25 m 长钢轨，重 1.29 t，为保证卸车质量需采用抬吊作业。请问这 2 台吊机是否可以抬吊，如果可以最多可抬吊多重货物？

7. 甲铁路物流中心乙货场到达一车装运长大圆形成捆笨重货物的敞车，货物单件重16.5 t，直径1 m，长9 m。起重机司机使用额定起重量20 t的门吊卸车。门吊技术状态良好，货件采用两根10 m长的钢丝绳底部挂索。门吊班组按规定完成了作业前相关工作，作业时，司机老李看到起重工绳索一挂好后马上直接起吊，在起吊到一定高度准备平移小车运行机构时，货物脱落（钢丝绳未断裂），恰好砸在货车上。请问门吊班组存在哪些违章行为？

8. 甲铁路物流中心乙货场门吊班组接货运员派班通知，使用6道20 t门吊卸敞车装载的钢管一车60 t，钢管4捆24根（6根/捆），长度9 m，规格相同。卸至车内最后一捆时，钢管在车内位置距车辆北端约1.5 m，距车辆南端约2.0 m，加索完毕，起重工小王退至车厢角，发出起升信号后，司机老郑直接起升至1 m高时，由于吊钩未对准货物重心，钢管从西边向东边摆动。同时，司机老郑在未得到信号的情况下，向南移动大车，造成站在车辆内东南角的起重工小王腹部受挤压、骨盆骨折。请问门吊班组违反了哪些安全规定？

9. 甲站货场内货3线到达5辆敞车装载的螺纹钢，需要使用30 t门式起重机将螺纹钢卸到货位上，起重工（信号指挥）老张负责起重机作业的地面指挥，老张在指挥起重作业过程中应注意哪些安全事项？

六、事故案例分析题

【案例1】 车床工违章作业被机械手挤压身亡

2020年×月××日10时06分，甲车辆段乙轮轴车间机床工黄某，在车轮库内操纵1号数控立式车床加工轮饼。10时07分，轮饼回臂机械手抓取提升轮饼时，黄某违反“车床运行中，不能隔着机床取物件、传递物品和清除切屑”的规定，站在加工台及车床刀杆处，上半身探入机械手运行半径内清理台面卡爪上的铁屑，被机械手挤压到车床刀杆上身亡。

经查：甲车辆段劳动安全关键点控制办法规定“清扫机械设备时，

必须先切断电源，再清扫”。各班车床操作人员习惯性采取黄某这种危险作业方式清理铁屑。同时，车床未设置固定式或联锁的活动式防护装置，机械手缺少声光报警装置，车间于两月前向段提交“关于立式车床加设护板及防护栏的请示”，但未被采纳实施。

1. 事故发生的直接原因是什么？
2. 该车床存在哪些缺陷？
3. 甲车辆段设备使用管理存在哪些问题？

【案例 2】　正面吊司机违规动车将他人撞伤致死

2021 年×月××日 9 时 35 分，甲货运中心乙营业室正面吊司机王某未参加早点名会，仅通过货运员电话了解作业内容后，在未接到书面装卸作业通知单、指挥长和安全员未到场、未设防护的情况下，自己驾驶正面吊在货场南端进行吊重集装箱装汽车作业。在正面吊空载向货场北端倒车摆正过程中，未观察车辆后方及倒车影像便直接后退，吊车尾部将刚进入作业区域的现场作业指挥长尹某撞伤，尹某经抢救无效死亡。

1. 事故发生的原因是什么？
2. 事故中作业人员存在哪些违章行为？

【案例 3】　营业线施工作业人员被小车撞击伤亡

2021 年×月××日，甲工务段外包施工单位在乙线丙隧道上行（最大坡度 20.5‰）使用两辆梯车进行隧道拱顶漏水整治作业，使用两辆四轮小车推运机具物料。施工命令下达后，施工单位未按施工组织方案要求设置防溜枕木，小车推运到位后未及时卸料。5 时 35 分，3 号小车因防溜措施失效发生溜逸，撞上前面的 2 号小车及 1 号梯车后一起加速溜逸，撞击甲工务段维修作业人员，造成一死一伤。

经查：甲工务段隧道内大坡道使用四轮小车推运重物，没有制定有效的安全防护措施及应急处置预案。施工单位项目经理及安全、技术、质量等人员未按规定接受营业线施工安全培训。

1. 事故发生的直接原因是什么？
2. 事故中施工安全管理存在哪些问题？

【案例4】 机床工误操作压力机压伤手部

2022年×月××日13时50分,甲车辆段修制车间机钳班组机床工才某在机钳作业间使用开式固定台压力机进行冲压货车配件作业,在用右手拿取压制成型的配件过程中,左脚不慎踩下脚踏式开关,压力机动作挤伤右手四根手指。

经查:甲车辆段未制定开式固定台压力机安全卡控措施、作业指导书和安全技术操作规程,未配备作业辅助工具。

1. 事故发生的直接原因是什么?
2. 事故中存在哪些管理问题?

【案例5】 作业人员下放钢轨摇把脱手被击伤

2022年×月××日4时20分,甲工务段乙线路车间丙调车场线路工区劳务派遣工雷某在292号道岔使用吊轨车运送钢轨,下放钢轨时摇把脱手,反转甩出打中右眼,雷某身体向后倒地,右眼及头部受伤。构成铁路交通一般事故。

经查:雷某违反铁路局集团公司工务系统《普铁线路作业指导书》中“使用吊轨车作业,摇动摇把时,要做到手不离把……,严防摇把脱手伤人”的规定。

事故发生的直接原因是什么?

【案例6】 吊装作业无人指挥挤压连结员致死

2024年×月××日6时,甲公司在乙国际港站内货11线进行卸箱作业,地面辅助指挥人员离岗,门吊司机在无人指挥、落箱区域有瞭望死角的情况下,独自进行吊装作业。6时03分,乙国际港站调车组3号连结员张某检查完线路后,擅自进入集装箱装卸作业区域,在J310700071号箱位玩手机,被落下的集装箱挤压致死。

经查:《起重机械安全规程》规定,“司机应接受起重作业人员的起重作业指挥信号的指挥。当起重机的操作不需要信号员时,司机负有起重作业的责任。司机应对自己直接控制的操作负责”。《铁路货物装卸安全技术规则》规定,“负载降落前,指挥人员须确认降落区域安全,方可发出降落信号”。集装箱门吊小车行走没有声光报警装置,吊点视频监控装置未启用，集装箱门吊作业区域未设置“起升物品下方严禁站人”“当心吊物”等永久性安全警示标志，违反了《起重机械安全技术规程》的规定。

1. 事故发生的直接原因是什么？
2. 事故中作业人员存在哪些违章行为？
3. 集装箱门吊作业区域和门吊设备存在哪些问题？

参考答案

一、填空题

1. 油　　2. 停车
3. 油压　　4. 防护
5. 负荷　　6. 镐顶盖
7. 手钳　　8. 外露
9. 上锁　　10. 安全带
11. 肩部　　12. 侧面
13. 制动性能　　14. 同型
15. 两端(侧)　　16. 撬棍
17. 挂牢　　18. 地锚
19. 司机　　20. 零位

二、选择题

(一)单项选择题

1. B　2. A　3. A　4. B　5. A　6. A　7. C
8. A　9. A　10. A　11. D　12. C　13. D　14. D
15. A　16. C

(二)多项选择题

1. ABCD　2. ABCD　3. ABD　4. ABC　5. BCD
6. BD　7. ABCD　8. ABCD　9. ABCD　10. AB
11. ABD　12. BCD

三、判断题

1. √　2. ×　解析:在剪、冲、压机床作业过程,须向模具内取送料时要使用工具,敏捷取放,**不得**直接用手取送料。　3. √　4. √　5. √　6. √　7. ×　解析:**禁止**徒手清理车床、铣床等设备上的铁屑等杂物。　8. ×　解析:机械设备故障时,**严禁**操作人员私自维修。　9. √　10. √

11. × 解析：使用车床切断工作物时，**不得**正对切口站立。 12. √ 13. × 解析：特种设备操作、信号指挥人员须取得“**特种设备安全管理与作业人员证**”方准独立作业。 14. × 解析：起重机运行方向逆变时须停车，**不得**以倒车代替制动。 15. × 解析：有联锁装置的防护门在联锁失效后**严禁**操作。 16. × 解析：车床切削铸铁、铸铜毛坯凸出部分要**先用手盘车试转**。

四、简答题

1. 答：(1)机电设备不准带病运转。(2)机电设备不准超负荷运转。(3)机电设备不准在运转时维修保养。(4)机电设备运行时，操作人员不准将头、手、身伸入运转的机械行程范围内。

2. 答：(1)机电设备应做到定人操作、定人检查保养。(2)机电设备应做到定期管理、定期保养。(3)机电设备应做到定岗位、定岗位职责。

3. 答：使用钳工工作台铲削工作物时，虎钳不得有油，工件要夹紧。铲削时，对面若有人作业，应加装防护网。铲削工具性能要良好。铲削到最后时用力要轻。

4. 答：(1)在铣刀上部及砂轮对着人的方向，应加装防护罩。(2)安装铣刀及砂轮时，应检查确认无裂纹及其工作面良好。砂轮线速度应符合磨床转速要求方可安装，安装后要检查其牢固状态及同心度。(3)工作中严禁面对砂轮站立，应将身体保持在砂轮回转方向的侧面。严禁将冷却液浇在砂轮片上，以免砂轮冷却崩裂飞出伤人。(4)镗床刀具伸出不得过长，运转中头部不得接近镗杆，严禁用手扶镗杆作业。

5. 答：(1)使用剪冲机时，要随时注意冲模剪口起落及工件移动，防止剪压划伤。剪切冲压完的工件必须在剪刀张开或冲压头抬起停稳后方准移动。(2)剪冲机械须有防止伤害的防护装置。(3)使用摩擦压力机时，安装或更换模具时要切断电源，手柄置于空位。(4)模具内取送料时要使用工具，敏捷取放，不得直接用手取送料。操纵手把应掌握准确，行程不得过高。(5)两人作业时，必须密切联系与呼唤应答，动作要协调。

6. 答:分解组装机械上的配件时,必须密切注意其连接情况,在没有螺栓固定、支架垫妥或其他有效防护措施的情况下,严禁拆卸,以防倾倒落下。组装需要吻合对孔的配件,严禁用手指摸探孔槽,必要时使用工具拨动。

7. 答:流动式起重机械作业前,安全防护人员须划定作业区域,作业区外应设置醒目的安全警示标志或防护装置。防护人员穿着高可视性警示服、配口笛或对讲机,站立安全位置。作业人员应位于流动式装卸机械操作人员可视位置,与装卸机械保持安全距离,穿着高可视性警示服,佩戴安全帽。非作业人员、设备,不得进入作业区域。

8. 答:(1)不从人头上越过。(2)不从汽车、机车上方越过。(3)不从贵重物品上空越过。

9. 答:试验风动工具前各组合部分应组装牢固,缓慢开风。风锤、风铲不可对空、对人进行试验。试验风镐时,人员不得在镐顶盖上方。

10. 答:(1)超重或埋藏地下物不吊。(2)非信号人员指挥或信号不明不吊。(3)重量不明不吊。(4)吊钩没对准货物重心(歪拉斜拽)不吊。(5)未试吊不吊。(6)简化挂索、捆绑不牢不吊。(7)6 m 以上长大货物无牵引绳或司索钩不吊。(8)货物上有人,有浮摆物或勾连其他货物不吊。(9)吊索夹角过大不吊(不宜超过 90°)。(10)金属尖锐棱角货物吊索无衬垫不吊。

五、情境题

1. 答:作业前准备工作不到位,未佩戴防冲击护目镜(防飞溅碎屑)、防尘口罩(避免吸入金属粉尘);长发未盘起,也未戴工作帽;违规站在砂轮片正前方;加工工件长度选择不合理。

2. 答:(1)小赵违反了以下安全规定:一是维修机械时必须停机,切断设备的动力源(电源、气源、水源)后并挂标示牌(如"设备维修中,禁止启动")的安全规定;二是进入设备内维修时必须做好相关防护,并派专人看护。(2)小李违反了以下安全规定:一是各种机具操作者须经相关安全培训，充分了解设备的安全性能及操作规范，严禁未经安全培训上岗作业；二是开机前应检查是否有维修人员在维修，输送带上是否有杂物。

3. 答：(1)机械维修人员必须经相关专业培训并取得维修资格后，才能进行维修作业。(2)维修机械时必须停机，切断设备的动力源（电源、气源、水源），并设置标示牌（如“设备维修中，禁止启动”）。(3)进入设备内维修时必须做好相关防护，并派专人看护。(4)维修人员从事高处作业时，应佩戴安全帽，系挂安全带。(5)维修作业时，应固定好设备中松动和仍能自由移动的部件。(6)维修作业时，应防止维修部位受到外力而突然运动。

4. 答：(1)小刘存在以下违章行为：一是操作设备发现异常状态时私自维修设备；二是仅用手拧上外壳罩螺栓（未使用扭矩扳手），导致螺栓松动脱落。(2)小李存在以下违章行为：每日作业前未对设备进行点检，导致设备带故障运行。

5. 答：小王的行为是错误的。未经授权许可，任何人不得拆除设备的安全装置或对安全装置进行改造。

6. 答：(1)抬吊时 2 台起重机能力大小之比不得大于 3∶2。因 2 台汽车吊的起重能力比为 15∶10＝3∶2，符合规定比例 3∶2，可以抬吊。(2)2 台起重机抬吊时，负荷不得超过 2 台起重机总能力的 80%，2 台起重机的总能力为 25 t（10 t＋15 t），25 t 的 80% 为 20 t，即 2 台吊机最多可以抬吊 20 t 货物。

7. 答：(1)司机未接到信号人员发出的上升信号，擅自起吊。(2)起吊前，司机未响铃警示。(3)未进行绷绳，检查确认货件及吊索状态是否正常，吊钩是否对准货物重心。(4)未进行试吊，检查货件是否平衡，吊索是否在正确的索点上。(5)门吊未试刹检查起升机构制动是否有效。(6)司索完毕，人员未离开就起吊。(7)未使用牵引绳。

8. 答：(1)起重工小王作业未站立安全地点。小王站于车内东南角，未按要求离开车厢，违反了“吊卸 8 m 以上长大货物，司索完毕，人员离开后方可起吊”的规定。(2)未进行试吊作业。违反了“未试吊不吊”及“每次加索时，吊索绷紧后，应确认吊索平稳，钩头与货件重心对正，吊起 0.2 m 停车检查货物平稳无异状方可运行”的规定。(3)司机老郑在吊钩未对准货物重心就盲目起吊，违反了“吊钩未对准货物重心不吊”的规定。(4)信号指挥人员未发出大车移动信号，门吊司机盲目移动大车，违反了“非信号人员指挥或信号不明不吊”的规定。(5)长度 9 m 的长大件货物未拴牵引绳，违反了“6 m 以上长大货物无牵引绳或司索钩不吊”的规定。

9. 答：(1)无论采取何种指挥信号，必须规范、准确、明了。(2)所处位置应能全面观察作业现场，并使司机、起重工都可清楚看到。(3)在作业进行的整个过程中(特别是重物悬挂在空中时)，不得擅离职守，应密切注意观察吊物及周围情况，发现问题及时发出指挥信号。

六、事故案例分析题

【案例 1】

1. 答：黄某操纵车床过程中，未切断电源停车，违章探入机械手运行半径内清理铁屑，是事故发生的直接原因。

2. 答：(1)未设置固定式或联锁的活动式防护装置。(2)机械手未配备声光报警装置。

3. 答：(1)甲车辆段各级管理人员对车床工惯性违章熟视无睹。(2)甲车辆段对排查发现的车床设备隐患重视不够，整治不及时。

【案例 2】

1. 答：正面吊司机王某未接到装卸作业通知单动车，在吊车倒车运行时未认真瞭望，是事故发生的主要原因；正面吊装卸作业指挥长尹某中途违章进入正面吊作业区域，是事故发生的次要原因。

2. 答：(1)正面吊司机王某在指挥长和安全员未到场，无装卸作业通知单的情况下，擅自动用正面吊作业。(2)指挥长尹某看到正面吊单独作业不制止，未与司机联系便自行进入正面吊作业区域。

【案例 3】

1. 答：外包施工单位作业前未确认四轮小车制动装置是否良好，

也未按施工组织方案设置防溜枕木，大坡度使用小车不及时卸料，小车溜逸后失控，是事故发生的直接原因。

2. 答：(1)甲工务段针对隧道内大坡道使用四轮小车推运重物没有制定有效的安全防护措施及应急处置预案。(2)甲工务段对外包施工单位安全培训情况监管缺失，对外包单位施工过程中不设置防溜枕木、大坡度使用小车未及时卸料等违章行为监管不力。

【案例 4】

1. 答：机床工才某使用开式固定台压力机进行冲压货车配件作业，用右手拿取压制成型的配件过程中，左脚不慎踩下脚踏式开关，压力机动作挤伤右手，是事故发生的直接原因。

2. 答：甲车辆段未制定开式固定台压力机安全卡控措施、作业指导书和安全技术操作规程，未配备作业辅助工具。

【案例 5】

答：雷某操作吊轨车下放钢轨过程中未握紧摇把，在钢轨重力作用下摇把脱手失控反转甩出打伤自己，是事故发生的直接原因。

【案例 6】

1. 答：甲公司门吊司机在无地面辅助人员指挥，无法确认落箱区域安全的情况下盲目落箱，是事故发生的直接原因。

2. 答：(1)甲公司门吊司机在地面无人指挥，落箱区域存在瞭望死角的情况下，违章独自进行卸箱作业。(2)甲公司门吊地面辅助人员在门吊卸箱作业过程中，违章离开指挥岗位。(3)乙国际港站连结员张某完成调车线路检查后，擅自进入集装箱装卸作业区域，违章在起升物品下方玩手机。

3. 答：(1)集装箱门吊小车行走没有声光报警装置，吊点视频监控装置未启用。(2)集装箱门吊作业区域未设置永久性“起升物品下方严禁站人”“当心吊物”等安全警示标志。

第五章　预防物体打击

一、填空题

1. 机械设备转动部分外露时，须设置＿＿＿＿＿＿＿＿。

2. 从事特殊、特种作业人员，应取得相应＿＿＿＿＿＿＿。

3. 作业前检查工机具＿＿＿＿＿＿＿是否良好，禁止使用存在安全缺陷的工机具。

4. 搬动重、大、长物件，必须有＿＿＿＿＿＿＿，动作协调。

5. 建筑施工中拆除或拆卸作业要在设置警戒区域、有＿＿＿＿＿＿的条件下进行。

6. 施工工程靠近必须通行的道路时，应在道路上方搭设坚固、密封的＿＿＿＿＿＿，防止落物伤害行人。

7. 在施工现场内，每一处危险部位都要悬挂相应的＿＿＿＿＿＿，以便提示作业人员预防危险的发生。

8. 高处作业人员使用的小型工具及小型材料、配件等，必须装入＿＿＿＿＿＿内，防止坠落伤人。

9. 装卸货物前，应规定作业顺序、方法和预防措施，并安排＿＿＿＿＿＿＿＿＿＿＿＿＿。

10. 物料运送作业除上下传送物料外，严禁＿＿＿＿＿＿同时作业。

二、选择题

（一）单项选择题（每题备选答案中，只有一个符合题意的正确答案，请将正确答案前的字母填到题目中的括号内）

1. 施工工程的出入口必须搭设坚固的防护板棚，棚的宽度要大于出入口，棚的长度应根据建筑物高度分别设置，一般以（　　）m 为宜。

A. 1～5　　B. 5～10

C. 10～15　　D. 15～20

2. 建筑施工在楼层中堆放材料、配件等，距边沿的距离应大于

(　　)m。

A. 0.5　　B. 1.0　　C. 1.2　　D. 1.5

3. 所有井字架、门式架的吊篮，必须设置(　　)m 高的钢筋网护栏、护门，防止砖头等小型材料或斗车在垂直升降中坠落伤人。

A. 0.5　　B. 1.0　　C. 1.5　　D. 2.0

4. 大模板存放时，必须稳固摆放并设置防滑垫，使自稳角呈(　　)。

A. 10°～20°　　B. 20°～30°

C. 40°～60°　　D. 70°～80°

5. 深坑(槽)或地下室周边沿(　　)m 内，不准堆放配件、模板、钢管、钢筋、砖石等材料，防止落物伤人或土方坍塌。

A. 1.0　　B. 1.5　　C. 2.0　　D. 2.5

6. 使用砂轮磨削工件时应站在砂轮的(　　)，以防砂轮片破碎飞出伤人。

A. 正面　　B. 侧面　　C. 前面　　D. 后面

7. 架落车时，必要时必须在两侧旁承上各垫(　　)mm 以上厚的硬木防护垫方准进行。

A. 50　　B. 100　　C. 150　　D. 200

8. 建筑施工中，边长小于或等于(　　)mm 的预留洞口必须用坚实的盖板封闭，用砂浆固定。

A. 250　　B. 300　　C. 350　　D. 400

9. 吊运大模板在校正固定前，应用(　　)临时固定稳妥，以防止校正时大模板倾倒伤人。

A. 扎带　　B. 尼绒绳

C. 铁丝　　D. 钢丝绳

10. 更换扳手套筒时，双手要紧握其(　　)。

A. 上部　　B. 根部　　C. 中部　　D. 尾部

11. 使用螺栓防转卡子时，要(　　)安放，防止挤手或滑落砸脚。

A. 启动时　　B. 开机时　　C. 待机　　D. 停机

（二）多项选择题（每题备选答案中，有两个或两个以上符合题意的正确答案，请将正确答案前的字母填到题目中的括号内）

1. 登高检修人力制动机前，要先检查（　　）的安装螺栓是否牢固，工具配件要放妥，防止坠落伤人。

A. 扶手　B. 脚蹬　C. 制动台　D. 脚踏板

2. 作业场地出入口、通道口须搭设（　　）。

A. 单层防护棚　B. 双层防护棚

C. 彩钢棚　D. 安全通道

3. 不允许在砂轮机上磨削（　　）的工件，防止震碎砂轮飞出伤人。

A. 较小　B. 较轻　C. 较大　D. 较长

4. 临街建筑面或高层建筑施工周边，应用（　　）之一密封，防止砖渣、石块、螺帽等较小物体坠落伤人。

A. 塑料膜　B. 竹笆

C. 小眼立网　D. 竹席

5. 工机具、物料运送时，以下做法正确的是（　　）。

A. 吊运物料由专人指挥

B. 散料用吊篮装置好再起吊

C. 高处作业人员工具放入工具袋

D. 物料堆放在通道边缘

6. 建筑施工作业中，在出入口及周边设置防护正确的是（　　）。

A. 出入口搭设坚固防护板棚

B. 靠近道路处道路上方搭设密封防护棚

C. 临街建筑面用竹笆等密封

D. 井字架、门式架吊篮设护栏、护门

7. 在建筑施工作业中，脚手架搭设和拆除作业说法正确的是（　　）。

A. 在作业区域设置警戒区，由专人负责警戒

B. 严禁无关人员穿越警戒区

C. 拆除的架料、扣件堆码整齐

D. 拆除时从高处向下投掷架管

8. 铁路机械加工作业中，以下操作正确的是（　　）。

A. 使用砂轮机时佩戴好防护镜

B. 磨削工件时站在砂轮的侧面

C. 挥抡大锤时戴手套

D. 架落车时手扶心盘销

三、判断题（判断下列各题，正确的在题干后面括号内打“√”，错误的打“×”）

1. 用撬棍翻转钢轨时，作业人员要站在同一侧，且不能用力过猛，防止撬棍、钢轨伤人。（　　）

2. 边缘处所或机械转动部位禁止放置工具、材料等。（　　）

3. 挥抡大锤时需戴手套，在打击第一锤之前，应注意周围环境，确认安全状态后方可作业。（　　）

4. 架落车时，检查作业情况下可以将头和身体探入枕梁与摇枕之间。（　　）

5. 在列车顶部作业时，为方便使用，可以将工具、材料放在边沿部位。（　　）

6. 装卸轮对、车轴、车轮时，吊具挂妥后，要呼唤应答，周边人员要及时躲开，防止滑动、坠落。（　　）

7. 使用车辆搬运物件时，严禁超载，应平稳摆放、装载牢固。（　　）

8. 搭设或拆除脚手架时，从高处向下投掷架管、架板、扣件时要做好呼唤应答。（　　）

9. 所有物料应堆放平稳，不得放在临边及洞口附近，并不可妨碍通行。（　　）

10. 在平台上起吊大模板时，平台上可以堆放少量小件材料、配

件、工具等物件。 (　　)

11. 吊运大模板必须用卡环卡牢,防止模板坠落。 (　　)

12. 使用砂轮机时应该戴手套,佩戴好防护镜(罩)。 (　　)

13. 没有支撑或自稳角不足的大模板,要放在专用的堆放架内或卧倒平放,不应靠在其他模板或构件上。 (　　)

四、简答题

1. 上下传递物料时有何要求?
2. 建筑施工高处作业下方作业应遵守哪些安全规定?
3. 挥抡大锤时有哪些安全注意事项?
4. 高处拆除作业时,拆卸下的物料、建筑垃圾如何处置?
5. 搭设或拆除脚手架时,须遵守哪些安全要求?

五、情境题

1. 甲单位外墙施工进入收尾阶段,作业人员小李需在 2 层楼高的固定式脚手架上(约 6 m)拆除脚手架,外侧未设置密目式安全网。在拆除过程中,小李未使用工具袋存放扳手、螺丝刀,工具散放于脚手架表面。小李在拆除脚手架连接件时因用力过猛,扳手从 6 m 高空坠落,击中下方地面搬运材料人员小张的安全帽顶部(未系下颏带),小张后仰摔倒,头部撞击地面砖块。请分析作业过程中存在哪些问题?

2. 甲工务段乙线路工区线路工小李在机修室使用砂轮机进行工件磨削作业。小李按下砂轮机启动按钮后,未摘手套、戴防护镜(罩),立即开始磨削工件;磨削时,他站在砂轮的正前方,低头观察打磨情况,计划用砂轮机磨削一根长约 1 m 的钢制撬棍,因工件过长,砂轮机振动明显。请问线路工小李操作是否正确?应如何正确使用砂轮机?

3. 甲房建段承接了乙站候车室屋顶防水层修复及瓦片更换任务,由施工负责人小李带领 8 名作业人员进行作业。该候车室屋顶为坡屋顶结构,高度约 12 m,屋顶边缘无固定防护栏杆。施工负责人小李在作业前应采取哪些措施预防物体打击伤害?

六、事故案例分析题

【案例 1】 电杆断裂倾倒砸伤杆上电力工

2019 年×月××日，甲供电段乙供电车间丙电力工区对丁线 A 站至 B 站间自闭线路二级修，电力工赵某在 110 号电杆上作业时，同时卸载 3 条电力线，电杆失去平衡，拉力引起根部断裂倾倒，将赵某砸伤，经医院抢救无效死亡。

经查：铁路局集团公司供电部和甲供电段对既有运行电力线路上更换设备、金具没有流程标准。对电杆外观质量状态只进行目视检查，凡没有纵、横向裂纹即可继续使用，对内部结构检查测量无标准。110 号电杆已运行 34 年，经检测鉴定，存在钢筋锈蚀、混凝土表面风化，以及混凝土强度、螺旋箍筋间距不满足现行设计规范要求等问题，影响正常安全使用。

1. 事故发生的直接原因是什么？

2. 事故中存在哪些管理问题？

【案例 2】 走路不慎滑倒碰撞钢轨致重伤

2020 年×月××日 17 时 05 分，甲工务机械段换轨车间线路工商某为停放在车站 3 道的附属车辆加水，打开 027 号指挥车上水阀后，沿路肩前往 047 号宿营车准备开上水阀。因路肩较窄、下雨地面湿滑，行走过程中注意力不集中，不慎滑倒，身体右侧撞到路肩上存放的备用钢轨上，造成右肾摘除、右侧 4 根肋骨骨折，构成重伤。

事故发生的原因是什么？

【案例 3】 错误确认线路行别致工具被列车撞飞打击作业人员

2023 年×月××日，甲工务段乙综合维修车间维修工队按计划在丙线 A 站至 B 站间下行线进行维修作业，现场作业负责人、防护员将上行线误认为是下行线。7 时 33 分，上行线××××次旅客列车运行至作业地点撞上遗留在线路上的双头内燃螺栓扳手，扳手部件飞出打伤在道下避车的线路工黄某和劳务派遣工倪某，造成一死一伤。构成铁路交通一般事故。

事故发生的直接原因是什么?

【案例 4】 线路工违规使用翻轨器被杆柄刮伤

2024 年×月××日 1 时 50 分,甲工务段乙线路车间丙工区在丁上行线 K1+570 处进行维修作业过程中,作业负责人工长王某要求停止作业后,班长贾某仍独自一人用翻轨器翻动钢轨,王某发现后未制止,并准备协助作业。作业时翻轨器杆柄反弹刮伤贾某左眼,造成其眼球破裂伤。构成铁路交通一般事故。

1. 事故发生的直接原因是什么?
2. 事故中作业人员存在哪些违章行为?

参 考 答 案

一、填空题

1. 安全防护罩　　2. 资格证书
3. 技术状态　　4. 专人指挥
5. 专人监护　　6. 防护棚
7. 标志牌　　8. 工具袋
9. 专人指挥　　10. 上下层

二、选择题

(一)单项选择题

1. B　2. D　3. B　4. D　5. A　6. B　7. D
8. A　9. D　10. C　11. D

(二)多项选择题

1. ACD　2. BD　3. CD　4. BCD　5. ABC
6. ABCD　7. ABC　8. AB

三、判断题

1. √　2. √　3. ×　解析:挥抡大锤不准戴手套,在打击第一锤之前,应注意周围环境,确认安全状态后方可作业。　4. ×　解析:架落车时,在任何情况下不准将头和身体探入枕梁与摇枕之间。　5. ×　解析:在列车顶部作业时,不准将工具、材料放在边沿部位,防止受振后落下伤人。　6. √　7. √　8. ×　解析:搭设或拆除脚手架时,拆除的架料、扣件,必须堆码整齐,**统一吊运至地面,严禁从高处向下投掷架管、架板、扣件等**。　9. √　10. ×　解析:在平台上起吊大模板时,平台上禁止堆放其他任何材料、配件、工具等物件。　11. √　12. ×　解析:使用砂轮机时严禁戴手套,要佩戴好防护镜(罩)。　13. √

四、简答题

1. 答:物料传递不准往下或向上乱抛递。上下传送易滑的钢材,绳结必须系牢，以防散落伤人。除上下传送物料外，严禁上下层同时作业。

2. 答：建筑施工高处作业的下方不得同时有人作业。必须同时作业时，应做好防止坠落物伤人的措施，并设专人看护。

3. 答：挥抡大锤不准戴手套，在打击第一锤之前，应注意周围环境，确认安全状态后方可作业。

4. 答：高处拆除作业时，对拆卸下的物料、建筑垃圾要及时清理运走，不得在通道内任意乱放或向下丢弃。

5. 答：搭设或拆除脚手架时，必须在作业区域设置警戒区，并由专人负责警戒，严禁无关人员穿越警戒区。拆除的架料、扣件，必须堆码整齐，统一吊运至地面，严禁从高处向下投掷架管、架板、扣件等。翻架板时应事先清扫板上杂物。

五、情境题

1. 答：(1)拆除作业现场未设置警戒区域及安排专人监护。(2)拆除作业未设置密目式安全网，未对脚手架外侧进行封闭防护。(3)小李的工具未装在专用包内，且未采取防坠落措施。(4)小张未正确佩戴安全帽(未系好下颏带)，导致物体打击后头部失控撞击地面。

2. 答：线路工小李的操作不正确。使用砂轮机时严禁戴手套，要佩戴好防护镜(罩)。开动砂轮后必须经 40～60 s 转速稳定后方可磨削，磨削工件时应站在砂轮的侧面，不可正对砂轮，以防砂轮片破碎飞出伤人。不允许在砂轮机上磨削较大较长的工件，防止震碎砂轮飞出伤人。

3. 答：(1)进行技术交底，重点强调预防物体打击伤害安全措施。(2)明确划定作业区域及物体坠落半径范围，设置警戒线并悬挂“高空作业禁止入内”的警示标志。(3)设置专人进行监护。(4)作业人员佩戴安全帽、安全带、护目镜等防护用品。(5)工具装在专用包内，屋顶物料采取防滚落措施。(6)上下传递物料使用吊装袋、牵引绳，禁止高空抛物。

六、事故案例分析题

【案例 1】

1. 答：电力工赵某进行自闭线路二级修作业时，因电杆根部突然断裂，被倾倒的电杆砸伤，是事故发生的直接原因。

2. 答：(1)甲供电段对电杆外观质量状态只进行目视检查，对内部结构检查测量无标准，缺乏有效的检查、检测手段，导致没有发现失效电杆。(2)甲供电段对在电杆上更换金具作业，同时卸载 3 条电力线会导致电杆失去平衡、拉力引起倾倒的风险无认知。

【案例 2】

答：线路工商某自我保护意识差，在路肩行走时注意力不集中，不慎滑倒，是事故发生的直接原因。路肩较窄，下雨地面湿滑，备用钢轨存放位置不合理且未设置防护，是事故发生的间接原因。

【案例 3】

答：现场作业负责人、防护员错误确认线路行别，将上行线误认为是下行线，并错误指挥作业组在未封锁的上行线作业，导致上行线××××次旅客列车通过时，撞上遗留在线路上的双头内燃螺栓扳手，内燃螺栓扳手部件飞出击打作业人员，是事故发生的直接原因。

【案例 4】

1. 答：班长贾某擅自使用翻轨器翻轨，翻轨器杆柄反弹刮伤左眼，是事故发生的直接原因。

2. 答：(1)班长贾某接到工长停止作业的通知后，没有立即停止作业。(2)作业负责人工长王某下达停止作业通知后，发现贾某仍在进行翻轨作业，未及时制止。

第六章　预防火灾

一、填空题

1. 火灾是指在______或______上失去控制的燃烧所造成的灾害。

2. 水基型灭火器具有无毒、无污染、灭火效率高及阻燃和抗复燃性能好的特点，适用于扑救______或____________液体的初起火灾。

3. 控制引火源的措施包括严格审批明火作业、定期检查电气线路、在运输易燃易爆物品时确保车辆______良好等。

4. 按照一次火灾事故所造成的人员伤亡、受灾户数和财物损失金额划分，可把火灾分为__________火灾、______火灾、较大火灾和一般火灾。

5. 根据可燃物的类型和燃烧特性，液体或可熔化的固体物质火灾属于______类火灾。

二、选择题

（一）单项选择题（每题备选答案中，只有一个符合题意的正确答案，请将正确答案前的字母填到题目中的括号内）

1. 在一定条件下，将可燃物的温度降到着火点以下，燃烧即会停止。对于可燃固体，将其冷却在（　　）以下，燃烧反应就可能终止。

A. 燃点　　B. 熔点　　C. 闪点　　D. 沸点

2. 在一定条件下，将可燃物的温度降到着火点以下，燃烧即会停止。对于可燃液体，将其冷却在（　　）以下，燃烧反应就可能终止。

A. 燃点　　B. 熔点　　C. 闪点　　D. 沸点

3. 以下不属于控制可燃物的做法的是（　　）。

A. 对木材进行阻燃处理

B. 使用不燃或难燃材料代替可燃材料

C. 定期清理工作场所的可燃杂物

D. 在设备连接处使用易燃密封材料

4. 根据可燃物的类型和燃烧特性，C 类火灾是指（　　）。

A. 气体火灾　　B. 金属火灾

C. 带电火灾　　D. 固体物质火灾

5. 防火间距的主要作用是（　　）。

A. 美化建筑布局

B. 防止建筑物间的火势蔓延

C. 增加建筑物的使用面积

D. 提高建筑物的耐火等级

（二）多项选择题（每题备选答案中，有两个或两个以上符合题意的正确答案，请将正确答案前的字母填到题目中的括号内）

1. 发生燃烧必须具备的三个条件是（　　）。

A. 可燃物　　B. 助燃物

C. 引火源　　D. 还原剂

2. 预防火灾发生应从（　　）入手，并避免它们相互作用。

A. 控制可燃物　　B. 隔绝助燃物

C. 控制引火源　　D. 提升耐火等级

3. 根据火灾形成的原理，采取（　　）等措施，均可达到灭火的目的。

A. 降低着火系统温度

B. 断绝可燃物

C. 稀释空气中的氧浓度

D. 抑制着火区内的链式反应

4. 二氧化碳灭火器可用于扑救（　　）等的初起火灾，以及一般的液体火灾。

A. 600 V 以下带电电器　　B. 金属锂

C. 图书资料　　D. 仪器仪表

5. 关于铁路工装器具充电，以下做法正确的是（　　）。

A. 使用原装充电器和充电线

B. 边充电边使用设备

C. 定期检查设备和充电配件

D. 避免在潮湿、高温或易燃物附近充电

6. 预防火灾中控制可燃物的做法包括(　　　)。

A. 对木材进行阻燃处理

B. 使用防火板代替木板进行建筑装修

C. 及时清理仓库中的废旧包装材料

D. 设置防火隔离带

7. 预防火灾的常见措施包括(　　　)。

A. 合理布置防火间距　　　B. 提升建筑物耐火等级

C. 建立防火分区　　　D. 预留消防扑救条件

8. 隔绝助燃物的常用方法包括(　　　)。

A. 安装密封装置防止可燃物质泄漏

B. 在储存容器中充入惰性气体

C. 使用惰性气体保护特殊生产过程

D. 定期通风换气以稀释助燃物浓度

9. 当身上着火时，正确的做法是(　　　)。

A. 快速奔跑　　　B. 用手拍打灭火

C. 就地打滚　　　D. 用湿棉被包裹身体

三、判断题(判断下列各题，正确的在题干后面括号内打“√”，错误的打“×”)

1. 用水扑灭一般固体物质引起的火灾，主要是通过隔离作用来实现的，水具有较大的比热容和很高的汽化热，冷却性能很好。(　　)

2. 可燃物的燃烧是氧化作用，需要在最低氧浓度以上才能进行，低于最低氧浓度，燃烧不能进行，火灾即被扑灭。(　　)

3. 由于有焰燃烧是通过链式反应进行的，如果能有效抑制自由基的产生或降低火焰中的自由基浓度，即可使燃烧终止。(　　)

4. 发生火灾后，一旦逃离危险区，受灾者就必须留在安全区域并及时向救助人员反映火场情况，如果发现还有人没撤出来，需及时返回

救援。 (　　)

5. 火灾逃生时,为快速逃离火场,可以乘坐电梯疏散。 (　　)

6. 发生火灾时,若用手摸房门已感到烫手,说明大火已经封门,则不能开门逃生。 (　　)

7. 被烟火围困暂时无法逃离的人员,要立即返回室内,用打手电筒、挥舞衣物、呼叫等方式向窗外发出求救信号,等待救援。 (　　)

8. 铁路工装器具充电时,可以将正在充电的设备放在暖气、火炉等热源附近。 (　　)

9. 列车运行中发生电气设备冒烟起火时,应立即用水灭火。

(　　)

四、简答题

1. 消防安全"四懂四会"具体指什么?

2. 灭火的基本方法有哪几种?

3. 造成火灾的原因大致可分为哪几种?

五、情境题

1. 甲通信段通信工小李单独在车站信号楼通信机房进行设备检查时,突然发现机房里侧一个配电柜设备冒烟起火。请问小李应如何选择灭火器?如何实施灭火?

2. 甲机务段职工小张住在铁路单身宿舍,某天22时30分小张从单位回到单身宿舍准备休息,从楼梯走到宿舍二楼时,闻到一股刺鼻的焦煳味,发现204宿舍门缝正在往外冒烟。请问小张应如何处置?

3. 某日,甲动车段车辆地勤机械师小何下夜班在单身宿舍3楼307房间休息,房间内设有卫生间,为了防止别人打扰小何将手机设置为静音状态。休息过程中突然被嘈杂声惊醒,发现屋外已经着火,用手摸房门已感到烫手,判断此时已无法打开房门。请问小何应如何处置?

4. 小林是甲客运段的列车长,某日值乘动车组列车,11时15分正在车厢进行例行巡视时,突然发现2号车厢的配电柜正在冒烟。请问小林应如何处置？

六、事故案例分析题

【案例】 饮酒后吸烟引发火灾致一氧化碳中毒死亡

2024年×月××日1时15分，甲工电段乙驼峰信号工区信号工杨某在段单身宿舍（房门紧闭，房内有烟雾，床边有明火）因吸入一氧化碳中毒后死亡。

经查：杨某死亡前大量饮酒，血液样本中乙醇成分含量高达192.6 mg/100 mL，已达到醉酒状态；当晚杨某在室内抽烟，烟头引燃床垫并蔓延至床头柜上物品，导致起火燃烧。单身宿舍楼房间内卫生清扫不及时，环境脏乱差，宿舍内存在违规使用电器、床上吸烟、人走不断电等违章问题。

1. 事故发生的直接原因是什么？
2. 床上吸烟存在什么安全风险？
3. 如何加强单身宿舍日常管理？

参考答案

一、填空题

1. 时间;空间　　2. 固体;非水溶性
3. 接地　　4. 特别重大;重大
5. B

二、选择题

(一)单项选择题

1. A　2. C　3. D　4. A　5. B

(二)多项选择题

1. ABC　2. ABC　3. ABCD　4. ACD　5. ACD
6. ABCD　7. ABCD　8. ABC　9. CD

三、判断题

1. × 解析:用水扑灭一般固体物质引起的火灾,主要是通过冷却作用来实现的,水具有较大的比热容和很高的汽化热,冷却性能很好。 2. √　3. √　4. × 解析:发生火灾后,一旦逃离危险区,受灾者就必须留在安全区域并及时向救助人员反映火场情况,即使发现还有人没撤出来,也不能贸然返回。　5. × 解析:火灾逃生时,一般不要坐电梯(消防电梯要在救护人员的指挥下使用),应从安全出口逃生。　6. √　7. √　8. × 解析:铁路工装器具充电时,不得将正在充电的设备放在暖气、火炉等热源附近。　9. × 解析:列车运行中发生电气设备冒烟起火时,要立即关闭电源开关或断开保险。在电源未切断前任何人不得用水灭火。

四、简答题

1. 答:(1)“四懂”是指懂得本岗位的火灾危险性、懂得预防火灾的措施、懂得扑救火灾的方法、懂得逃生的方法。(2)“四会”是指会使用消防器材、会报警、会扑救初起火灾、会组织疏散逃生。

2. 答:灭火的基本方法有冷却灭火、隔离灭火、窒息灭火、化学抑制灭火四种。

3. 答:造成火灾的原因大致可分为电气危险隐患、物料危险隐患、生活用火危险隐患、吸烟危险隐患和违反安全规定危险隐患等。

五、情境题

1. 答:立即选取机房配置的干粉灭火剂灭火器或二氧化碳灭火剂灭火器,注意不要使用清水灭火剂和泡沫灭火剂型灭火器。

灭火时如有空调等设备吹风,可以关闭空调,佩戴呼吸器,避免吸入有毒气体。取出灭火器后,去除灭火器铅封,拔出保险销,用一只手握住喷嘴,另一只手按下压把,在距离火源约 1～2 m 的安全位置,将喷嘴对准火源根部,左右扫射直至火源完全熄灭。注意二氧化碳喷出时温度较低,使用二氧化碳灭火器时容易冻伤,因此不要碰触喷管。

2. 答:立即拨打“119”火警电话报警,同时喊叫起火宿舍和相邻宿舍人员,携带灭火设备迅速灭火;若一时无法扑灭火灾,要抓紧组织人员撤离到安全位置,同时通知宿舍管理人员。

3. 答:保持镇静,不要盲目出逃,应关紧迎火的房门,打开背火的窗户,用湿毛巾、湿布塞堵门缝或用水浸湿棉被蒙在房门上,然后不停地用水淋透房门,防止烟火渗入,固守在房内,直到救援人员到达。

4. 答:(1)立即通知车辆乘务员、司机,当火灾威胁行车和旅客人身安全时,使用紧急制动阀停止列车。(2)立即通知乘务员迅速组织起火车厢旅客向邻近车厢或地面安全地带疏散。(3)立即通知车辆乘务人员关闭电源开关或断开保险,在电源未切断前任何人不得用水灭火。(4)组织车上客运乘务员、车辆乘务员集中列车上的消防设备进行扑救。(5)尽快向上级机关和行车调度报告事故情况。(6)在扑救时,要注意保护好现场。(7)采取多种形式做好宣传解释工作,稳定旅客情绪,防止混乱。

六、事故案例分析题

【案例】

1. 答:杨某大量饮酒、在床上吸烟,烟头引燃床上物品,导致起火燃烧,发生一氧化碳中毒,是事故发生的直接原因。

2. 答:未熄灭的烟头可能导致床垫等物品起火燃烧,引发火灾,造成人身及财产损失。

3. 答:严查宿舍内违规使用电器、床上吸烟、人走不断电等违章问题;对职工违反宿舍安全管理规定的行为进行严肃考核;及时排查、整治、消除宿舍安全隐患。

第七章　预防中毒和窒息

一、填空题

1. 有限空间作业须遵守“____________________”的原则。

2. 一旦发现罐内人员可能发生中毒，罐外人员在无______________时，不得贸然进入罐内救人。

3. 有限空间出入口等醒目位置应设置明显的__________标志或风险告知牌。

4. 在排污管道、隧道、涵洞、电缆沟等有限空间场所内作业，应配备符合国家标准的________________防护用品。

5. 有限空间作业过程中，应当安排专人对作业区域持续进行通风和__________检测。

6. 进入盛装过腐蚀或有毒品的罐体时，必须佩戴__________，穿戴胶质防护服、手套、胶鞋等防护用品。

7. 进入盛装过腐蚀或有毒品容器等有限空间作业前，要实行__________制，进入罐内作业一次最长时间不得超过 30 min。

8. 使用有毒物品的作业场所应当设置“__________”警告标识。

9. 存在有毒物品和粉尘等需要进行通风处理的作业场所应当设置“__________”指令标识。

10. 作业环境中单纯性窒息性气体浓度增高，其含量大于________(即氧气含量小于 16%)时，人们就可能出现缺氧症状。

11. 作业场所中，设置的安全标志  表示____________。

12. 作业场所中，设置的安全标志  表示__________。

二、选择题

(一)单项选择题(每题备选答案中,只有一个符合题意的正确答案,请将正确答案前的字母填到题目中的括号内)

1. 作业环境中,如果氧气含量降至( )以下,可能出现不同程度的意识障碍,甚至死亡。

A. 20% B. 18%

C. 15% D. 10%

2. 有限空间作业存在爆炸风险的,应配备( )和防爆灯具、工具。

A. 防静电工作服、鞋 B. 高可视性工作服

C. 绝缘工作服 D. 保暖工作服

3. 进入盛装过腐蚀或有毒品的罐体时,必须佩戴防毒面具,穿戴( )、手套、胶鞋等防护用品。

A. 胶质防护服 B. 化纤制品防护服

C. 棉麻防护服 D. 涤纶防护服

4. 进入盛装过腐蚀或有毒品的罐体时,作业一次最长时间不得超过( )min。

A. 20 B. 25 C. 30 D. 40

5. 罐内有人作业时,( )应有专人监护。

A. 罐体出入口 B. 作业区域旁

C. 罐体内部 D. 罐内中心区域

6. 有限空间作业中断的,作业人员再次进入有限空间作业前,应当重新通风,经( )方可进入。

A. 通风 30 min 后 B. 监护人允许

C. 作业负责人允许 D. 气体检测合格

7. 化学物品区域或生产岗位不得存放( )。

A. 保洁用品 B. 食物饮料

C. 药品容器 D. 称量工具

8. 如果发现有粉尘，必须立即戴防粉尘面具，面具中的(　　)应该定期更换。

A. 过滤器　　B. 活性吸附材料

C. 专用滤纸　　D. 电除尘盒

9. 无机有毒物品大都具有(　　)，与还原性强的物质接触易引起燃烧爆炸。

A. 惰性　　B. 氧化性

C. 还原性　　D. 稳定性

10. 作业场所中，设置的安全标志  表示(　　)。

A. 戴防毒面具　　B. 戴防尘口罩

C. 戴防护手套　　D. 戴呼吸防护器

(二)多项选择题(每题备选答案中，有两个或两个以上符合题意的正确答案，请将正确答案前的字母填到题目中的括号内)

1. 地下有限空间包括(　　)等场所。

A. 地下管道　　B. 地下室

C. 化粪池　　D. 地下停车场

2. 地上有限空间包括(　　)等场所。

A. 储藏室　　B. 发酵池　　C. 蓄水塔　　D. 冷库

3. 有限空间作业监护员应对作业人员进行安全交底，对(　　)等风险管控措施逐项进行检查。

A. 通风　　B. 检测

C. 必要的隔断　　D. 必要的清除

4. 有限空间作业应配备符合国家标准或者行业标准的(　　)等防护用品和应急救援装备。

A. 气体检测报警仪器　　B. 机械通风设备

C. 呼吸防护用品　　D. 照明设备

5. 在(　　)等有限空间场所内作业，应配备符合国家标准的隔离式空气呼吸防护用品。

A. 电缆沟　B. 排污管道　C. 隧道　D. 涵洞

6. 有限空间作业存在爆炸风险的，应配备（　　），并采取消除或控制爆炸风险的措施。

A. 氧气瓶　B. 防静电工作服、鞋

C. 氮气瓶　D. 防爆灯具、工具

7. 进入有限空间时应随身携带有效的通信工具，根据场所（　　）等选择合适的劳动防护用品。

A. 结构特征　B. 风险类别

C. 作业方式　D. 进出入口

8. 进入盛装过腐蚀或有毒品的罐体时，必须穿戴（　　）等防护用品。

A. 防毒面具　B. 胶质防护服

C. 手套　D. 胶鞋

9. 有限空间作业监护员应（　　）。

A. 进行工序指导

B. 全程进行监护

C. 与作业人员保持实时联络

D. 不得离开作业现场

10. 有限空间是指（　　），自然通风不良，易造成有毒有害、易燃易爆物质积聚或者氧含量不足的空间。

A. 封闭或者部分封闭

B. 与外界相对隔离

C. 出入口较为狭窄

D. 作业人员不能长时间在内作业

11. 中毒根据接触毒物时间长短、发病缓急可分为（　　）。

A. 急性中毒　B. 慢性中毒

C. 亚急性中毒　D. 致癌性中毒

三、判断题(判断下列各题,正确的在题干后面括号内打"√",错误的打"×")

1. 有限空间作业存在中毒、缺氧、燃爆等多种安全风险。 ( )

2. 冬季在用煤炉取暖的作业或休息地点,不得采取通风措施。 ( )

3. 进入罐体作业人员应佩戴好规定的安全防护用品,防护用品作用及状态应良好,禁止使用化纤制品防护服。 ( )

4. 进入罐体前,应先确认罐内残留货物的性质,当无法确认时,可先行进入罐体进行试验。 ( )

5. 有限空间作业,自然通风使空间气体浓度检测符合安全要求后,方可进入。 ( )

6. 有限空间作业,在未准确测定空间气体浓度符合安全要求前,严禁进入作业场所,作业过程中应持续通风。 ( )

7. 发生有限空间作业事故后,监护员应制止未做好安全措施的盲目施救行为。 ( )

8. 有限空间作业监护员应全程进行监护,与作业人员保持实时联络,不得离开作业现场,必要时可进入有限空间参与作业。 ( )

9. 进入有限空间时可以仅佩戴隔离式空气呼吸器或过滤式空气呼吸器。 ( )

10. 有限空间作业发现异常情况时,监护员应立即向上级汇报等待指示。 ( )

11. 有限空间作业前,需要经过自然通风或强制通风即可进入。 ( )

12. 硫化氢在空气中浓度过高时,吸入后可使人呼吸停止,在极短时间内死亡。 ( )

13. 在危险化学品区,劳动防护用品可以与其他物品一起存放。 ( )

14. 掌握并遵守紧急救护的有关规定和步骤是预防中毒和窒息的

重要措施。（　）

15. 特殊情况下，一人可以单独在有毒有害场所进行作业。（　）

四、简答题

1. 有限空间内作业发生事故，为什么不建议立即进入救援？
2. 有限空间作业现场的监护员在作业前要做哪些准备工作？
3. 进入有限空间作业时，如何保证呼吸安全？
4. 有限空间作业对通风有什么要求？

五、情境题

1. 甲工务段计划对一处进出口狭窄、内部通风不良、长约50 m的地下排水涵洞进行清淤作业。作业前，工长老张安排职工小李、小王准备工具，小李提出："涵洞内可能缺氧或存在有毒气体，要不要先通风检测？"小王说："最近没下雨，涵洞是干的，以前直接干过，没事！"老张为赶进度，指挥两人未采取任何防护措施，直接进入涵洞开始清淤。上述作业过程中违反了哪些有限空间作业安全规定？

2. 在一个闷热的夏日午后，小李所在单位院内正在进行排水系统的改造和维护工作，小李为单位指派的有限空间作业监护人，组织对一座多年未清理的地下集水井进行清淤作业。小李头戴安全帽，根据检查清单核对准备工作。请问小李应如何开展工作？

3. 甲车辆段检修车间正在进行客车蓄电池维护作业，需使用电解液（稀硫酸）进行加注。职工小赵、小刘负责此项工作，作业场所附近存放有未密封的饮料瓶和零食。小赵在加注电解液时，未佩戴防护手套，直接用手扶正蓄电池。小刘因口渴随手拿起放在工作台上的矿泉水瓶喝水，未察觉瓶内可能混入化学液体。作业完成后，小赵因手部沾有电解液，仅用清水简单冲洗，未使用肥皂彻底清洁。两人在作业过程中未佩戴护目镜，且边作业边嚼口香糖。上述作业违反了哪些危险化学品安全操作规定？

4. 甲车辆段检修车间一罐车罐体出现内部焊缝老化开裂，需要进行内部施焊作业。该罐体曾用于储存化工原料，已经经过清洗和置换，但仍可能存在安全隐患。小王作为监护人员，提前 30 min 到达现场，穿上工作服，戴上安全帽，根据检查清单逐项核对准备工作。罐车罐体内部施焊作业前与过程中，作为监护人员，小王需要严格遵守哪些规定？

5. 甲供电段计划对乙站地下深 3 m，空间狭窄，可能积聚有毒气体的电缆井进行检修作业。该电缆井位于站场咽喉区，进行调车作业，现场环境复杂。工长老王安排职工小李、小张进行作业，仅口头告知“注意安全”，未在电缆井入口设置任何警示标志。小李提出：“应该挂个警示牌吧？”小王回复：“咱们抓紧干完就行，设标志耽误时间，调车组知道我们在干活。”上述过程中违反了哪些有限空间安全警示管理规定？

6. 在一个炎热的夏日午后，一处老旧小区的地下污水池正在进行清理作业。作为现场的安全负责人，老王一直站在污水池旁全神贯注地关注着作业人员的安全。突然，对讲机里传来一阵急促的呼救声：“不好了！有人昏迷了！可能吸入了有毒气体！”情况紧急，老王立即启动应急救援程序，同时大声呼喊现场的救援小组成员：“快！按照应急预案行动，准备急救设备！”请简述应急处置要点。

7. 甲电务段计划对站区内一处长 20 m，宽 0.8 m，深1.5 m，且通风不良的地下电缆沟进行电缆检修作业。因该作业涉及有限空间，段安全科要求严格执行监护制度，并安排专职监护员和应急救援人员。作业前，工长老刘指定职工小赵为监护员，职工小李为应急救援人员，但未对两人进行专项培训，仅简单告知“注意安全”。作业过程中，小赵中途离开现场去材料库领取工具，期间作业人员小王在电缆沟内发生腿部抽搐，小李未携带应急救援装备，发现险情后直接跳入电缆沟试图拖拽小王，导致自己也出现缺氧症状。现场其他人员慌乱中未及时启动应急预案，延误救援时间。上述作业过程中监护员和应急救援人员存在哪些违规行为？

8. 小李所在的厂区计划对一条排水管道进行疏通，小李作为现场的安全主管，肩负着确保作业全程安全的重要责任。请问小李应当如何确保作业全程安全?

六、事故案例分析题

【案例】 违章进入有限空间作业因缺氧窒息死亡

2023年×月××日16时30分,甲房建公寓段乙给水管理工区工长魏某班中私自带领管道工班某,两人在未穿戴个人防护用品、未携带检测设备的情况下,进入在建的丙站水表井内检查设备(该设备尚未移交给房建公寓段)。班某作业前未执行“先通风、再检测、后作业”的规定,先行进入井内后发生晕倒,魏某发现后,未做好安全防护措施即进入井内施救。次日8时50分,两人被发现在井内缺氧窒息死亡。

1. 班某死亡的直接原因是什么?

2. 结合有限空间作业施救规定分析魏某的死亡原因。

3. 现场作业存在哪些违反劳动纪律的行为?

参考答案

一、填空题

1. 先通风、再检测、后作业　　2. 可靠预防措施
3. 安全警示　　4. 隔离式空气呼吸
5. 气体浓度　　6. 防毒面具
7. 轮换工作　　8. 当心中毒
9. 注意通风　　10. 84%
11. 戴防毒面具　　12. 注意通风

二、选择题

（一）单项选择题

1. D　2. A　3. A　4. C　5. A　6. D　7. B
8. A　9. B　10. B

（二）多项选择题

1. ABC　2. ABCD　3. ABCD　4. ABCD　5. ABCD
6. BD　7. ABC　8. ABCD　9. BCD　10. ABCD
11. ABC

三、判断题

1. √　2. ×　解析：冬季在用煤炉取暖的作业或休息地点，**要采取通风措施**，防止煤气中毒。　3. √　4. ×　解析：进入罐体前，应先确认罐内残留货物的性质，当无法确认时，应**取样品进行化验、确认**。5. √　6. √　7. √　8. ×　解析：有限空间作业监护员应全程进行监护，与作业人员保持实时联络，不得离开作业现场，**不可进入**有限空间参与作业。　9. ×　解析：进入有限空间时，**佩戴过滤式空气呼吸器时还应携带氧气报警器**。　10. ×　解析：发现异常情况时，监护员应立即**组织作业人员撤离现场**。　11. ×　解析：有限空间作业前，通过自然通风或强制通风使空间**气体浓度检测符合安全要求**后，方可进入。　12. √

13. × 解析：危险化学品区所有的劳动防护用品要**单独存放**。　14. √
15. × 解析：**不得**一人单独在有毒有害场所进行作业。

四、简答题

1. 答：一旦发生事故，如救援人员未正确穿戴安全防护装备，盲目进入施救，极易造成事故扩大，引发更多伤亡。

2. 答：(1)详细了解现场情况和以往事故情况，对作业人员进行安全交底，对通风、检测和必要的隔断、清除、置换等风险管控措施逐项进行检查。(2)结合实际，确认配备符合国家标准或者行业标准的气体检测报警仪器、机械通风设备、呼吸防护用品、照明设备、通信设备、全身式安全带等防护用品和应急救援装备，相关用品、装备应进行经常性维护、保养和定期检测，确保能够正常使用。

3. 答：进入有限空间作业时，应佩戴隔离式空气呼吸器，或佩戴相应的过滤式空气呼吸器，并携带氧气报警器。

4. 答：应提前对作业地点进行自然通风或强制通风，使空间气体浓度检测符合安全要求后，方可进入。在未准确测定前，严禁进入作业场所，作业过程中应持续通风。

五、情境题

1. 答：无有限空间作业方案作业，未携带安全防护和应急救援设备设施；未遵守“先通风、再检测、后作业”原则；未检测涵洞内氧气、有毒有害气体浓度；作业人员未佩戴安全防护用品(如呼吸器、安全绳等)，现场无人监护；盲目凭经验作业，忽视安全隐患。

2. 答：首先必须做好安全交底，明确参与作业人员的培训情况，明确作业风险及应急措施；其次应当再次进行风险辨识，如是否存在有毒有害气体、是否有缺氧等可能；最后认真查验安全措施及工机具，并与作业人员商定撤离信号。具体工作准备如下：(1)确认作业人员具备有限空间作业安全知识和应急处置能力，能够正确使用气体检测、机械通风、呼吸防护、应急救援等用品、装备。(2)组织开展现场安全交底，针对可能出现的风险组织再次辨识，核查作业现场的安全措施是否到位。(3)负责监督作业人员、救援人员遵守操作规程，正确佩戴和使用劳动防护用品，对作业中发生的险情、突发事件及时报告，组织人员疏散或应急救援。(4)坚守岗位，作业期间不得擅离职守或做监护工作以外的事情。与空间内部作业人员商定联络信号，适时与作业人员进行有效的安全信息交流，确保信息畅通。(5)发现危及有限空间作业不安全因素或行为，及时终止作业或下达暂停作业的指令，并及时通知作业人员安全撤离。

3. 答：(1)当接触危险化学品时，不能吃、喝、吸烟及嚼口香糖。(2)不得在化学物品区域或生产岗位存放食物、饮料。(3)与危险化学品接触后，必须用肥皂洗手。(4)避免皮肤及眼睛与危险化学品直接接触。(5)绝对不能用裸手与危险化学品接触。

4. 答：(1)作业前，提醒进入罐体作业的人员按规定佩戴好安全防护用品，防护用品作用及状态应良好，禁止使用化纤制品防护服。工器具及所携带或需使用的物料、化学物品等与罐内残留物接触时不致产生有毒、爆炸、起火或其他危及人身安全的化学反应。(2)进入罐体前，先确认罐内残留货物的性质，当无法确认时，应取样品进行化验、确认。(3)提醒作业人员在罐内作业一次最长时间不超过 30 min，并采取通风措施。(4)作业人员在罐内作业时，时刻注视其动态。罐内人员未出来之前，不得中断监护瞭望。(5)按规定的适当联系信号和联系方法与作业人员联系，发现异常及时救护，保证罐内作业人员安全。(6)一旦发现罐内人员可能发生中毒，在无可靠预防措施时，不得贸然进入罐内救人。

5. 答：应在有限空间出入口等醒目位置设置明显的安全警示标志或风险告知牌，标识主要危险有害因素、可能导致的事故及后果、防护要求等情况，并及时更新。

6. 答：(1)禁止盲目施救，应使用长杆、绳索等非进入方式尝试拖拽伤员，避免多人中毒。(2)救援人员做好防护，必须佩戴使用隔离式空气呼吸器、全身安全带，安全绳固定于三脚架上，并由专人监护。(3)使用移动式风机持续送风，明确 1 人救援、1 人监护、1 人联络，避免混乱。(4)遵循应急演练经验，避免可能错误，如未检测气体直接进入、未系安全绳、通风不足、救援顺序错误等。(5)必要时联系外部救援力量施救。

7. 答：监护员小赵擅离职守，未全程监护；应急救援人员小李未做好防护直接施救，未配备应急救援装备（如呼吸器、安全绳等）；工长老刘未对监护和救援人员进行专业培训，监护和救援人员不掌握监护规定和应急救援相关要求。

8. 答：（1）作业前需要识别主要危险因素，如缺氧、有毒有害气体、易燃易爆气体、坠落风险等，并制定通风方案、检测计划、应急预案等安全措施。（2）实施"先通风、再检测、后作业"程序时，需要注意通风时应确保有效换气，检测要覆盖所有危险区域，检测合格后方可作业，并保持持续监测。（3）作业过程中，监护人员应当全程值守，保持与作业人员有效沟通，监控作业环境和人员状态，随时准备启动应急程序。（4）若检测结果显示不合格时，应立即停止作业，加强通风直至重新检测合格后方可继续作业。（5）作业中断超过 30 min 再次进入前，应当重新进行通风和气体检测，确认安全后方可重新进入。（6）若作业过程中有人员出现头晕症状，应立即停止作业，协助人员撤离，检查原因，必要时就医。（7）现场应配备呼吸器、救生绳、三脚架等装备，确保完好可用。（8）当出现气体超标、设备故障、人员不适等情况时应立即终止作业，并及时清点人员，分析原因，采取改进措施。（9）作业完成后，清点人员和工具，关闭相关设备，做好记录，必要时设置警示标志。

六、事故案例分析题

【案例】

1. 答：班某作业前未执行"先通风、再检测、后作业"的规定，在未穿戴个人防护用品的情况下进入水表井内检查，导致缺氧窒息，是事故发生的直接原因。

2. 答：魏某发现班某在井下发生晕倒异常情况后，未按有限空间作业应急处置方案处理，未做好安全防护措施，盲目下井施救，导致缺氧窒息死亡。

3. 答：（1）工长魏某私自带领班某进入尚未移交的设备中作业。（2）给水管理工区考勤管理不严。

第八章 预防机动车辆伤害

一、填空题

1. 汽车“三检”制度是指驾驶员应做好________、________、________对机动车状况的检查。

2. 机动车驾驶员必须经公安机关交通管理部门考试合格，依法取得______________，方准驾驶车辆。

3. 机动车超车时，应当提前开启________灯，变换使用远、近光灯或者鸣喇叭。

4. 机动车雾天行驶应当开启雾灯和______________灯。

5. 机动车在道路上发生故障难以移动时，应当持续开启______________灯，并采取在来车方向适当位置设置警告标志等措施扩大示警距离。

6. 当水浸没车身 1/2 时，汽车前后车窗玻璃不易砸开，应选择砸开离自己最近的______玻璃。

7. 大部分轿车为自动门锁，一旦被水浸泡，将导致______，车门很难开启。

8. 车道信号灯______箭头灯亮时，准许本车道车辆按指示方向通行。

9. 在道路同方向划有两条以上机动车道的，____侧为快速车道，____侧为慢速车道。

10. 机动车行驶中遇有掉头、转弯、下陡坡时，最高行驶速度不得超过____ km/h。

11. 在有障碍的路段，无障碍的一方先行；但有障碍的一方已驶入障碍路段而无障碍的一方未驶入时，________的一方先行。

12. 机动车在夜间通过没有交通信号灯控制的路口时，应当交替使用________灯示意。

13. 机动车在普通道路上发生故障或者发生交通事故，妨碍交通又难以移动的，应当在车后____ ～____ m 范围处设置警告标志。

二、选择题

（一）单项选择题（每题备选答案中，只有一个符合题意的正确答案，请将正确答案前的字母填到题目中的括号内）

1. 在高速公路上行驶，遇到雾、雨、雪、沙尘、冰雹等能见度小于（　　）m 时，开启雾灯、近光灯、示廓灯和前后位灯，车速不得超过 60 km/h，与同车道前车保持 100 m 以上的距离。

A. 50　　B. 100　　C. 150　　D. 200

2. 在高速公路上行驶，遇到雾、雨、雪、沙尘、冰雹等能见度小于 100 m 时，开启雾灯、近光灯、示廓灯、前后位灯和危险报警闪光灯，车速不得超过 40 km/h，与同车道前车保持（　　）m 以上的距离。

A. 20　　B. 30　　C. 40　　D. 50

3. 在高速公路上行驶，遇到雾、雨、雪、沙尘、冰雹等能见度小于 50 m 时，开启雾灯、近光灯、示廓灯、前后位灯和危险报警闪光灯，车速不得超过（　　）km/h，并从最近的出口尽快驶离高速公路。

A. 10　　B. 15　　C. 20　　D. 25

4. 机动车驾驶员不准连续驾驶机动车超过（　　）h 未停车休息，或停车休息时间少于 20 min。

A. 1　　B. 2　　C. 3　　D. 4

5. 车长大于或等于 6 m 的客车和总质量大于（　　）kg 的货车按规定需配备停车楔块。

A. 2 000　　B. 2 500　　C. 3 000　　D. 3 500

6. 进出非机动车道，通过铁路道口、急弯路、窄路、窄桥时最高行驶速度不得超过（　　）km/h。

A. 30　　B. 40　　C. 50　　D. 60

7. 同方向只有一条机动车道的公路，机动车最高行驶速度不得超过(　　)km/h。

A. 70　　B. 75　　C. 80　　D. 85

8. 关于车辆检查,以下说法正确的是(　　)。

A. 仅需在长途出行前检查车辆

B. 每次出车前检查安全技术性能

C. 车辆轻微故障可继续驾驶

D. 安全设施不全时仍可短途行驶

9. 黄灯亮时,已越过停止线的车辆(　　)。

A. 立即停车　　B. 可以继续通行

C. 倒退至停止线后　　D. 加速通过

10. 道路与铁路平面交叉道口有两个红灯交替闪烁或者一个红灯亮时,表示(　　)。

A. 车辆、行人可以缓慢通行

B. 禁止车辆、行人通行

C. 只有车辆可以通行

D. 只有行人可以通行

11. 闪光警告信号灯为持续闪烁的黄灯时,车辆、行人应(　　)。

A. 加速通过

B. 无须注意,直接通行

C. 注意瞭望,确认安全后通过

D. 停车等待

12. 在没有限速标志、标线且没有道路中心线的城市道路上,机动车的最高行驶速度是(　　)km/h。

A. 30　　B. 40　　C. 50　　D. 60

13. 在狭窄的山路上,机动车相遇时,(　　)应先行。

A. 靠山体的一方　　B. 不靠山体的一方

C. 速度较快的一方　　D. 先到达的一方

14. 机动车遇到前方交叉路口交通阻塞时,应(　　)。

A. 进入路口等待

B. 依次停在路口以外等候

C. 强行通过

D. 倒车返回

15. 重型、中型载货汽车、半挂车载物的高度是从地面起不超过(　　)m。

A. 3.0　　B. 3.5　　C. 4.0　　D. 4.5

16. 载客汽车行李架载货，从车顶起的高度限制是(　　)m。

A. 0.3　　B. 0.5　　C. 0.8　　D. 1.0

17. 机动车在夜间通过急弯、坡路时，应(　　)。

A. 一直使用远光灯　　B. 一直使用近光灯

C. 交替使用远近光灯示意　　D. 不使用灯光

18. 机动车在道路上发生故障难以移动时，应在车后(　　)m 处设置警告标志。

A. 10～20　　B. 20～30

C. 40～50　　D. 50～100

19. 在高速公路上，小型载客汽车的最高车速不得超过(　　)km/h。

A. 100　　B. 110　　C. 120　　D. 130

20. 在高速公路上允许的行为是(　　)。

A. 倒车或逆行

B. 非紧急情况在应急车道停车

C. 保持安全车距行驶

D. 在匝道上超车

(二)多项选择题(每题备选答案中，有两个或两个以上符合题意的正确答案，请将正确答案前的字母填到题目中的括号内)

1. 机动车进出非机动车道，通过(　　)时，最高行驶速度不得超过 30 km/h。

A. 铁路道口　B. 急弯路　　C. 窄路　　D. 窄桥

2. 除使用应急设施情况外，机动车不得在距离(　　)30 m以内的路段停车。

A. 公共汽车站　　B. 铁路车站

C. 急救站　　D. 消火栓

3. 发生交通事故后，驾驶员应立即在(　　)停车，并开启危险报警闪光灯。

A. 左侧车道　　B. 道路右侧

C. 紧急停车带　　D. 道路中央

4. 机动车不得在(　　)掉头。

A. 铁路道口　　B. 人行横道

C. 桥梁　　D. 隧道

5. 机动车在夜间没有路灯或照明不良等低能见度路段行驶时，应当开启(　　)。

A. 前照灯　B. 示廓灯　C. 后位灯　D. 远光灯

6. 机动车在道路上发生故障需要停车排除故障时，驾驶员应当(　　)。

A. 立即开启危险报警闪光灯

B. 将机动车移至不妨碍交通的地方停放

C. 难以移动的，持续开启危险报警闪光灯

D. 难以移动时，在来车方向适当位置设置警告标志

7. 当车辆发生火灾时，驾驶员应(　　)。

A. 立即疏散乘车人员逃离车辆

B. 向“110”(“119”“122”)报警

C. 利用车载灭火器进行灭火

D. 火势难以控制时撤离到安全地带

8. 行驶中轮胎爆裂，特别是前轮爆裂时，驾驶员应(　　)。

A. 双手紧握方向盘

B. 尽力向车辆运动的反方向控制

C. 采取紧急制动

D. 利用手制动或轻踩制动平稳停车

9. 机动车驾驶员在驾驶机动车时应当随身携带(　　)。

A. 身份证　　B. 机动车驾驶证

C. 工作证　　D. 机动车行驶证

三、判断题(判断下列各题,正确的在题干后面括号内打"√",错误的打"×")

1. 在单位管辖范围但允许社会机动车通行的地方属于道路范畴。(　　)

2. 道路交通车辆仅指机动车。(　　)

3. 机动车驾驶证不准转借、涂改或伪造。(　　)

4. 机动车驾驶员对强迫、指使其违反道路交通安全法律、法规和机动车安全驾驶要求驾驶机动车的行为有权拒绝。(　　)

5. 不准在机动车驾驶室的前后窗范围内悬挂、放置妨碍驾驶人视线的物品。(　　)

6. 发生交通事故后,必须立即停车,保护现场,抢救伤者,并迅速报告公安交通管理部门,同时向单位有关部门汇报。(　　)

7. 车辆掉入水中紧急逃生时,可以使用皮鞋鞋跟、头枕支撑杆砸开车窗玻璃。(　　)

8. 机动车信号灯和非机动车信号灯红灯亮时,右转弯的车辆在不妨碍被放行的车辆、行人通行的情况下,可以通行。(　　)

9. 机动车行驶中遇有遇雾、雨、雪、沙尘、冰雹,能见度在 50 m 以内时,最高行驶速度不得超过 50 km/h。(　　)

10. 夜间会车应当在距相对方向来车 150 m 以外改用远光灯。(　　)

11. 机动车路边停车应当紧靠道路左侧。(　　)

12. 乘车时,后排乘客可不系安全带。(　　)

13. 患有妨碍安全驾驶机动车疾病的人员可以驾车,只要控制好车速即可。(　　)

14. 在没有中心线的道路上,机动车遇相对方向来车时,应靠左

避让。 （ ）

15. 在狭窄的坡路上会车，都应该是下坡的一方先行。 （ ）

16. 机动车通过电气化铁路平交道口时，装载货物高度超过 4.5 m 的车辆可以直接通过。 （ ）

四、简答题

1. 机动车驶入急弯、坡道顶端等影响安全视距的路段，以及超车或者遇有紧急情况时有何驾驶要求？

2. 机动车行经漫水路或者漫水桥时，如何安全行驶？

3. 从地面算起，装载货物高度超过 2 m 的车辆通过电气化铁路平交道口时，随车人员有何要求？

4. 机动车驾驶员必须遵守哪些规定（“十不准”规定）？

5. 车辆在进入弯道或转弯之前制动失灵时如何应急处置？

6. 车辆行驶在上坡路脚制动失灵时如何应急处置？

7. 车辆行驶在下坡路脚制动失灵时如何应急处置？

8. 车辆转向突然不灵、失控时如何应急处置？

9. 车辆发生侧滑时如何应急处置？

10. 机动车载人应遵守哪些规定？

11. 乘车人员在机动车行驶中应遵守哪些规定？

五、情境题

1. 某天下午，甲电力工区汽车驾驶员老赵驾驶单位工程车，运送作业人员前往编组站进行电力设备巡检。当车辆行驶在国道上时，老赵突然听到车辆底部传来异响，感觉动力也有所下降，判断车辆出现故障。请问老赵应如何应急处置？

2. 某日，甲客运段驾驶员老钱驾驶中型厢式货车运输客运床单被褥，行驶在市区某丁字路口，不慎被电动汽车追尾，电动汽车起火引燃厢式货车中床单被褥。请问老钱应如何应急处置？

3. 某天下午，甲房建车间汽车驾驶员老孙驾驶单位轻型货车运送作业人员前往乙站开展新线预接入工作，当车辆行驶在国道上时，右前轮爆胎。请问老孙应如何应急处置?

4. 某日大雨过后,某普速线路区间 K55+500—K56+200 处有 2 棵大树被大风折断,树冠侵入线路影响列车正常运行。线路工区工长小李带领 5 名作业人员乘坐司机小孙驾驶的工程车前往现场处置。当工程车驶入乡间泥泞道路转弯时发生侧滑,请问司机小孙应如何处置?

5. 甲车辆段检修车间司机小刘驾驶一辆中型货车(载重5 t),为异地车间运送车辆配件。当车辆行驶在 S302 省道下坡路段时,小刘尝试制动,发现制动踏板行程明显变长,制动效果大幅减弱;仪表盘上的制动报警灯突然亮起,并伴随蜂鸣声提示。请问司机小刘应采取哪些安全措施?

六、事故案例分析题

【案例 1】　司机超速追尾致乘车人员受伤

2020 年×月××日,甲工务段乙线桥巡养车间去 A 站至 B 站间检查施工作业。9 时 26 分,汽车司机朱某驾驶皮卡车前往施工地点,段总工董某坐在副驾驶担当安全监督员,车间主任秦某未系安全带坐在后排。10 时 21 分,车辆行驶至某专用公路 K76+350 处时,因超速且安全距离不足,与前方左转的重型自卸货车追尾,造成司机朱某重伤、秦某轻伤。

1. 事故发生的直接原因是什么?

2. 事故中乘车人员存在哪些违章行为?

【案例 2】　业务外包司机操作不当车辆侧翻致多人受伤

2020 年×月××日 3 时 10 分,甲电务段乙信号车间施工作业结束后,6 名作业人员乘坐丙劳务公司的外包中型客车返回。3 时 22 分,车辆行驶至丁线 K2034+100 下陡坡急弯道处,司机王某操作不当,车辆侧翻至右侧道路约 2.5 m 坎下,造成 3 名职工受伤。

经查:外包单位丙劳务公司未建立汽车驾驶人员准入、教育培训、作业管控等管理制度。甲电务段业务外包实施管理办法中缺少对作业人员的监管规定。

1. 事故发生的直接原因是什么?

2. 事故存在哪些管理问题?

【案例3】 违章驾驶机动车发生侧翻致人伤亡

2021年×月××日6时40分,甲工务段乙线路车间检查工区工长李某等10人乘坐司机王某驾驶的车间配属中型客货汽车,前往丙上行线A站至B站区段检查线路设备。6时54分,车辆行驶至某国道K2042+425处(雨天、限速50 km/h、禁止超车地段)超车时,撞上绿化带,司机应对措施不力,汽车发生侧翻,导致坐在第二排未系安全带的冷某当场死亡,另有4人轻伤。

1. 事故发生的直接原因是什么?

2. 现场作业存在哪些违章行为?

【案例4】 汽车吊司机违规超车发生刮碰致多人死亡

2021年×月××日15时54分,甲货运中心乙营业室司机刘某未系安全带驾驶小型汽车吊,行驶至丙管理区某县道K81+300丁字路口前100 m处压单黄线进入反向车道准备超车,在丁字路口吊车右前部与未开转向灯左转的小型轿车发生刮碰,小型汽车吊冲下公路撞上广告牌立柱,车内4名乘车人员均未系安全带。事故造成1人死亡、1人重伤、3人轻伤。

交警部门认定:刘某的行为违反了《中华人民共和国道路交通安全法》第三十八条"车辆、行人应当按照交通信号通行",第四十三条"同车道行驶的机动车,后车应当与前车保持足以采取紧急制动措施的安全距离。有下列情形之一的,不得超车:(一)前车正在左转弯、掉头、超车的;……(四)行经铁路道口、交叉路口、窄桥、弯道、陡坡、隧道、人行横道、市区交通流量大的路段等没有超车条件的"之规定,应承担本起事故的主要责任。小型轿车司机违反了《中华人民共和国道路交通安全法实施条例》第五十七条"向左转弯、向左变更车道、准备超车、驶离停车地点或者掉头时,应当提前开启左转向灯"之规定,应承担本起事故的次要责任。

1. 事故发生的原因是什么?

2. 事故中小型汽车吊司机和乘车人员有哪些违法行为？

【案例 5】 私车公用肇事驾驶员当场死亡

2024 年×月××日 12 时 45 分，甲电务段乙检查工区副工长刘某独自驾驶私家车从工区出发去丙站配合工务施工。12 时 52 分，刘某驾车行驶至某县道 K2＋065 处，未按操作规范安全驾驶，撞上对向车道外侧护栏，刘某当场死亡。

经查：甲电务段乙检查工区配备了两辆汽车，未配备专职驾驶员，兼职驾驶员以所在工区日常工作为主，不能满足生产需要。

1. 事故发生的直接原因是什么？

2. 乙检查工区机动车驾驶员管理存在什么问题？

【案例 6】 汽车司机违章操作致他人死亡

2025 年×月××日 9 时 05 分，甲物流公司汽车司机崔某在乙物流中心丙货场内倒车过程中，未确认汽车尾部安全、未进行警示提醒，将车辆尾部外包装卸单位装卸工陈某挤伤，陈某经抢救无效死亡。

经查：货场内缺少鸣笛、限速等安全警示标识。外包装卸单位未制定防止作业人员机动车辆伤害的安全管控措施。

1. 事故发生的直接原因是什么？

2. 事故中存在哪些管理问题？

参考答案

一、填空题

1. 出车前;行车中;收车后
2. 机动车驾驶证
3. 左转向
4. 危险报警闪光
5. 危险报警闪光
6. 侧窗
7. 停电
8. 绿色
9. 左;右
10. 30
11. 有障碍
12. 远近光
13. 50;100

二、选择题

(一)单项选择题

1. D　2. D　3. C　4. D　5. D　6. A　7. A
8. B　9. B　10. B　11. C　12. A　13. B　14. B
15. C　16. B　17. C　18. D　19. C　20. C

(二)多项选择题

1. ABCD　2. ACD　3. BC　4. ABCD　5. ABC
6. ABCD　7. ABCD　8. ABD　9. BD

三、判断题

1. √　2. ×　解析:道路交通车辆指**机动车和非机动车**。　3. √　4. √　5. √　6. √　7. ×　解析:车辆掉入水中紧急逃生时,皮鞋鞋跟、头枕支撑杆**不能**砸开车窗玻璃。　8. √　9. ×　解析:机动车行驶中遇有遇雾、雨、雪、沙尘、冰雹,能见度在 50 m 以内时,最高行驶速度不得超过**30 km/h**。　10. ×　解析:夜间会车应当在距相对方向来车 150 m 以外改用**近光灯**。　11. ×　解析:机动车路边停车应当紧靠道路**右侧**。　12. ×　解析:乘车时,**乘车人员应系好安全带**。　13. ×　解析:驾驶员患有妨碍安全驾驶机动车的疾病,**不得**驾驶机动车。　14. ×　解析:在没有中心线的道路上，机动车遇相对方向来车时，应减速靠右行驶，并保持安全距离。 15. × 解析：在狭窄的坡路，上坡的一方先行；但下坡的一方已行至中途而上坡的一方未上坡时，下坡的一方先行。 16. × 解析：机动车通过电气化铁路平交道口时，从地面算起，其装载的货物高度不得超过 4.5 m 或触动道口限界门的活动横板吊链。否则，禁止通过或按上述规定降低装载的货物高度后方可通行。

四、简答题

1. 答：机动车驶近急弯、坡道顶端等影响安全视距的路段，以及超车或者遇有紧急情况时，应当减速慢行，并鸣喇叭示意。

2. 答：机动车行经漫水路或者漫水桥时，应当停车察明水情，确认安全后低速通过。

3. 答：随车人员须下车步行，待车辆通过道口后再上车乘坐；不得置身于货物之上随车辆通过道口。

4. 答：(1)不准在车门、车厢没有关好时行车。(2)不准在机动车驾驶室的前后窗范围内悬挂、放置妨碍驾驶人视线的物品。(3)不准在行驶途中进行拨打、接听手持电话等妨碍安全驾驶的行为。(4)不准在下陡坡时熄火或者空挡滑行。(5)不准向道路上抛撒物品。(6)不准连续驾驶机动车超过 4 h 未停车休息，或停车休息时间少于 20 min。(7)不准在禁止鸣喇叭的区域、路段鸣喇叭。(8)因违章违纪正待岗培训的驾驶员不准驾驶机动车。(9)不准酒后或疲劳驾驶机动车。(10)患有不宜驾驶机动车疾病的人员不准驾驶机动车。

5. 答：车辆在进入弯道或转弯之前制动失灵时，先要控制住方向并快速地抢入低挡，可以视情况决定是否利用手制动。

6. 答：车辆在上坡时脚制动失灵，应快速地抢入低挡，路况可以的话，慢慢地驶上坡顶，再利用手制动将车停住；如需半坡停车，应保持前进低挡位，踩下离合器，拉紧手制动将车停住；如果车辆有后溜的趋势，可以松一点离合器踏板，利用离合器的半联动将车辆控制在坡道上。

7. 答：车辆在下坡时脚制动失灵，不得猛拉手制动，可以用在普通道路上的应急方法来降低车速并停车。如果实在无法将车停住，而情况又非常危急，可利用路旁的围栏或障碍物，通过撞蹭降低车速。

8. 答：(1)驾驶人发现车辆转向不灵时，禁止使用紧急制动，应迅速松抬加速踏板，将挡位换入低速挡，逐渐均匀地拉紧手制动。当车辆降至适当车速再踩下制动踏板减速停车。(2)装有助力转向的车辆，驾驶员突然发现转向困难，操作费力，应尽快减速，选择安全地点停车，查明原因。(3)转向失控后，若车辆偏离直线行驶方向，应果断连续踩踏、放松制动踏板，使车辆尽快减速停车。事故已经无可避免时，应尽快减速，极力缩短停车距离，减轻撞车冲击力。

9. 答：车辆发生侧滑时应立即松抬制动踏板，同时向侧滑的一方转动方向盘，并及时回转进行调整，修正方向后继续行驶。车辆在泥泞路上发生侧滑时，应向侧滑的一侧转动方向盘适量修正。车辆因转向或擦撞引起的侧滑，不可使用脚制动。

10. 答：公路载客汽车不得超过核定的载客人数。载货汽车车厢不得载客。在城市道路上，货运机动车在留有安全位置的情况下，车厢内可以负载临时作业人员1～5人；载物高度超过车厢栏板时，货物上不得载人。

11. 答：(1)乘车人员应系好安全带。(2)在机动车道上不得从机动车左侧上下车。(3)开关车门不得妨碍其他车辆和行人通行。(4)机动车行驶中，不得干扰驾驶，不得将身体任何部分伸出车外，不得跳车。(5)乘坐两轮摩托车应当正向骑坐。

五、情境题

1. 答：(1)立即开启危险报警闪光灯，将机动车移至不妨碍交通的地方停放。(2)如果难以移动，应当持续开启危险报警闪光灯，并采取在来车方向适当位置设置警告标志等措施扩大示警距离，必要时迅速报警救援。(3)立即组织车内人员撤离至安全区域，等待救援。

2. 答：(1)当发现火情时，应立即疏散乘车人员逃离车辆，撤离到安全地带。同时向“110”(“119”“122”)报警，并利用车载灭火器进行灭火。如果火势难以控制，应立即撤离到安全地带。(2)车辆发生火灾后，如果有人员伤亡，应立即拨打“120”求救，并做好现场临时急救处置。

3. 答：(1)遇机动车爆胎，特别是前轮爆裂时，双手要紧握方向盘，尽力向车辆运动的反方向控制，严禁紧急制动，应利用手制动或轻踩制动平稳停车。(2)停车后开启危险报警闪光灯，按规定在车后设置警示牌。

4. 答：小孙应向侧滑一侧(车辆偏移方向)适量转动方向盘，利用车身惯性修正轨迹。待方向修正后，缓慢回转方向盘至正常位置，避免过度修正导致反向侧滑。

5. 答：小刘应立即松抬加速踏板，开启危险报警闪光灯，并鸣笛警示后方车辆。缓慢多次轻踏制动踏板(点刹)，利用残余制动力逐步减速。减速至安全车速后，将车辆开至道路右侧路肩或紧急停车带停稳，避免占用主道。在车辆后方 150 m 处设置三角警示牌(夜间或雨雾天气需延长至 200 m)。

六、事故案例分析题

【案例 1】

1. 答：司机朱某超速行驶，未与前车保持安全距离，是事故发生的直接原因。

2. 答：(1)秦某在汽车行驶中未按规定系安全带。(2)董某在汽车行驶中没有履行安全监督员职责，对司机朱某超速行驶、秦某乘车未系安全带未制止。

【案例 2】

1. 答：业务外包司机王某在下陡坡急弯道时操作不当，是事故发生的直接原因。

2. 答：(1)业务外包公司驾驶业务管理制度缺失、安全管理缺位。(2)甲电务段对业务外包公司监督管理制度不健全，监管不到位。

【案例 3】

1. 答:司机王某雨天驾车在禁止超车地段超车,操作不当撞上绿化带,应急处置不力发生侧翻,是事故发生的直接原因。

2. 答:(1)驾驶员王某雨天在禁止超车地段违章超车。(2)乘车人员冷某未按规定系安全带,扩大事故后果。

【案例 4】

1. 答:司机刘某驾驶小型汽车吊在有道路中心单黄线处超车,是事故发生的主要原因;小型轿车司机未开启转向灯左转弯,是事故发生的次要原因。

2. 答:(1)司机刘某驾驶小型汽车吊不遵守道路交通法律法规,随意跨越或压线行驶超车。(2)司机刘某和 4 名乘车人员在车辆行驶中不系安全带,导致交通事故后果扩大。

【案例 5】

1. 答:副工长刘某驾驶机动车上道行驶,未按照操作规范安全驾驶,撞上对向车道外侧护栏,是事故发生的直接原因。

2. 答:乙检查工区未配备专职驾驶员,兼职驾驶员以所在工区日常工作为主,不能满足生产需要,造成私车公用。

【案例 6】

1. 答:汽车司机崔某在货场内倒车时,未确认汽车尾部安全、未进行警示提醒,是事故发生的直接原因。

2. 答:(1)外包装卸单位缺少防止作业人员机动车辆伤害的安全管控措施,作业人员自我防护意识差。(2)丙货场缺少鸣笛、限速等安全警示标识。

季节性劳动安全篇

第一章　防暑降温

一、填空题

1. 高温红色预警标准:24 h 内最高气温将升至____℃以上。

2. 被毒蛇咬伤后应立即用绳子或布条等对伤口近心端____～____cm 处进行结扎。

3. 夏季工作场所应配备必要的__________药品,预防中暑。

二、选择题

(一)单项选择题(每题备选答案中,只有一个符合题意的正确答案,请将正确答案前的字母填到题目中的括号内)

1. 高温黄色预警标准:连续(　　)日最高气温将在 35 ℃以上。

A. 5 天　　B. 4 天　　C. 3 天　　D. 2 天

2. 高温橙色预警标准:(　　)h 内最高气温将升至 37 ℃以上。

A. 24　　B. 18　　C. 12　　D. 6

3. 根据临床表现的轻重,中暑可分为先兆中暑、轻症中暑和(　　)三种。

A. 日射病　　B. 热衰竭　　C. 重症中暑　　D. 热痉挛

4. 热射病是由于热应激机制失代偿,使中心体温骤升,导致中枢神经系统和循环系统障碍,可出现高热、无汗、意识障碍,体温超过(　　)℃的症状。

A. 40.5　　B. 39　　C. 38　　D. 37

5. 被毒蛇咬伤后要保持冷静,应尽量减少活动,让伤肢保持(　　),减少毒液的吸收。

A. 水平位　　B. 高举位　　C. 侧身位　　D. 低垂位

6. 被毒蛇咬伤后,结扎的松紧度类似于在医院抽血化验时使用压脉带的程度,且须每隔 15～30 min 松解(　　)min,避免因肢端缺血而发生局部坏死。

A. 1～2　　B. 4～5　　C. 6～7　　D. 8～9

（二）多项选择题（每题备选答案中，有两个或两个以上符合题意的正确答案，请将正确答案前的字母填到题目中的括号内）

1. 高温预警信号分三级，分别以（　　）表示。

A. 蓝色　　B. 黄色　　C. 橙色　　D. 红色

2. 铁路企业的防暑降温工作按照（　　）的原则组织实施。

A. 以人为本　　B. 安全第一

C. 综合治理　　D. 科学预防

3. 先兆中暑的表现症状一般包括（　　）。

A. 头晕、头痛　　B. 恶心、胸闷

C. 心悸　　D. 体温超过 40 ℃

4. 发现中暑患者时，可用冷水淋湿的毛巾或冰袋、冰块放在患者（　　）处等大动脉血管部位，帮助患者散热。

A. 头部　　B. 颈部

C. 大腿根部腹股沟　　D. 足部

5. 蜜蜂毒液呈酸性，可用（　　）等洗敷伤口，以中和毒液。

A. 淡盐水　　B. 5％碳酸氢钠溶液

C. 肥皂水　　D. 3％淡氨水

三、判断题（判断下列各题，正确的在题干后面括号内打"√"，错误的打"×"）

1. 高温天气作业是指用人单位在高温天气期间安排劳动者在高温自然气象环境下进行的作业。（　　）

2. 中暑是指在高温环境下，由于热平衡和（或）水、电解质代谢紊乱、有效循环血量减少而引起的以体温升高和（或）中枢神经系统功能障碍和（或）心血管功能障碍等为主要表现的慢性全身性疾病。（　　）

3. 若不及时对中暑人员进行救治，很可能造成中暑人员电解质异常、脏器功能衰竭甚至死亡。（　　）

4. 高温环境因其产生原因不同，大致可分为自然高温环境和工业

高温环境。（　　）

5. 日射病是因为人员直接在烈日下暴晒，强烈的日光穿透头部皮肤及颅骨引起脑细胞受损，进而造成脑组织的充血、水肿。（　　）

6. 如果中暑者清醒，没有恶心呕吐，可大量饮用纯净水缓解症状。（　　）

7. 避免中暑的重要一步也是第一步，是脱离中暑环境。（　　）

8. 被毒蛇咬伤后要保持冷静，记住蛇的样貌特征，在第一时间拨打“120”急救电话。（　　）

四、简答题

1. 中暑根据临床表现如何分类？重症中暑按症状可分为哪四种类型？

2. 简述高温作业、高温天气作业人身安全基本控制措施。

参考答案

一、填空题

1. 40　　2. 5;10

3. 防暑降温

二、选择题

(一)单项选择题

1. C　2. A　3. C　4. A　5. D　6. A

(二)多项选择题

1. BCD　2. ABD　3. ABC　4. ABC　5. BCD

三、判断题

1. √　2. ×　解析:中暑是指在高温环境下,由于热平衡和(或)水、电解质代谢紊乱、有效循环血量减少而引起的以体温升高和(或)中枢神经系统功能障碍和(或)心血管功能障碍等为主要表现的**急性全身性疾病**。　3. √　4. √　5. √　6. ×　解析:如果中暑者清醒,没有恶心呕吐,可以适当补水,但**切勿**大量饮用纯净水。　7. √　8. √

四、简答题

1. 答:根据临床表现的轻重,中暑可分为先兆中暑、轻症中暑和重症中暑三种情况。重症中暑按症状可分为热痉挛、热衰竭、日射病和热射病四种类型。

2. 答:(1)作业时按规定佩戴个人防护用品。(2)高温作业要保证作业现场饮水或清凉饮料供应充足。(3)合理饮食,及时补充水分。(4)保持充足的睡眠。(5)合理设置空调温度。(6)降温不宜过快。(7)衣服不宜过于暴露。(8)注意调节情绪。(9)配备防暑降温药品。

第二章　防寒过冬

一、填空题

1. 作业人员班前严禁______，应充分休息，保证工作时精力充沛、思想集中。

2. 冬季夜间作业必须配备足够的______设备，并做好防寒保暖措施，防止作业人员摔伤、碰伤和冻伤。

3. 使用电熨斗、电吹风等带电热功能的小电器时，不要离开人，避免局部温度过高引起______。

二、选择题

(一)单项选择题(每题备选答案中，只有一个符合题意的正确答案，请将正确答案前的字母填到题目中的括号内)

1. 大气中因悬浮的水汽凝结使能见度低于(　　)的天气现象，气象学称为雾。

A. 500 m　　B. 1 km　　C. 2 km　　D. 3 km

2. 铁路防寒过冬期一般从每年的 11 月 15 日至次年(　　)。具体防寒过冬期按照国铁集团和所在地政府有关规定，由各铁路局集团公司确定。

A. 2 月 1 日　　B. 2 月 15 日

C. 3 月 1 日　　D. 3 月 15 日

3. 冬季在夜间的工作时段占比增加且气温更低，受现场照明条件的限制，作业人员的(　　)相较于白天会变小变窄。

A. 视野　　B. 听觉

C. 触觉　　D. 作业区域

4. 冰雪天气下，如果既没有考虑设施的(　　)，又不在产生积雪时采取预防措施，极易发生建筑物垮塌事故。

A. 除雪能力　　B. 防水能力

C. 排水能力　　　　D. 积雪承载力

5. 冬季作业工作前必须按规定穿戴好防护用品，防寒帽必须有耳孔且孔径不小于(　　)mm。

A. 5　　B. 10　　C. 15　　D. 20

6. 失温症又称低体温症，是人体热量流失大于热量补给，从而造成核心区体温低于(　　)℃，伴神经和心血管系统损伤为主要表现的全身性疾病。

A. 34　　B. 35　　C. 36　　D. 37

7. 扭伤后冰敷时限一般是受伤后(　　)h 以内，切忌冰敷后再热敷。

A. 24　　B. 36　　C. 48　　D. 72

(二)多项选择题(每题备选答案中，有两个或两个以上符合题意的正确答案，请将正确答案前的字母填到题目中的括号内)

1. 冬季常见气象预警包括(　　)及冻雨等。

A. 寒潮　　B. 暴雪　　C. 道路结冰　D. 大雾

2. 道路结冰预警信号分三级，分别以(　　)表示。

A. 蓝色　　B. 黄色　　C. 橙色　　D. 红色

3. 冬季使用火炉、电气取暖设备频繁，使用不规范易发生(　　)等情况。

A. 触电　　　　B. 一氧化碳中毒

C. 火灾　　　　D. 爆炸

4. 遇有雪情预告，必须提前做好(　　)等各项除雪准备工作。

A. 人员　　　　B. 用具

C. 通信设备　　D. 防护用品

5. 使用火炉取暖时，为防止倒烟，必须定期清理(　　)。

A. 煤渣　　B. 炉膛　　C. 烟筒　　D. 烟道

三、判断题(判断下列各题，正确的在题干后面括号内打“√”，错误的打“×”)

1. 暴雪预警信号分三级，分别以黄色、橙色、红色表示。　(　　)

2. 当雨滴从空中降落后，一旦遇到温度低于 0 ℃的物体，会迅速冻结成冰，气象上把这种天气现象叫作“冻雨”。 （ ）

3. 作业前认真检查确认使用的工具、交接的设备状态良好，严禁使用不良机具。 （ ）

4. 使用风力、内燃除雪机的作业小组，要听从小组负责人或现场防护员的指挥，不得擅自上道作业。 （ ）

5. 安装炉具烟筒时，炉具周围要设炉挡，烟筒要逆向安装。 （ ）

6. 冬季户外作业，如果防护不当，人体受低温寒冷侵袭极易造成冻伤或失温。 （ ）

7. 严重冻伤者要迅速使用 60 ℃热水通过水浴方法复温，恢复血液循环，并立即就医。 （ ）

8. 失温症的现场急救原则为尽一切可能减少失温者热量流失，促进核心体温回升，维持生命体征。 （ ）

9. 对失温者施救时要揉搓失温者的四肢，促进血液循环。 （ ）

10. 救助一氧化碳中毒患者时，进入室内严禁携带明火，避免因室内一氧化碳浓度过高引起爆炸。 （ ）

四、简答题

1. 铁路运输生产冬季作业特点主要有哪些？

2. 冬季使用火炉取暖时，为防止一氧化碳中毒，应遵守哪些安全规定？

3. 当发现有人冻伤时如何处置？

4. 促进失温症人员核心体温回升的方法有哪些？

5. 将一氧化碳中毒者送医前和送医途中，可采取哪些应急措施？

6. 冬季上道除雪除冰作业时，除遵守一般上道作业规定外，还应遵守哪些要求？

7. 冬季摔伤导致骨折后，应如何应急处置？

参考答案

一、填空题

1. 饮酒　　2. 照明

3. 火灾

二、选择题

(一)单项选择题

1. B　2. D　3. A　4. D　5. D　6. B　7. C

(二)多项选择题

1. ABCD　2. BCD　3. ABCD　4. ABCD　5. CD

三、判断题

1. × 解析:暴雪预警信号分**四级**,分别以**蓝色、黄色、橙色、红色**表示。 2. √ 3. √ 4. √ 5. × 解析:安装炉具烟筒时,炉具周围要设炉挡,烟筒安装要**顺安**,不可逆向安装。 6. √ 7. × 解析:严重冻伤者要迅速复温及恢复血液循环,并立即就医。让冻伤者快速脱离低温环境和制冷因素,建议通过水浴方法进行复温。**水温应在 40 ℃左右,皮肤温度至 36 ℃左右为宜**。 8. √ 9. × 解析:施救者**不要**揉搓失温者的四肢,这样做会让外周低温的血液回流,使失温者核心部位的温度进一步下降,进而加重病情。 10. √

四、简答题

1. 答:冬季气温低,风、雪、雨、雾、霜等天气现象频繁,昼短夜长、温差大,这些气象条件对铁路运输生产的设备、作业场所、作业人员及行车组织等多方面,都产生了不利的影响,给运输生产带来了极大的不便,综合起来可概括为冷、长、滑、雾、笨、畏、忙。

2. 答:(1)安装炉具烟筒时,炉具周围要设炉挡,烟筒安装要顺安,不可逆向安装。(2)取暖用炉具及安装必须合格,并须有检查合格证,方准使用。(3)夜间值班有人住宿的房屋，使用炉火取暖时，必须安装通风换气设备。(4)必须定期清理烟筒、烟道，防止倒烟，严禁敞口取暖。

3. 答：严重冻伤者要迅速复温及恢复血液循环，并立即就医。在冻伤者到达医院之前，救助者要帮助其脱离低温或导致冻伤的环境，迅速将其转移到温暖干燥的室内，为其脱去冰凉的衣物以避免组织反复遭受冻伤，并卸掉其身上的装备以减少对体表的压迫，用棉被、毛毯或大衣保护受冻部位。

4. 答：促进核心体温回升的方法有外部加温和能量注入。外部加温主要是对身体核心区域进行加热，如在失温者心前区、颈部、腋窝、腹股沟等核心区域放置热水袋。能量注入主要是补充高热量食物，如有条件，也可进食温经散寒、温通血脉的食物或药物。

5. 答：在等待运送车辆的过程中，对于昏迷不醒的患者可将其头部偏向一侧，以防呕吐物误吸入肺内导致窒息。为促其清醒可用针刺或指甲掐其人中穴。若其仍无呼吸则需立即实施口对口人工呼吸。对一氧化碳中毒的患者不应立足于就地抢救，而应尽快送往医院，在送往医院的途中人工呼吸绝不可停止，以保证大脑的供氧，防止因缺氧造成的脑神经不可逆性坏死。

6. 答：(1)遇有雪情预告，必须提前做好人员、用具、通信设备、防护用品等各项除雪准备工作。(2)线路上除雪作业必须有组织、有防护，严禁单人除雪。除雪作业前，每一个小组必须明确负责人，必须指定专人担任安全防护工作。(3)使用风力、内燃除雪机的作业小组，要听从小组负责人或现场防护员的指挥，不得擅自上道作业。

7. 答：(1)开放性伤口应当及时恰当止血，去除表面异物，如遇骨折端外露，不要尝试将其放回原处。(2)用清洁、干净的布片等覆盖伤口，再用布带包扎，包扎时松紧适中。(3)不要任意牵拉或搬运病人，尽量保持伤肢位置固定。(4)骨折严重时，疼痛可导致休克，需要给伤者必要的止痛药。(5)转运伤者时，要密切注意伤者神志和全身状况的变化，并迅速送往医院抢救。

第三章 防洪抢险

一、填空题

1. 防洪抢险坚持“________________”的原则，在保证安全的前提下，尽可能缩短抢修时间，也可根据具体情况一次抢修到位，防止发生次生灾害。

2. 铁路水害事故是指因降雨或洪水造成铁路行车事故或__________的事故。

3. 铁路水害慢行是指因降雨或洪水造成列车或单机必须按某一低于该区间________规定的速度行驶。

4. 防洪抢险前必须研判查明灾害情况，科学制定抢修方案，动态监测预警抢险区域天气情况，制定安全__________方案和夜间照明方案，明确邻近线路行车安全条件。

5. 抢险人员横越线路时，执行“________________”，注意机车车辆的动态及脚下有无障碍物。

6. 雷雨天气时严禁在山顶、山脊或建筑物______停留。

二、选择题

(一)单项选择题(每题备选答案中，只有一个符合题意的正确答案，请将正确答案前的字母填到题目中的括号内)

1. 特大型铁路水害是指抢通时间超过(　　)h，或受灾体损失价值在 1 000 万元以上的铁路水害。

A. 12　　B. 24　　C. 48　　D. 72

2. 小型铁路水害是指不中断行车，或受灾体损失价值在(　　)万元以内的铁路水害。

A. 50　　B. 100　　C. 150　　D. 200

3. 在离地面(　　)m 以上的高处及陡坡上抢险作业时，必须佩戴安全带(绳)、安全帽。

A. 1.5　　B. 2.0　　C. 2.5　　D. 3.0

4. 水温在 5～15 ℃时，水中连续抢险作业时间不得超过(　　)min。

A. 60　　B. 40　　C. 30　　D. 20

5. 安全桩打入地面的垂直深度，土质山坡不少于(　　)m，石质山坡不少于 0.75 m，必要时适当加深。

A. 0.8　　B. 1.0　　C. 1.2　　D. 1.5

6. 防洪抢险中预防高处坠落时，使用安全绳左右移动距离不得超过(　　)m。

A. 3　　B. 4　　C. 5　　D. 6

7. 对可能释放有害物质的有限空间应(　　)监测，情况异常时应立即停止作业、撤离人员，对现场进行处理、分析合格后方可恢复作业。

A. 定时　　B. 连续　　C. 及时　　D. 定期

(二)多项选择题(每题备选答案中，有两个或两个以上符合题意的正确答案，请将正确答案前的字母填到题目中的括号内)

1. 铁路水害按损失规模可分为(　　)。

A. 特大型水害　　B. 大型水害

C. 中型水害　　D. 小型水害

2. 有限空间作业的现场要配备一定数量符合规定的应急救护器具，包括(　　)等。

A. 空气呼吸器　　B. 防护面具

C. 救生绳　　D. 救生衣

3. 有限空间抢险作业存在一定的安全风险，在进行(　　)等抢险作业时，应预防发生中毒窒息事故。

A. 隧道　　B. 涵洞

C. 基坑　　D. 坡面

三、判断题(判断下列各题，正确的在题干后面括号内打“√”，错误的打“×”)

1. 崩塌是指陡峭斜坡上的岩体或者土体在重力作用下，突然脱离

母体，发生崩落、滚动的现象或者过程。（ ）

2. 水害断道是指由于降雨或洪水导致铁路设备损坏，使得铁路线路的某一区段或区间在特定时间内无法供列车或单机运行，即在该时段内该区段的通过能力减少。（ ）

3. 大型铁路水害是指抢通时间大于 12 h 不超过 48 h，或受灾体损失价值在 500 万～1 000 万元的铁路水害。（ ）

4. 中型铁路水害是指抢通时间不超过 12 h，或受灾体损失价值在 200 万～500 万元的铁路水害。（ ）

5. 防洪抢险作业前，指挥人员应对抢险人员进行安全教育，讲清任务分工和安全要求，严格要求遵守纪律、服从指挥，防止伤亡事故。（ ）

四、简答题

1. 铁路水害的定义是什么？
2. 防洪抢险时可能遇到的物理风险有哪些？
3. 防洪抢险时可能遇到的气象风险有哪些？
4. 防洪抢险时可能遇到的化学风险有哪些？
5. 防洪抢险水上作业有哪些安全注意事项？
6. 崩塌发生的前兆特征有哪些？
7. 泥石流发生的前兆特征有哪些？
8. 防洪抢险期间遵循的“七不抢”安全控制措施是什么？
9. 防洪抢险期间遵循的“八必须”安全控制措施是什么？
10. 防洪抢险期间遵循的“九控制”安全控制措施是什么？

参 考 答 案

一、填空题

1. 先通后固、永临结合　　2. 人员伤亡
3. 运行图　　4. 应急逃生
5. 一站、二看、三通过　　6. 顶部

二、选择题

(一)单项选择题

1. B　2. B　3. B　4. C　5. B　6. C　7. B

(二)多项选择题

1. ABCD　2. ABC　3. ABC

三、判断题

1. √　2. ×　解析:水害断道是指由于降雨或洪水导致铁路设备损坏,使得铁路线路的某一区段或区间在特定时间内无法供列车或单机运行,即在该时段内该区段的通过能力**为零**。　3. ×　解析:大型铁路水害是指抢通时间大于 12 h 不超过 **24 h**,或受灾体损失价值在 500 万～1 000 万元的铁路水害。　4. ×　解析:中型铁路水害是指抢通时间不超过 12 h,或受灾体损失价值在 **100 万**～500 万元的铁路水害。　5. √

四、简答题

1. 答:铁路水害是指因受降雨或洪水影响,造成铁路路基、轨道、桥梁、隧道、涵洞、防护设备、接触网、电力线路、变配电设备、通信信号等设备损毁,甚至造成受灾路段铁路运输中断或限速慢行而降低区段运输能力,并可能伴有其他引发人员伤亡和财产损失的灾害。

2. 答:灾害情况未查明、灾害源未排除,或抢险方案制定不科学,贸然组织抢险,加剧灾害或引发次生灾害,造成人员伤亡;抢险机械作

业或防护不到位造成抢险人员伤亡。

3. 答:雷暴降雨天气未停止或洪水未退条件下进行抢险作业,容易遭受山洪、泥石流、雷电等次生灾害,造成抢险人员伤亡。

4. 答:密闭或狭小空间内通风不良,有毒有害、易燃易爆物质积聚或含氧量不足,造成抢险人员中毒窒息;抢险机械设备等尾气无法及时排除扩散,对抢险人员健康构成威胁。

5. 答:水上作业应准确判断环境是否具备作业安全条件,不得在未采取有效防护措施的情况下,进入水情不明的水域下水作业;不得使用强度不明的器材、材料,跨越、通过河流、沟壑;不得使用非专业人员驾驶的船舶、艇筏下水作业及浮渡。严禁独自涉水作业、下水游泳。

6. 答:(1)崩塌的前缘掉块、坠落,小崩小塌不断。(2)崩塌的脚部出现新的破裂形迹,能嗅到异常气味。(3)岩质崩塌体偶尔发生撕裂摩擦声。(4)崩塌体后部出现裂缝,这是崩塌即将发生的明显迹象。

7. 答:(1)河流突然断流或水势突然加大,并夹有较多柴草、树枝。(2)深谷内传来似列车轰鸣或闷雷般的声音。(3)沟谷深处突然变得昏暗,并有轻微震动感等。

8. 答:防洪抢险期间遵循的“七不抢”是指灾害情况不明不抢、坍塌落石不止不抢、暴雨重灾不停不抢、胜任人员不到不抢、抢险方案不定不抢、防护体系不全不抢、夜间照明不足不抢。

9. 答:防洪抢险期间遵循的“八必须”是指必须研判查明灾害情况、必须科学制定抢修方案、必须健全立体防护体系、必须优先采用大型机械作业、必须监测预警抢险区域天气、必须保证具备夜间抢险条件、必须制定安全应急逃生方案、必须全面检查确认开通条件。

10. 答:防洪抢险期间遵循的“九控制”是指抢险人员控制、安全隔离控制、邻线行车控制、机械作业控制、燃爆物品控制、环境监测控制、设备保护控制、舆情管理控制、后勤保障控制。

专业劳动安全篇

第一章　车务劳动安全

一、填空题

1. 必须横越线路时，应“________”，注意左右机车车辆的动态及脚下有无障碍物。

2. 行车作业人员通过线路时，应走地道或______。

3. 行车作业人员上道作业时，应按照________行走。

4. 接发列车时，接发列车人员应站在规定地点，______列车，随时注意邻线机车车辆动态。

5. 行车作业人员不准在列车、车列______中涂打标记。

6. 安装、摘解货车列尾主机、中继器，吊起列车尾部软管时，应确认________方可进行作业。

7. 车号作业人员现场办理站车交接时，待列车（机车）______后，再办理交接手续。

8. 调车作业人员登乘内燃、电力机车作业时，必须在机车______时再上下车（设有便于上下车脚蹬的调车机车除外）。

9. 在路肩窄、路基高的线路上和高度超过 1.1 m 的站台上作业时，必须______上下。

10. 调车作业人员手推调车时，必须在车辆______进行，并注意脚下有无障碍物。

11. 调车作业人员去岔线、段管线或货物线调车作业，须事先检查线路大门______状态及线路两侧货物堆放情况。

12. 行车作业人员在调整钩位、处理钩销时不要探身到________之间。

13. 调车作业时，严禁使用________放风制动。

14. 调车带风作业时，必须执行一关、二摘、三提钩的作业程序，其中一关指关________，二摘指摘________。

15. 摘结制动软管、调整钩位、处理钩销、采取或撤除防溜措施时，昼间由调车长防护，夜间必须向调车长显示__________。

16. 摘结制动软管、调整钩位、处理钩销、采取或撤除防溜措施时，调车人员须确认列车、车列(组)______，得到调车长同意，并使用无线调车灯显设备发出“__________”指令后，方可进入车档。

17. 电气化铁路区段，接触网未停电、未接地的情况下，禁止到______上调车作业。

18. 在接触网导线距轨面高度为6.2 m及以上的线路上使用敞车人力制动机时，不准踏在高于人力制动机________的车帮上或货物上。

19. 清扫电气集中道岔或联动道岔，必要时应先将__________置于尖轨与基本轨之间。

二、选择题

(一)单项选择题(每题备选答案中，只有一个符合题意的正确答案，请将正确答案前的字母填到题目中的括号内)

1. 顺线路走时，应走两线路中间，作业人员及所携带的工具不得侵入(　　)。

A. 安全标线　　B. 机车车辆限界

C. 建筑限界　　D. 线路限界

2. 任何人员及所携带的物件、作业工器具等须与牵引供电设备高压带电部分保持(　　)m以上距离，距离不足时，牵引供电设备须停电。

A. 1　　B. 2　　C. 5　　D. 10

3. 任何人员及所携带的物件、作业工器具等须与回流线、架空地线、保护线保持(　　)m以上距离，距离不足时，牵引供电设备须停电。

A. 1　　B. 2　　C. 5　　D. 10

4. 普速铁路人工向机车交递凭证时，须(　　)方向。

A. 远离来车　　B. 背向来车

C. 侧向来车　　D. 面向来车

5. 调车作业人员使用铁鞋制动时，应(　　)方向。

A. 远离来车　　B. 背向来车

C. 侧向来车　　D. 面向来车

6. 调车作业人员在高度不超过 1.1 m 的站台上上下车时，车速不得超过(　　)km/h。

A. 5　　B. 10　　C. 15　　D. 20

7. 调车作业人员上车时，车速不得超过(　　)km/h。

A. 5　　B. 10　　C. 15　　D. 20

8. 调车作业人员下车时，车速不得超过(　　)km/h。

A. 5　　B. 10　　C. 15　　D. 20

9. 调车作业人员在摘结制动软管、调整钩位、处理钩销、采取或撤除防溜措施前，必须等列车、车列(组)停妥并得到(　　)的回示后方可进行。

A. 调车长　　B. 司机

C. 连结员　　D. 助理值班员

10. 在车列运行中，调车作业人员携带防溜器具时，应将防溜器具放置在(　　)的位置上。

A. 车门　　B. 闸台

C. 不影响上下车　　D. 机车脚踏板

11. 机车、动车及各种车辆上方的接触网设备未停电并办理安全防护措施前，禁止(　　)攀登到车顶或车辆装载的货物上。

A. 车辆检修人员　　B. 任何人员

C. 调车人员　　D. 助理值班员

12. 在带电的接触网线路上调车时，接触网导线距轨面高度小于(　　)m 的线路上禁止登上敞车手闸台。

A. 2.2　　B. 5.2　　C. 6.2　　D. 10.0

13. 没有(　　)，不准进行道岔清扫、上道保洁等作业。

A. 点名　　B. 接触网停电

C. 防护　　D. 封锁线路

14. 普速铁路上道保洁，驻站联络人员须分作业区域（或作业股道）向（　　）申请，得到允许上道作业的通知，方可通知现场作业人员上道作业。

A. 助理值班员　　B. 列车调度员

C. 车站值班员　　D. 施工负责人

15. 检修、更换减速顶及扒砟作业等，必须（　　），并执行“一人作业、一人防护”制度。

A. 接触网停电

B. 停止一切调车作业

C. 注意机车车辆动态

D. 封锁线路

（二）多项选择题（每题备选答案中，有两个或两个以上符合题意的正确答案，请将正确答案前的字母填到题目中的括号内）

1. 行车作业人员上道作业禁止穿着（　　）等易滑鞋。

A. 高跟鞋　　B. 雨靴

C. 露脚趾的凉鞋　　D. 硬底鞋

2. 顺线路走时，不准脚踏（　　）等，以免滑倒摔伤。

A. 钢轨面　　B. 道岔连接杆

C. 尖轨　　D. 辙叉心

3. 严禁在机车车辆底下坐卧，以及（　　）坐卧或站立。

A. 钢轨上　　B. 轨枕头　　C. 道心里　　D. 车厢内

4. 调车作业人员上车前应注意（　　），平车、砂石车的侧板和机车脚踏板的牢固状态。

A. 脚蹬　　B. 车梯　　C. 车轮　　D. 扶手

5. 调车作业人员使用铁鞋制动时，严禁（　　）。

A. 背向来车方向　　B. 面向来车方向

C. 徒手使用铁鞋　　D. 带铁鞋叉子上车

6. 调车作业使用折叠式人力制动机时，须在停车时竖起闸杆，确认（　　）后方可使用。

A. 插销拔下　　B. 方套落下
C. 月牙板关好　　D. 插销插上

7. 在车列、车辆运行中，调车作业人员禁止(　　)。
A. 在棚车顶上站立　　B. 骑坐车帮
C. 跨越车辆　　D. 手抓篷布

8. 担当减速顶维修作业防护职责的人员必须熟悉(　　)，具备一定行车专业知识，并经培训考试合格后方可持证上岗。
A. 站场设备、设施设置特点　　B. 站场设备、设施分布
C. 地形情况　　D. 作业组织

9. 遇大雨、大雾等恶劣天气时，禁止(　　)。
A. 清扫道岔　　B. 上道保洁
C. 维修减速顶　　D. 养护减速顶

三、判断题(判断下列各题，正确的在题干后面括号内打"√"，错误的打"×")

1. 室外行车作业人员严禁穿戴连体帽或无声孔防寒帽。(　　)

2. 行车作业人员顺线路走时，可以走道心，但严禁走轨枕头。(　　)

3. 行车作业人员严禁在运行中的机车车辆前面抢越。(　　)

4. 必须横越列车、车列(组)时，在确认该列车、车列(组)暂不移动后，可以钻车。(　　)

5. 行车作业人员严禁扒乘运行中的机车车辆，以车代步。(　　)

6. 普速铁路相邻两线路间未设站台时，遇同时接车、发车或同时发接列车，应站在该相邻两线路间接发列车。(　　)

7. 接发列车作业人员如遇设备设施、走行通道发生异状或变化时，应及时通知有关人员并采取安全措施。(　　)

8. 调车作业上下车时要选好地点，注意地面障碍物，不准迎面上车。(　　)

9. 调车作业上下车时，不准运行中反面上下车(牵出时最后一辆

及《车站行车工作细则》等规定的除外）。（　）

10. 在车列、车辆运行中，调车作业人员禁止在平车、砂石车的边端站立，但可以坐在平车、砂石车的端板支架上。（　）

11. 在车列、车辆运行中，调车作业人员禁止手抓捆绑货物的绳索。（　）

12. 在车列、车辆运行中，调车作业人员在经站台时，可以站在低于站台的车梯上。（　）

13. 在车列、车辆运行中，禁止两人及以上站在同一闸台、车梯及机车一侧脚踏板上。（　）

14. 在车列、车辆运行中，禁止进入线路提钩、摘结制动软管，仅可以调整钩位。（　）

15. 溜放调车作业严禁在车列运行中抢越线路去反面提钩。（　）

16. 调车作业人员严禁在机车前后端及两侧通道坐卧。（　）

17. 调车作业人员严禁攀登机械冷藏车顶部或触摸连结软管，以防触电。（　）

18. 溜放调车作业应站在车梯上，一手抓牢车梯，一手提钩，或者用脚提钩。（　）

19. 普速铁路上道保洁作业中，正线有列车通过时，未隔站台的相邻线路应停止保洁作业。（　）

20. 更换道岔表示器内灯泡时，必须切断电源，严禁带电作业。（　）

四、简答题

1. 如何横越停有机车车辆的线路？

2. 必须横越列车、车列（组）时有哪些安全注意事项？

3. 调车作业中使用人力制动机，对安全带的使用有哪些注意事项？

4. 调车作业人员在车列、车辆运行中禁止的行为有哪些？

五、情境题

1. 甲站助理值班员(外勤)小胡接车站值班员布置必须向3道26002次列车司机交付书面行车凭证。因站内无地道和天桥,需横越1、2道,其中2道停有11166次列车。请问小胡在走行和发车作业过程中有哪些人身安全注意事项?

2. 甲货运站到发线6道停留一列45辆编组的C70型敞车车列,计划进行车辆连挂作业。调车长小张布置连结员进入停留车的车档连结制动软管。请问小张应做好哪些安全控制措施?

3. 甲站运转一班3调正在执行第A001号调车作业计划,作业至第2钩3道挂12辆,使用无线调车灯显设备作业,调车长小吴跟随调车机车单机进入3道,负责机车连挂和撤除防溜措施,连结员小王负责在车列另一端撤除防溜措施。请问小吴、小王在连结软管、撤除防溜措施时应遵守哪些规定?

4. 某日夜间突降大雪,甲车站调度室通知扫雪除冰小组立即对到发线3道、4道及5号、6号道岔进行扫雪除冰作业。现场防护员小何带领作业人员赶赴现场,请问小何需要做好哪些准备工作,重点注意哪些事项?

5. 普速铁路甲站平面示意如下图所示,A点为车站信号楼。某次货物列车通过前,调度通知值班员该列车列尾主机故障,临时停3道更换列尾主机。1道、Ⅱ道没有停留车。值班员通知列尾作业员小王到B点取更换的列尾主机,并前往3道进行更换作业。请问小王在走行和作业时应执行哪些劳动安全规定?

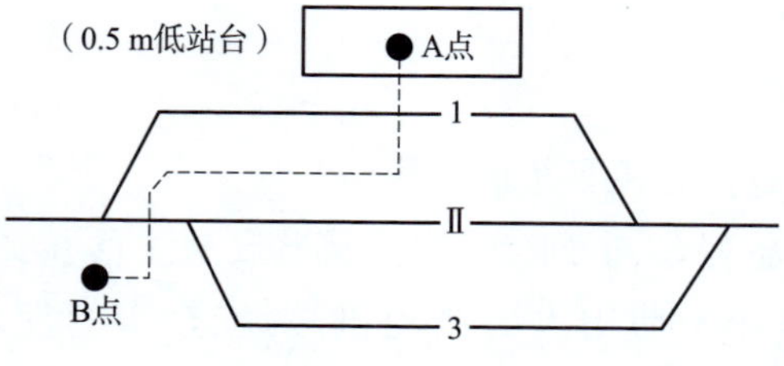

甲站平面示意

参考答案

一、填空题

1. 一站、二看、三通过
2. 天桥
3. 固定走行线路
4. 面向
5. 运行
6. 车列暂不移动
7. 停妥
8. 停稳
9. 停车
10. 两侧
11. 开启
12. 两车钩
13. 折角塞门
14. 折角塞门;制动软管
15. 停车信号
16. 停妥;紧急停车
17. 车顶
18. 踏板台
19. 安全木楔

二、选择题

(一)单项选择题

1.B　2.B　3.A　4.D　5.B　6.B　7.C
8.D　9.A　10.C　11.B　12.C　13.C　14.C
15.D

(二)多项选择题

1.ACD　2.ABCD　3.ABC　4.ABD　5.BCD
6.BCD　7.ABCD　8.ABCD　9.ABCD

三、判断题

1.√　2.×　解析:行车作业人员**严禁在道心**、轨枕头上**行走**。3.√　4.×　解析:必须横越列车、车列(组)时,**严禁钻车**。　5.√　6.×　解析:普速铁路相邻两线路间未设站台时,遇同时接车、发车或同时发接列车,**严禁**站在该相邻两线路间接发列车。　7.√　8.√　9.√　10.×　解析:车列、车辆运行中,**禁止在平车、砂石车的端板支架上坐立**,禁止在平车、砂石车的边端站立。　11.√　12.×　解析:在车列、车辆运行中，**禁止**经站台时站在低于站台的车梯上。 13. √ 14. × 解析：在车列、车辆运行中，**禁止**进入线路提钩，摘结制动软管或**调整钩位**。 15. √ 16. √ 17. √ 18. × 解析：溜放调车作业应站在车梯上，一手抓牢车梯，一手提钩，**不准用脚提钩**。 19. √ 20. √

四、简答题

1. 答：横越停有机车车辆的线路时，应先确认该机车车辆暂不移动，然后在该机车车辆较远处通过。严禁在运行中的机车车辆前面抢越。

2. 答：必须横越列车、车列(组)时，严禁钻车。应先确认该列车、车列(组)暂不移动，然后由车辆通过台或两车车钩上越过；越过时勿碰开钩销，上下车时要抓紧蹬稳并注意邻线有无机车车辆运行；经车辆通过台越过应从车梯上下车。

3. 答：使用人力制动机时(在静止状态下，站在地面或低于车钩中心水平线的人力制动机闸台上使用时除外)，必须使用安全带。要做到“上车先挂钩”“下车先摘钩”。不能使用安全带的车辆，如平车、砂石车、罐车等，作业时必须选好站立地点。

4. 答：(1)在车钩上，在平车、砂石车的端板支架上坐立，在平车、砂石车的边端站立。(2)在棚车顶或装载超出车帮的货物上站立或行走。(3)手抓篷布或捆绑货物的绳索，脚蹬平车鱼腹形侧梁。(4)在车梯上探身过远，或经站台时站在低于站台的车梯上。(5)在装载易于窜动货物的车辆间和货物空隙间站立或坐卧。(6)骑坐车帮。(7)跨越车辆。(8)两人及以上站在同一闸台、车梯及机车一侧脚踏板上。(9)进入线路提钩，摘结制动软管或调整钩位。

五、情境题

1. 答：(1)出务作业在走行过程中要注意站内作业区域、走行径路及两侧相关的设备设施，并随时注意使用情况，遇设备设施、走行通道发生异状或变化时，应及时通知有关人员并采取安全措施。(2)横越停有机车车辆的线路时，应先确认该机车车辆暂不移动，然后在该机车车辆较远处通过。严禁在运行中的机车车辆前面抢越。横越线路时，应“一站、二看、三通过”，注意左右来往机车车辆动态及脚下障碍物。

(3)发车时，应站在规定地点，面向列车，随时注意邻线机车车辆动态。

2. 答：(1)作业开始前传达调车作业计划时，要针对性地开展安全预想，提示作业中的安全注意事项。(2)同意作业前要确认列车、车列(组)停妥，并使用无线调车灯显设备发出“紧急停车”指令后，方可准许连结员进入车档。(3)使用手信号调车时，须向司机显示停车信号进行防护，再同意作业人员进入车档。(4)得到所有作业人员均已作业完毕的汇报后，方可撤除防护。

3. 答：调车长小吴须确认机车停妥，进入车档作业前，由其本人向司机显示(发出)停车信号进行防护。连结员小王须确认车列停妥，得到调车长小吴同意，并使用无线调车灯显设备发出“紧急停车”指令后，方可进入车档。

4. 答：(1)上道扫雪前要按规定穿戴好防护用品，佩戴的防寒帽要有耳孔，携带电台、口笛、防护信号灯等备品。(2)道岔清扫人员上道作业时，应按照固定走行线路行走，按照事先指定的地点避让列车或车列。(3)现场扫雪除冰时，小何要根据作业现场地形条件、列车运行特点、作业人员和机具布置等情况确定站位和移动路径，并做好专职防护，不得参与作业。(4)必须与作业人员同出同归，在现场防护期间应加强瞭望，时刻注意前后左右列车和机车车辆动态。(5)随时了解邻线来车情况，掌握列车运行动态，及时指挥现场扫雪人员安全避车。与驻站联络人员联系中断时，应立即通知现场停止作业，组织所有作业人员携带工具立即下道，撤离到安全地点避车。(6)清扫完毕后要确认所有作业人员及携带的工具均撤离到安全地点后，方可向车站值班员(车务应急值守人员)汇报作业完毕。

5. 答：(1)按站内固定走行径路行走。(2)跨越1道、Ⅱ道时，应做到“一站、二看、三通过”，并注意左右机车车辆的动态及脚下有无障碍物。(3)在1道和Ⅱ道间行走时，应走两线路中间，作业人员及所携带的工具不得侵入机车车辆限界，并注意邻线的机车车辆和货物装载状态。严禁在道心、轨枕头上行走，不准脚踏钢轨面、道岔连接杆、尖轨、辙叉心等。(4)作业时站在安全地点，并随时注意邻线机车车辆动态。摘解、安装列尾主机时，应按规定确认列车暂不移动方可作业。

第二章 客运劳动安全

一、填空题

1. 客运作业人员通过靠近接触网的天桥或跨线桥时，严禁用竹竿、棍棒、铁线等________物件穿捅安全栅网。

2. 顺线路走时，人体及所携带的工具(料)不得侵入__________限界，并注意邻线的机车车辆和货物装载状态。

3. 冬季客运作业人员行走的露天通道及场所要及时清除积水、积雪，防止结冰，必要时应加铺________。

4. 进行上道保洁等作业时，现场防护员必须严格遵守“防护人员________、作业人员____________”的规定。

5. 车站上道保洁作业现场防护员作业中应加强瞭望，接到来车通知后及时组织所有作业人员______，到安全地点避车。

6. 上道保洁作业必须安排在______时段内进行。

7. 行包装卸人员进行装卸作业，必须严格执行______开始、______停止的作业规定。

8. 四周护栏行包拖车在车站运行中，侧向护栏应______。

9. 列车乘务员需从反面下车作业或在区间停车需下车作业时，必须有专人进行防护，严禁在无__________或__________未到位的情况下下车作业。

10. 站台组织旅客乘降或接发列车时，非作业需要，不得侵入__________。

二、选择题

(一)单项选择题(每题备选答案中，只有一个符合题意的正确答案，请将正确答案前的字母填到题目中的括号内)

1. 客运作业人员顺线路走时，应走(　　)。

A. 道心　　　　B. 轨枕头

C. 两线路中间　　　D. 轨面

2. 客运作业人员需穿越停有机车车辆的线路时，必须先确认机车车辆暂不移动，然后在该机车车辆(　　)通过。

A. 车底　　　B. 较远处

C. 后方　　　D. 前端

3. 客运作业人员通过线路时，严禁(　　)。

A. 走天桥　　　B. 走地道

C. 走平交道　　　D. 翻越栏杆

4. 遇雷雨天气，客运作业人员严禁在接触网下使用(　　)。

A. 手信号旗　　　B. 作业终端

C. 金属杆伞　　　D. 对讲机

5. 客运作业人员及携带的物件等须与接触网带电部分保持(　　)m以上距离。

A. 0.5　　B. 1.0　　C. 1.5　　D. 2.0

6. 列车上水、上道保洁人员作业时，应按照(　　)行走，按照事先指定的地点避让列车或车列(组)。

A. 直线　　　B. 固定走行线路

C. 安全标线　　　D. 最短线路

7. 车站上道保洁作业须由(　　)向驻站联络员申请，得到允许上道作业的通知后，方可通知现场作业人员上道作业。

A. 列车安全员　　　B. 现场防护员

C. 班组长　　　D. 值班主任

8. 每趟列车上水作业小组人员必须(　　)，做好互控，严禁单人作业。

A. 兼任防护员　　　B. 由防护人员带领作业

C. 分批上道　　　D. 同出同归

9. 行包牵引车、行包拖车行驶过程中，只允许拖车上最后一辆的(　　)站人。

A. 尾部　　B. 侧边　　C. 中部　　D. 前端

10. 乘务员在站台候车时，必须站在站台（　　）以内的指定位置等候。

A. 盲道　　B. 边缘

C. 安全标线　　D. 安全黄线

11. 行李员拆解货物堆码时，应（　　），防止货物堆码倒塌。

A. 自左而右　　B. 自上而下

C. 自里而外　　D. 自前而后

（二）多项选择题（每题备选答案中，有两个或两个以上符合题意的正确答案，请将正确答案前的字母填到题目中的括号内）

1. 客运人员作业中关于着装的禁止性事项包括（　　）。

A. 戴未设耳孔的双耳帽　　B. 用围巾将双耳包裹

C. 戴连指手套　　D. 穿硬底易滑鞋

2. 客运作业人员在线路股道中作业时，应从（　　）进入线路。

A. 站台中段　　B. 站台中部平交道

C. 站台尽头　　D. 站台两端平交道

3. 电气化铁路区段，在牵引供电设备未停电、接地的情况下，列车上水、保洁等作业，严禁（　　）。

A. 将水管向供电线路方向喷射

B. 使用水流冲刷机车车辆上部

C. 使用水流冲刷机车车辆底部

D. 冲洗站台立柱面

4. 列车客运乘务人员不得带电清洁和自行拆卸列车上的电气设备，不得用水冲刷（　　）。

A. 地板　　B. 厕所

C. 墙板　　D. 电气设备

5. 行包堆码应做到（　　）、箭头向上、标签向外、按批分区、堆码整齐。

A. 大不压小　　B. 重不压轻

C. 方不压圆　　D. 短不压长

6. 配备燃煤锅炉设备的列车，列车乘务人员应落实防火防爆措施，使用设备前做好安全检查，使用中严禁(　　)。

A. 关闭炉门　　B. 加水

C. 缺水　　D. 干烧

7. 列车运行中客运作业人员严禁(　　)。

A. 开门乘凉　　B. 探身瞭望

C. 向车外清扫垃圾　　D. 向车外抛扔杂物

8. 行包牵引车、行李电瓶搬运车和其他作业车辆在站内行驶时应做到(　　)。

A. 不超速　B. 不停留　C. 不慢行　D. 不抢越

三、判断题(判断下列各题，正确的在题干后面括号内打“√”，错误的打“×”)

1. 为确保作业安全，客运作业人员班前、班中禁止饮酒。(　　)

2. 除因工作需要的人员以外，客运作业人员工作期间严禁使用作业终端之外的手机或电子娱乐产品。(　　)

3. 为救助旅客，客运作业人员可以在运行中的机车车辆前面抢越。(　　)

4. 客运作业人员必须横越列车、车列(组)时，严禁钻爬车底、跨越车钩。(　　)

5. 在接触网停电接地后，即可以使用铁钎、长杆物品等疏通烟筒或调整通风口。(　　)

6. 列车上水、上道保洁人员作业时，必须按规定穿戴防护用品，穿着铁路高可视性警示服(3级)。(　　)

7. 遇大雨、大雾等恶劣天气时，禁止上道保洁作业。(　　)

8. 紧邻高速铁路正线且无隔离的到发线可以安排上水作业。(　　)

9. 列车上水、上道保洁等作业人员，作业时应携带无线电台(对讲机)并试验良好，加强联系，掌握列车运行动态，及时安全避车。(　　)

10. 上道保洁作业中，作业人员遇道岔区等必须进入股道内作业时，防护人员应加强现场防护。 ( )

11. 正线有列车通过时，未隔站台的相邻线路应停止保洁作业。 ( )

12. 行包牵引车、行包拖车行驶过程中，客运作业人员站立时要用手抓牢捆扎绳索。 ( )

13. 乘务员在车厢车门处瞭望确认站台情况时，要紧握扶手，双脚伸出车厢车门处地面边缘不得超过 10 cm。 ( )

14. 列车客运作业人员冬季上下车及通过车厢连接处时，要注意脚梯、车梯扶手和连接处有无冰雪，防止滑跌。 ( )

15. 旅客或行李物品掉落站台时，乘务员应立即跳下站台进行处理。 ( )

16. 乘坐铁路通勤车人员，在确认邻线无车情况下，可以从反面上下车。 ( )

17. 在客车整备所、动车所作业时，作业人员严禁追逐未停妥的车底进行作业或向动态的车底抛扔作业工具等。 ( )

18. 客运班组出退勤必须横越线路时应指定专人防护，并执行相关规定。 ( )

19. 行包、电瓶搬运车和其他作业车辆在站内通过平交道时必须派人引导，随车人员不得下车步行。 ( )

四、简答题

1. 行包牵引车、行包拖车行驶过程中对站立人员有什么要求？

2. 乘务员上下车时有哪些基本安全规定？

3. 列车运行中，为确保自身安全，乘务员有哪些禁止行为？

4. 客运人员进出直梯时的安全注意事项有哪些？

五、情境题

1. 甲客运段列车乘务员小李随列车进入车库，下车后需要顺线路行走并通过平交道后步行走出库内站场，小李在走出库内站场整个过程中应遵守哪些安全规定？

2. 甲客运段担当列车停靠客运站高站台，乘务员小马正在车门口立岗，此时车站站台铃响完毕，小马在铃毕登车和瞭望站台时，应遵守哪些安全规定？

3. 甲站上水员小张要对 3 道停留的旅客列车进行上水作业，相邻股道停有即将起动的列车。请问小张在作业前和作业中须注意哪些事项？

4. 甲站客运值班员小王从二楼候车室前往 1 站台组织 D123 次列车乘降作业，需搭乘连接候车室与站台的双向自动扶梯。从候车室搭乘自动扶梯前往站台时，有哪些安全注意事项？

5. 某日，一列动车组列车正在甲站 1 站台办理旅客乘降作业。突然，一名旅客的随身行李箱从列车与站台缝隙处掉落至线路上，掉落位置位于第 5 车厢处。该旅客情绪激动，试图自行跳下站台拾取行李箱。距离事发位置最近的车站客运员小卢（携带对讲机）位于第 4 车厢处，请问此时小卢应如何应急处置？

参考答案

一、填空题

1. 非绝缘　　2. 机车车辆
3. 防滑垫　　4. 不作业;不兼任防护
5. 下道　　6. 天窗
7. 车停;铃响　　8. 锁闭
9. 安全防护;防护措施　　10. 安全标线

二、选择题

(一)单项选择题

1. C　2. B　3. D　4. C　5. D　6. B　7. B
8. D　9. A　10. C　11. B

(二)多项选择题

1. ABCD　2. BD　3. ABD　4. ACD　5. ABC
6. CD　7. ABCD　8. AD

三、判断题

1. √　2. √　3. ×　解析:**严禁**在运行中的机车车辆前面抢越。　4. √　5. ×　解析:在接触网未停电接地**并采取安全措施**的情况下,严禁使用铁钎、长杆物品等疏通烟筒或调整通风口。　6. √　7. √　8. ×　解析:紧邻高速铁路正线且无隔离的到发线**不得**安排上水作业。　9. √　10. √　11. √　12. ×　解析:行包牵引车、行包拖车行驶过程中,站立人员必须双手紧握护栏,**不得**手抓捆扎绳索。　13. ×　解析:乘务员在车厢车门处瞭望确认站台情况时,要紧握扶手,**双脚不得伸出车厢车门处地面边缘**。　14. √　15. ×　解析:旅客或行李物品掉落站台时,**严禁在未通知司机并得到确认的情况下私自跳下站台**对旅客施救及取出行李物品。　16. ×　解析:乘坐铁路通勤车人员**严禁**反面上下车。　17. √　18. √　19. ×　解析:行包、电瓶搬运车和其他作业车辆在站内通过平交道时必须派人引导，**随车人员应下车步行**。

四、简答题

1. 答：行包牵引车、行包拖车行驶过程中，只允许拖车上最后一辆的尾部站人，站立人员必须面向前方，双脚站立踩稳，双手紧握护栏，不得手抓捆扎绳索，不得飞乘飞降，其余拖车严禁坐、卧、站人，连接部位禁止任何人站立。除行包装卸作业人员按规定执行外，其他人员严禁扒乘行包、邮政拖车，以车代步。

2. 答：乘务员在上下车时，要紧握扶手，高站台要注意车门与站台缝隙，不得从车窗上下列车，防止踩空坠落、跌倒摔伤。严禁随车奔跑，飞乘飞降。

3. 答：列车运行中严禁开车门乘凉、探身瞭望及向车外清扫垃圾，严禁向车外抛扔杂物，严禁列车工作人员在乘务途中下车给列车补水。

4. 答：进出直梯应确认轿厢与候梯厅地面水平，电梯门未完全开启或有关闭迹象时，不得进出轿厢。不乘坐明示处于非正常状态、超过额定载重量的电梯。不采用非安全手段开启电梯层门，不拆除、破坏电梯部件及其附属设施。不做其他危及电梯安全运行或危及他人安全乘降的行为。

五、情境题

1. 答：(1)顺线路走时，应走两线路中间，人体及所携带的工具(料)不得侵入机车车辆限界，并注意邻线的机车车辆状态。(2)通过平交道时，应"一站、二看、三通过"，并注意左右来往机车车辆动态及脚下有无障碍物。

2. 答：(1)在铃毕登车时，要紧握扶手，并注意车门与站台缝隙，防止踩空坠落、跌倒摔伤。(2)在瞭望站台时，要紧握扶手，双脚不得伸出车厢车门处地面边缘。

3. 答：(1)作业前要全面掌握本站旅客列车上水方案、上水列车时刻、进路、编组以及邻线运行列车等情况。(2)作业过程中，要时刻注意来往列车运行情况，加强瞭望，做好自控、互控及相互防护，确保劳动安全。邻线列车起动时立即停止作业,待列车驶过后方可继续进行作业。

4. 答:(1)搭乘自动扶梯时,应留意前方并抓紧扶手,注意落脚,避免因踩在阶梯交界处而摔倒。不得将头部、四肢伸出扶手装置以外。(2)保持与前后同行乘客的安全距离,避免相互碰撞、挤压。(3)到达时确保快速稳步离开,不得在扶梯进出口处停下交谈、四处张望、逗留阻碍通行,以防造成跌倒甚至踩踏事故。

5. 答:小卢应立即用对讲机通知列车长和车站值班员,要求暂缓发车,迅速赶到事发位置,阻止旅客靠近站台边缘。严禁在未通知司机并得到确认的情况下私自跳下站台捡拾行李物品。

第三章 货运劳动安全

一、填空题

1. 货运作业人员上道作业，避车时距钢轨头部外侧距离应不少于____m(另有规定除外)。

2. 罐车作业时应从______或__________作业平台上下车。

3. 装卸货物线的接触网隔离开关在雨、雪、雾、霾等恶劣天气下，严禁处于______状态。

4. 货检作业在列整理时，应先确认______________状态及车门的关闭状态后，方可对车列内需整理货车进行整理。

5. 存放危险货物和易燃货物的仓库内不准安装使用移动照明灯具，应使用专用的______型库房灯具。

6. 货检作业人员单人上道作业时，出发及返回到岗位时均应汇报行车室或____________。

7. 在货物线附近进行装卸、搬运作业时，若装卸机械、货物、运输机具和人员进入距钢轨头部外侧 1.5 m 以内的空间，应设置__________。

8. 移动式防护信号使用完毕，应存放在不影响人身和铁路交通安全的地点并______。

9. 作业车停留位置距警冲标不足 20 m 时，防护信号设在______________处。

10. 揭篷布时，由车的______端解开绳索卷起，两侧篷布随解随卷，车上作业人员应站在________。

11. 货物起吊时司索工应站在安全地点，与吊装物保持____m 以上的退让余地。

12. 向车内吊装 6 m 及以上长大货物，退让余地不足____m 时，人员不得预先进入车内。

13. 流动式装卸机械在站台上应______于线路停放，距站台边缘不小于____m。

14. 同一线路上，两台及以上轨行式装卸机械，应安设__________装置，保持____m以上安全距离。

15. 抓(扒)料机作业中，如遇特殊情况需在斜坡上短时间停车时，应拉紧________，将料斗落地并压紧地面，履带(或轮胎)用三角木等掩实。

16. 装载机超过40°转弯时，速度不得超过____km/h。

17. 搬取货物前，货物的高度不应超过作业人员的头部，否则应有______。

18. 货运轨旁设备检修前，施工(维修)负责人应确认已做好一切施工(维修)准备，于开始前____min由施工(维修)负责人(驻站联络员)在《行车设备施工登记簿》内完成登记。

19. 具有易燃易爆性质的危险货物装卸作业使用的照明设备及装卸机具应具有______性能。

20. 毒性物质和感染性物质装卸车前应先______。

21. 货运汽车载运易燃易爆等危险货物、笨重及超限货物时，最高行驶速度不得超过____km/h。

二、选择题

(一)单项选择题(每题备选答案中，只有一个符合题意的正确答案，请将正确答案前的字母填到题目中的括号内)

1. 货运人员对敞车及其装载的货物状况进行上车检查，不得站在(　　)进行。

A. 车辆闸台上

B. 车内

C. 停止作业的门式起重机扶梯上

D. 敞车车帮上

2. 检查装有易燃易爆等危险货物的罐车时，下列行为允许的是(　　)。

A. 明火接近　　B. 确认罐盖关闭良好

C. 进入罐内　　D. 敲打罐体

3. 货场仓库内存放货物的主要通道宽度不应小于(　　)m。

A. 0.5　　B. 1.0　　C. 1.5　　D. 2.0

4. 货场仓库内存放的货物垛与垛间距不应小于(　　)m。

A. 0.5　　B. 1.0　　C. 1.5　　D. 2.0

5. 露天存放的货物垛与垛间距不应小于(　　)m。

A. 2.0　　B. 3.0　　C. 4.0　　D. 5.0

6. 货场仓库内存放的普通货物每垛占地面积不应大于(　　)m^2。

A. 50　　B. 70　　C. 80　　D. 100

7. 货场仓库内存放的危险货物每垛占地面积不应大于(　　)m^2。

A. 50　　B. 70　　C. 80　　D. 100

8. 站台上堆码货物,货垛与站台边沿距离不应小于(　　)m。

A. 0.3　　B. 0.5　　C. 1.0　　D. 1.5

9. 叉车在站台上行驶应距站台边缘(　　)m 以上。

A. 0.3　　B. 0.4　　C. 0.5　　D. 0.6

10. 线路边堆码货物时,货物距钢轨头部外侧应保持(　　)m 以上,不应侵入轨行式机械走行安全警示线。

A. 0.5　　B. 1.0　　C. 1.5　　D. 2.0

11. 苫揭篷布时,车上作业人员应站在(　　)位置。

A. 敞车两侧车帮　　B. 敞车两端车帮

C. 车顶部纵向中线　　D. 车顶部横向中线

12. 手推调车须取得(　　)同意后方可进行。

A. 货运员　　B. 调车领导人

C. 装卸值班员　　D. 车站值班员

13. 流动式装卸机械在货场内行驶速度不得超过(　　)km/h。

A. 5　　B. 10　　C. 15　　D. 20

14. 流动式装卸机械在站台上、仓库内行驶速度不得超过(　　)km/h。

A. 5　　B. 10　　C. 15　　D. 20

15. 流动式装卸机械在转弯、进出车(库)门及危险区域行驶速度不得超过(　　)km/h。

A. 5　　B. 10　　C. 15　　D. 20

16. 起重机械作业时,吊钩和吊起的货物距运移线内的最高障碍物应保持(　　)m 以上距离。

A. 0.2　　B. 0.3　　C. 0.4　　D. 0.5

17. 同一区域,多台小型叉车同时作业时,安全间距应不小于(　　)m。

A. 2　　B. 3　　C. 4　　D. 5

18. 桥(门)式起重机(含抓斗、电磁吸盘)装卸散堆装货物时,辅助人员应与机械间隔至少(　　)车作业。

A. 一　　B. 三　　C. 五　　D. 十

19. 对易散发有毒蒸气或烟雾的腐蚀性货物,作业前应穿戴耐腐蚀的防护用品,并使用(　　)。

A. 口罩　　B. 防护面罩

C. 带有面罩的安全帽　　D. 防毒面具

20. 爆炸品装载和堆码高度不得超过(　　)m。

A. 1.0　　B. 1.2　　C. 1.4　　D. 1.8

(二)多项选择题(每题备选答案中,有两个或两个以上符合题意的正确答案,请将正确答案前的字母填到题目中的括号内)

1. 在接触网设备未停电接地并采取安全措施前,禁止货运人员攀登到(　　)上。

A. 车顶　　B. 敞车车帮

C. 车辆装载的货物　　D. 车辆装载的集装箱

2. 在接触网设备未停电接地并采取安全措施前,禁止货运人员(　　)。

A. 登上棚车、罐车、敞车等车辆的上部闸台

B. 攀爬车梯探身超过棚车车顶高度

C. 使用长杆、直尺等物件测量货物装载的高度

D. 手抛绳子

3. 货运押运人员严禁(　　)。

A. 在货车下乘凉避雨

B. 改变货物装载加固状态

C. 蹬坐车帮或探身车外

D. 在易于窜动货物的空隙间坐卧

4. 下列关于开启敞车下侧门表述正确的有(　　)。

A. 用拉门绳将下侧门向上拉起

B. 用石块掩夹车门

C. 将下侧门折页上的挂环挂到上侧梁的挂钩上

D. 用支门器支开、车门卡卡牢下侧门

5. 不得在带电的接触网下进行装卸作业的设备有(　　)。

A. 叉车　　B. 挖掘机

C. 抓(扒)料机　　D. 装载机

6. 卸敞车顶层装载的轻泡货物时,应(　　)一部分,腾出安全操作地点再作业。

A. 将货物从高处抛下　　B. 使用滑板、滑杠溜下

C. 使用绳索吊卸　　D. 从中门卸

7. 冰冻及霜雨雪天气,作业前要及时清扫作业场地、(　　)上的冰雪。

A. 通道　　B. 扶梯

C. 车辆篷布　　D. 货物

8. 货运轨旁设备维修作业现场防护员应根据作业现场(　　)等情况确定站位和移动路径,并做好自身防护。

A. 地形条件　　B. 列车运行特点

C. 作业人员　　D. 机具布置

9. 高温天气,不宜安排人力露天装卸(　　)等货物,否则应做好防护措施。

A. 生石灰　　B. 沥青及沥青制品
C. 水泥　　D. 水泥熟料

三、判断题(判断下列各题,正确的在题干后面括号内打"√",错误的打"×")

1. 运输途中,押运人严禁擅自改变货物装载加固状态,严禁在货车顶部或货垛的高处坐卧、走动或停留。（　）

2. 货检人员因拍照作业需要临时侵入机车车辆限界时,作业后应迅速撤离。（　）

3. 货检作业避车时,应背向列车。（　）

4. 押运人在押运过程中应穿着印有红色"押运"字样的黄色马甲,必须全程押运。（　）

5. 货场仓库内不得使用电炉、电暖器等大功率家用电器,可以使用功率较低的电饭锅等小家电。（　）

6. 因客户需要,铁路可以运输腐朽木材。（　）

7. 凡装运钢锭、焦炭、炉灰等易含有火种的货物和装车前温度较高、易发生自燃的货物,装车前应采取冷却、测温等措施。（　）

8. 冬季装卸机械司机室和班组间休室要有电炉等取暖设施。（　）

9. 卸超出车帮的原木、毛竹或板材,应先剪断捆绑铁线后挂索。（　）

10. 开关敞车下侧门时应做好呼唤应答,确认车上人员和货物安全以及门下无人后,同时开启或放下车门。（　）

11. 货运作业人员进行高处作业时使用的工具要传递,不得扔上扔下。（　）

12. 雪、雾、霾天装卸货物,起重指挥信号识别不清时,应停止作业。（　）

13. 从开启的敞车下侧门进出车厢时应小心,防止头部撞到门框上。（　）

14. 各种装卸机械操作前要鸣喇叭(铃)示意。（　　）

15. 向车内吊装 6 m 及以上长大货物，待货物进入车内降至离车地板 1 m 以下，司索人员方可进入车厢。（　　）

16. 吊装 8 m 以上长大货物，货物进入车厢前，车内禁止留人。（　　）

17. 吊卸 8 m 以上长大货物，司索完毕，人员离开后方可起吊。（　　）

18. 起重作业中，司机接到任何人员的紧急停止信号，均须立即停车。（　　）

19. 起重机械作业过程中，货物上有浮摆物时，要小心平稳吊装。（　　）

20. 手推调车由经培训合格人员负责制动，上闸台应佩戴安全带。（　　）

21. 手推调车时，推车人员应站在车辆两侧地面上或站台上推动车辆。（　　）

22. 抓料机、扒料机、正面吊运起重机、装载机作业时，货运人员必须戴好安全帽方可进入货车内作业。（　　）

23. 装载钢桶包装的易燃液体，要采取防磨措施，卧放时用三角木等掩紧。（　　）

24. 货物堆码时，应将辐射水平低的放射性包装件放在辐射水平高的包装件周围。（　　）

25. 铁路货运场站内结冰、积雪、积水的道路，机动车辆最高行驶速度不得超过 15 km/h。（　　）

四、简答题

1. 氧气、乙炔气瓶存放、使用有哪些要求？
2. 人员或虎头车进出汽车作业，应采取哪些安全措施？
3. 起重机械作业“十不吊”具体指什么？
4. 开关棚车车门作业有哪些要求？

5. 开关敞车车门作业有哪些要求?

6. 开关底开门车辆的车门有哪些要求?

7. 为避免伤人,集装箱正面吊运起重机作业时应遵守哪些规定?

五、情境题

1. 甲货场装卸一组装卸工小刘、小李在货 5 线装整车乙烯过程中,接到货运员小张通知该线路需要进行调车作业,此时小刘、小李应采取哪些安全措施?

2. 甲站货场货 8 线装卸工组正在装整车钢结构配件,车号:C4830932,货运员小张需上车检查车辆及其装载的货物状况,此时小张应注意哪些人身安全事项?

3. 甲站货场调车作业结束后,货运员小张通知装卸一组到货 5 线使用叉车卸 5 车化肥,装卸二组到货 5 线人力卸 1 车零散货物。9 时 10 分,装卸一组先到达作业现场,20 min 后装卸二组到达。11 时 30 分,装卸一组完成作业,30 min 后装卸二组完成作业。请问两个装卸工组应如何设撤防护信号?

4. 甲站货场货 5 线起重机司机老张操纵露天门式起重机进行集装箱卸车作业时突遇六级大风,此时老张应如何处置?

5. 甲站货场货 3 线利用卸空车辆进行装车作业,此时车辆与货位相距较远需手推调车。装车货运员联系取得调车领导人同意,装卸工组安排 4 人准备进行手推调车,现场已设置好防护信号。车辆的人力制动机作用良好,指定了经培训合格人员负责制动。请问装卸工组应如何操作?

参考答案

一、填空题

1. 2
2. 车梯;装卸栈桥
3. 分闸
4. 货物装载加固
5. 防爆
6. 货检值班员
7. 防护信号
8. 加锁
9. 与警冲标相齐
10. 迎风;上风头
11. 2
12. 3
13. 平行;1
14. 防撞保护;3
15. 手制动
16. 5
17. 垫脚
18. 40
19. 防爆
20. 通风
21. 15

二、选择题

(一)单项选择题

1. D　2. B　3. D　4. B　5. C　6. D　7. A
8. C　9. A　10. C　11. C　12. B　13. C　14. B
15. A　16. D　17. B　18. A　19. D　20. D

(二)多项选择题

1. ABCD　2. ABCD　3. ABCD　4. ACD　5. BCD
6. BC　7. ABCD　8. ABCD　9. ABCD

三、判断题

1. √　2. ×　解析:货检人员拍照作业时,**严禁侵入机车车辆限界**。3. ×　解析:货检作业避车时,应**面向**列车。　4. √　5. ×　解析:仓库内**不得使用**电炉、电烙铁、电熨斗、电热水器、电暖器、**电饭锅**、微波炉等电热器具和电视机、电冰箱等家用电器。　6. ×　解析:铁路**禁止**运输腐朽木材。 7. √ 8. × 解析:冬季装卸机械司机室和班组间休室要有取暖设施,**禁止采用电炉取暖**。 9. × 解析:卸超出车帮的原木、毛竹或板材,应**先挂索后剪断捆绑铁线**。 10. × 解析:开关敞车车门必须**逐个进行开或关**。 11. √ 12. √ 13. × 解析:进出敞车车厢应从中门进出,**不得从开启的敞车下侧门钻进或钻出**。 14. √ 15. × 解析:向车内吊装 6 m 及以上长大货物,待货物进入车内降至离车地板 **0.5 m** 以下,司索人员方可进入车厢。 16. √ 17. √ 18. √ 19. × 解析:起重机械作业过程中,货物上有人,有浮摆物或勾连其他货物**不吊**。 20. √ 21. × 解析:推车人员应在车辆两侧地面上推动车辆,**禁止站在站台上推车**。 22. × 解析:抓料机、扒料机、正面吊运起重机、卸煤机、电动抓斗、电磁吸盘、装载机作业时,货运人员**禁止进入货车内作业**。 23. × 解析:装载钢桶包装的易燃液体,要采取防磨措施,**不得倒放或卧放**。 24. √ 25. × 解析:结冰、积雪、积水的道路,以及恶劣天气能见度在 30 m 以内时,机动车辆最高行驶速度不得超过 **10 km/h**。

四、简答题

1. 答:氧气、乙炔气瓶应分开放置,存放符合消防规定,氧气瓶禁止接触油脂,乙炔气瓶不得卧放。气焊作业前,须清理场地易燃物品,并备有灭火器材。氧气、乙炔气瓶应保持 5 m 及以上距离,与明火应保持 10 m 及以上距离,乙炔气瓶应安装回火防止器。严禁氧气、乙炔气瓶在烈日下暴晒。

2. 答:人员或虎头车进出汽车作业前,须搭设渡板,汽车须拉紧手制动,采取防溜措施。人力在汽车上装卸、堆码货物,站立位置超出车帮且离地面 2 m 以上时,要使用防护围栏(网)或拴挂安全带进行防护。

3. 答:(1)超重或埋藏地下物不吊。(2)非信号人员指挥或信号不明不吊。(3)重量不明不吊。(4)吊钩没对准货物重心(歪拉斜拽)不吊。(5)未试吊不吊。(6)简化挂索、捆绑不牢不吊。(7)6 m 以上长大货物无牵引绳或司索钩不吊。(8)货物上有人,有浮摆物或勾连其他货物不吊。(9)吊索夹角过大不吊(不宜超过 90°)。(10)金属尖锐棱角货物吊索无衬垫不吊。

4. 答:开启棚车车门前,要先检查确认门鼻、滑轮、轮槽有无损坏、出槽及其他异状,再用拉门绳将车门拉开小缝,检查车内货物有无倒塌,确认车门无脱落危险后再将车门开到最大,然后翻转门柱上的车门止铁,阻挡车门滑动;关闭车门时,也要先检查后再进行作业。

5. 答:开关敞车车门必须逐个进行开或关。敞车中门开启后,须固定牢靠;关闭中门,须确认闭锁可靠。开启敞车下侧门时,应用拉门绳将其向上拉起,将下侧门折页上的挂环挂到上侧梁的挂钩上,或用支门器支开、车门卡卡牢,不准掩夹石块等易碎、易滚动物体,车上人员要防止车门开启后随货物滑落。开关下侧门时应做好呼唤应答,确认车上人员和货物安全以及门下无人后再开启或放下。

6. 答:开关底开门车辆的车门时,车内禁止留人,关门时必须按搭扣定位逐个扣好。开关有联动装置的底车门,松放或拧紧摇柄时,注意防止摇柄返回伤人。遇不了解车门开关方法的车型时,应报告货运员联系车辆部门处理。

7. 答:(1)正向行驶时,吊具和集装箱应处于低位(不影响司机视线),箱体不准倾斜。倒车前,司机应仔细观察确认车后无人,并鸣笛示警。在坡道上行驶时,集装箱应位于上坡端,重载禁止转向。(2)特殊情况下人员需靠近正面吊运起重机时,正面吊运起重机应先停止移动。

五、情境题

1. 答:小刘、小李接到货运员小张通知作业线路需调车作业时,应停止作业,整理好车内(上)货物,防止倒塌、坠落或侵限,关好车门和车窗,作业人员和机具全部撤出限界,撤除防护信号,并汇报货运员。

2. 答:(1)上车前,须确认线路上已安设防护信号,确认车辆不会移动,并汇报值班员安排人员采取防护措施后方可进行。(2)敞车作业原则上应站在车辆闸台上或在车内进行,不得站在敞车车帮上。如站在车辆闸台上时,应将安全带系挂在手制动机杆上;特殊情况下需攀登到车梯上检查时，应采取安全措施。进入敞车车内时，原则上应从敞车中门处进入，不得从车帮上跳下（使用梯子或货物装载高度基本平齐车帮除外）。

3. 答：应由装卸一组设置防护信号，装卸二组撤除防护信号。各作业工组（有专人负责设置、撤除防护信号除外）应在防护信号上锁挂工组标识，作业完毕及时摘除。除作业工组（或专人）外，其他人员无权撤除防护信号。

4. 答：老张应立即停止作业，操纵大车运行至锚定位置，小车及吊具运行至固定位置；指导辅助人员施放锚定装置、夹轨器、铁鞋等；切断电源，关闭司机室门窗后离开门吊避风。

5. 答：(1)推车人员应在车辆两侧地面上推动车辆，禁止站在站台上推车，禁止在轨面高于地面 0.4 m 及以上的线路上推车。(2)使用撬棍时，应把撬棍置于身体侧面，手掌向下，不得紧握或骑跨，禁止钻入车下撬动车辆。

第四章 机务劳动安全

一、填空题

1. 作业人员禁止__________饮酒。机车乘务员、整备司机、外勤值班员和信号员等行车关键岗位班前、班后应进行测酒。

2. 作业场所应按国家或行业标准设置安全标志，阶梯、台阶设置明显的__________。

3. 上下机车须______机车，站稳抓牢，稳上稳下，防止滑跌。

4. 作业人员进入检修库、整备场作业平台等作业场所必须按规定正确穿戴符合国家标准的______________。

5. 机务相关设备操作者应熟悉设备，持__________上岗并严格遵守操作规程。

6. 机务作业人员工作完毕，应打扫清理干净工作场地，设备、工具等应______管理。

7. 凡在高处进行修、扫、抹、擦、吊、架设、堆物等作业时，不得以______方式传递工具、零部件和材料，不准探身过远。

8. 机务结合部作业应加强联系，统一号令。两人及以上同时作业时，须认真执行“______________”制度。

9. 顺线路行走时，在站内应走站台、职工作业通道或__________。

10. 在区间、桥上和隧道内行走时应走人行道，并须注意人行道______和车辆动态。

11. 机械设备运转中，不准手触运动部件，不准脚踏及跨越运动件防护装置，严禁打开________。

12. 手持电动工具应安装漏电保护装置，使用前须检查确认__________。

13. 在机车顶部进行清洁或检查、检修作业时，必须按规定设置______。

14. 轨旁设备检修时，作业人员必须按规定穿着________________，须在作业设备两端设置防护标志，并安排防护人员进行防护。

15. 站场单机挂车时，严禁靠______一侧引导挂车，客车必须在有站台侧引导挂车。

16. 普速列车在高速铁路线路下车作业时，须汇报调度并得到__________的通知后方可下车作业。

17. 机车乘务员在库内整备、站接站交，应按规定的__________走行。

18. 列车管、供风管有风检查时应手握________，防止弹起。

19. 机车乘务员在作业过程中要严格执行"车动集中看、瞭望不间断"的要求。运行中，必须关闭机车司机室__________和中门，认真瞭望，按规定鸣笛(限鸣区段除外)。

20. 在机车途中停留期间除确认信号显示外，严禁打开邻正线侧或______________侧司机室侧门。

21. 机车乘务员在中间站或区间停车下车检查、处理故障、摘挂机车，邻线有列车通过时，不得在__________的一侧检查或上下机车。

22. 机车风源系统故障时，机车乘务员在检查处置前应检查确认空气压缩机控制开关在________位、切断风源，排除管路压力。

23. 当机车运行过程中发现火情时，机车乘务员应立即采取___________________措施，应选择便于旅客疏散的地点，不得停于隧道、桥梁等处。

24. 电气化区段机车车辆上方的接触网设备在未办理停电且可靠接地前，禁止任何人员______。

25. 机车调度员对出勤机车乘务员要提示__________预想和安全措施。

26. 内燃机车乘务作业人员在作业时，发现差示压力计动作后，禁止立即打开柴油机________检查。

27. 电力机车高、低压试验时应严格执行试验程序及方法，做到一人______、一人______________。

28. 动车组列车在高速铁路区段或站内正线侧股道被迫停车后需下车检查或应急处理时，司机在接到__________已发布相关调度命令的口头指示后，方准通知有关作业人员办理。

29. 机车检修作业人员在检查、维修机车前，要严格执行__________的制度，做好______措施，按规定使用安全防护标志。

30. 机车检修作业人员在检查、维修充电元件或含有充电部件的各类装置前，应确认其进行__________后，方可进行相关作业。

31. 机车检修作业时，车内因部件拆除而出现的孔洞，应安放______或采取可靠的安全措施进行防护。

32. 机车检修动用电气焊作业时，必须准备性能良好的________和充足的______，清除作业场所易燃物料，采取安全防护措施后方可进行。

33. 防寒期前，擦车台、卸油台、扶梯等各登高机具的走行板必须加装________。

34. 机车整备作业需调动电力机车时，连挂前必须确认机车蓄能制动装置处在______位。

35. 燃油泵房电气开关作业处地面必须设置__________，以防触电。

36. 内燃机车的柴油机拆装气门时，须放在专用架上，压弹簧时，要将弹簧______后再压。

37. 当内燃机车柴油机需要进行盘车作业时，应首先检查电气线路及__________无故障，并采取必要的防护措施后，方准进行。

38. 机车检修作业场所吊装作业时，应______指挥，信号明确，配合密切，按规定吊装运行路线走行。

39. 救援起重机挂、放活动配重需旋转作业时，必须先打好______。

40. 救援起重机起重作业时，禁止作业人员在______或______下方逗留或通过。

41. 救援列车在出动和回送途中，起重机司机室门窗应______。

专业劳动安全篇

42. 线路坡度大于____‰时，严禁救援起重机自力走行。

43. 救援起重机必须在曲线上吊重自力走行时，额定起重量应降低____%以上。

44. 机务设备维修作业，电工常用的安全用具应按国家现行标准进行__________。

45. 机务设备维修必须在设备停止运转并______的情况下进行，严禁触摸在运转的工件及测量尺寸。

46. 用于机车零件加工的车床电气设备、开关装置及电线路必须绝缘良好，机体必须有良好的__________。

47. 机车维修场所使用的固定式空气压缩机储气罐的安全阀应定期进行______试验。

48. 机车维修场所使用的空气压缩机运行中发现压力调整器作用不良时，应立即__________。

二、选择题

（一）单项选择题（每题备选答案中，只有一个符合题意的正确答案，请将正确答案前的字母填到题目中的括号内）

1. 更换内燃机车闸瓦时，必须先采取防溜措施，再关闭相应台车（　　），按规定使用禁动牌，排除压力后方可进行。

A. 止回阀　　B. 折角塞门

C. 制动缸塞门　　D. 截断塞门

2. 在内燃机车走行部作业时应将主手柄置于零位，换向手柄置于中立位，断开机控，单阀（　　），并按规定使用禁动牌。

A. 制动　　B. 缓解　　C. 取把位　　D. 抑制位

3. 动车前，必须执行（　　）制度，确认车组人员到齐、其他作业人员处于安全位置后，先鸣笛、后动车（限鸣区段除外）。

A.“呼唤应答”　　B.“检查、确认”

C.“检查、呼唤应答、确认”　　D.“手比眼看”

4. 内燃机车接班时，应检查机车各部防护网罩、司机室和动力室内地板、机车中门安装齐全牢固及登顶天窗（　　）状态。

A. 锁闭　　B. 开启　　C. 定置　　D. 关闭

5. 内燃机车在制动机试验、柴油机（　　）及启动前，必须呼唤应答，确认安全后方可进行。

A. 甩车　　B. 停机　　C. 检查　　D. 升降速

6. 内燃机车作业人员检查蓄电池时，严禁将金属物件搭放在蓄电池（　　）上。

A. 外箱　　B. 接线或极板

C. 衬垫　　D. 线束

7. 电力机车停于整备线"安全作业区"后，断电降弓，办理隔离开关使用手续，在隔离开关断开，采取（　　）后，才能登顶作业。

A. 验电并挂好接地线　　B. 防溜措施

C. 验电　　D. 接地

8. 机车乘务员配合电务车载设备人员进行车上检测作业前，机车在启机状态下，应确认单阀在（　　）位，制动缸压力不低于300 kPa。

A. 全制动　　B. 半制动　　C. 中立　　D. 断开

9. 机车乘务员配合电务车载设备人员进行车上检测作业前，机车在启机状态下，应确认机车控制开关在（　　）位。

A. 全制动　　B. 半制动　　C. 中立　　D. 断开

10. 机务库区电气化区段需要操作隔离开关时，（　　）负责隔离开关作业全过程的安全，监督、检查设备状况、防护用品质量、作业过程，发现不符合标准时，有权立即停止隔离开关操作。

A. 隔离开关操作者　　B. 作业负责人

C. 车间主任　　D. 监护员

11. 机车牵引电机翻转作业应选在（　　）的地面上，使用天车翻转时，应做好防护，其他人员应处于安全位置。

A. 垫有厚胶皮　　B. 垫有厚钢板

C. 设有地沟　　D. 设有盖板

12. 机车制动试验时，要用安全链拴好胶管，防止胶管摆动，试验前应先(　　)。

A. 排风

B. 加压

C. 鸣笛(限鸣区执行呼唤应答)

D. 撒砂

13. 机车落轮检修作业时，落轮机车在落轮前，必须按规定挂禁动牌和采取(　　)措施。

A. 打开门窗　　B. 闭合蓄电池闸刀

C. 止轮　　D. 断电

14. 机车整备作业中听到本车鸣笛时，必须立即(　　)。

A. 停止作业　　B. 完成作业

C. 联系司机　　D. 清点工具

15. 内燃机车整备作业原则上在(　　)线路进行登顶作业。

A. 有接触网　B. 无接触网　C. 有地沟　D. 无地沟

16. 机车制动机及机能试验时，作业人员严禁在(　　)作业。

A. 作业平台上　　B. 车底

C. 司机室　　D. 车内

17. 机车整备作业需要打开运动件防护装置及相关部位进行检查时，必须在运动件(　　)进行，检查后恢复原状态。

A. 启动时　　B. 运行时

C. 出现故障后　　D. 停止运行后

18. 电力机车整备作业时，在带电的接触网下，严禁在(　　)、调压开关有级位的状态下升弓。

A. 主断路器闭合　　B. 主断路器断开

C. 蓄电池闭合　　D. 蓄电池断开

19. 防寒期，机车整备区域的储油罐、卸油栈台扶梯踏板应(　　)。

A. 喷涂反光标志　　B. 涂抹润滑油

C. 防滑包扎　　　　　　D. 喷洒除雪剂

20. 救援列车作业过程中需登顶作业时，起重机司机(救援机械司机)必须经(　　)批准后方可进行。

A. 车间干部　B. 现场指挥　C. 起复工　D. 防护人员

21. 救援起重机禁止在风速大于(　　)级及恶劣条件下作业。

A. 四　B. 五　C. 六　D. 七

22. 机车机械钳工的作业场所应有良好的光线或照明，机床用照明必须采用(　　)V 及以下安全电压。

A. 36　B. 50　C. 110　D. 220

23. 机务系统运行锅炉发生异常现象危及锅炉安全时，必须按规定(　　)。

A. 立即查找原因　　　　B. 立即离开岗位

C. 紧急停炉　　　　　　D. 立即填写记录

(二)多项选择题(每题备选答案中，有两个或两个以上符合题意的正确答案，请将正确答案前的字母填到题目中的括号内)

1. 轨旁设备检修时，作业人员必须按规定穿着高可视性警示服，还须(　　)。

A. 在作业设备两端设置防护标志

B. 安排防护人员进行防护

C. 与信号楼保持通信畅通

D. 有干部在现场督导

2. 机务设备中，凡挂有禁动牌或设有安全防护标志的各种(　　)等处所严禁其他人员擅自触动。

A. 操纵握柄　B. 闸刀　C. 开关　D. 手柄

3. 机务作业人员当班作业应自觉执行请销假制度，严禁(　　)，严格执行当班“五不准”。

A. 脱岗　B. 串岗　C. 私自替班　D. 私自换班

4. 当机车运行过程中发现火情时，机车乘务员应立即(　　)。

A. 停车　B. 断电　C. 降弓　D. 报告车队

5. 内燃机车司机接班时,重点检查(　　)。

A. 机车各部防护网罩

B. 司机室和动力室内地板

C. 机车中门安装齐全牢固

D. 登顶天窗锁闭状态

6. 电力机车升弓前,司机应亲自确认(　　)及车顶门已关闭,停留下方地沟内或机车下部无作业人员,其他相关人员处于安全位置后,与本班人员呼唤应答,并鸣笛(限鸣区段除外)后方准升起受电弓。

A. 高压室　B. 变压器室　C. 高压室门　D. 乘务室门

7. 严禁(　　)车顶门窗钥匙及机车电钥匙。

A. 私存　B. 私配　C. 单人使用　D. 交叉使用

8. 电力机车在未降弓情况下,禁止有关人员进行机械装置的检查调整及(　　)等的更换、调整工作。

A. 机车信号设备　B. 低压熔断器

C. 低压电位器　D. 照明灯

9. 机车主电路耐压试验实行三人作业,(　　)。

A. 一人操作　B. 两人防护　C. 两人操作　D. 一人防护

10. 电工作业过程中,各级装置的停、送电操作者在操作时,务必做到(　　),现场必须在做好安全防护后,方可进行后续作业。

A. 呼唤应答　B. 按时操作　C. 相互确认　D. 统一指挥

11. 重联动车组换端时,遇无站台或登车台情况时,动车组乘务作业人员应(　　)。

A. 观察邻线有无来车　B. 使用梯子上下

C. 观察车下地面状况　D. 下车前需联系列车长

12. 机务系统隔离开关监护员负责隔离开关作业全过程的安全,监督、检查(　　),发现不符合标准时,有权立即停止隔离开关操作。

A. 设备状况　B. 防护用品质量

C. 作业过程　D. 作业效率

13. 机车出入库、上下转盘、库内转线或驶进擦车台和通过轨旁侵限附属设备时，以下说法正确的是（　　）。

A. 严禁站在司机室梯子处

B. 车内不准探身车外

C. 打开机车车窗以便观察周期情况

D. 严禁站在脚蹬处

14. 救援起重机作业中每一个支腿都应指派专人监视，若发现支腿基础发生沉陷或异状，应立即（　　）后，方可开始作业。

A. 停止作业　B. 放下重物　C. 重新加固　D. 调整试验

15. 使用油压或机械千斤顶作业时，下列说法正确的是（　　）。

A. 将千斤顶安放在坚固的地基上

B. 保持千斤顶垂直

C. 千斤顶顶面垫入防滑垫板

D. 在千斤顶上面叠置千斤顶起高作业

16. 隔离开关操作人员进行隔离开关操作时，使用绝缘手套前，必须（　　）。

A. 使用汽油清洗　　B. 对外观进行检查

C. 查验有效期　　D. 进行漏气试验

17. 机车检修作业时，禁止在机车的（　　）等边缘处所放置工具或零件，以免坠落。

A. 顶板　B. 走板　C. 机械间　D. 外走廊

18. 救援起重机外出（　　）时，必须指定专人监护，救援机械司机必须与监护人同时看清下车位置及线路两端和邻线动态，确认无列车、机车车辆通过方可下车。

A. 大修　B. 中修　C. 小修　D. 途停检查

19. 负责机务设备维修的电工作业禁止（　　）。

A. 使用未经试验的绝缘工具

B. 使用超过试验期的绝缘工具

C. 带电作业

D. 超负荷用电

20. 机务维修、整备场所的车床操作人员必须在（　　）后方准修理机车部件。

A. 停车　　B. 退出刀具　C. 切断电源　D. 清扫现场

三、判断题（判断下列各题，正确的在题干后面括号内打“√”，错误的打“×”）

1. 在作业完毕后，现场防护人员发现作业人员设置的禁动牌未摘除的，需将禁动牌回收并统一存放。（　　）

2. 在地沟两端没有绕行条件的情况下，须确认两端机车车辆暂不移动后，再跨越地沟通行。（　　）

3. 机务作业人员遇极端天气，周边没有房屋、避风棚等场所时，可临时在铁塔下避风雨。（　　）

4. 机务系统相关机械设备运转中，不准手触运动部件，不准脚踏及跨越运动件防护装置，在有人防护的情况下，才可打开防护罩进行检查。（　　）

5. 机车运用、检修和整备涉及的各种易燃易爆、有毒、有害等危险品要严格按规定保管、使用，严禁靠近（作业需要并落实安全控制措施除外）或抛入火源。（　　）

6. 工作场所需装设临时用电线路时，必须先向配电箱管理部门提出申请，经批准后由专人负责安装，任何人不得随意装设。（　　）

7. 机车乘务人员配合电务车载设备人员进行车上检测作业时，需确认单阀在全制动位、制动缸压力不低于300 kPa，机车控制开关在闭合位，换向手柄在中立位，牵引（主）手柄在零位后，方可实施检测作业。（　　）

8. 动车组在车站折返换端时，乘务作业人员应在接近靠本列一侧站台的安全线内行走；无站台时，应在非邻线侧行走。（　　）

9. 拆装机车雨刷、风笛时，作业人员应系好安全带，并扣在牢固位置，搭渡板作业必须先停止作业再移动，确认后再移步。（　　）

10. 机车检修作业场所吊装作业遇有紧急情况时，无论何人发出

停车信号，均须立即停止作业。（ ）

11. 禁止带电进行机车检修作业。（ ）

12. 禁止非专业人员带电拆装机车检修库内各种电源设备。（ ）

13. 机车检修作业过程中，当轮对、车轴等慢速旋转时，必要时可用手触碰检查。（ ）

14. 内燃机车柴油机组装法兰时，不准用手摸孔检查校对。（ ）

15. 机车检修作业需要甩车时，应先确认动力室作业人员停止作业，全员处于安全位置后方准进行。（ ）

16. 内燃机车柴油机启机状态下，需谨慎处理油、水管路和传动部位及其周围的故障。（ ）

17. 检修机车制动装置，使用软管吹扫配件时，可以先开阀再握好软管。（ ）

18. 耐压试验区内禁止存放与试验无关的物品。（ ）

19. 电力机车未完全进入机务库区电气化区段安全作业区，不准办理隔离开关作业手续。（ ）

20. 在机务库区电气化区段，作业人员需要操作高压隔离开关时，严禁带负荷操作。（ ）

21. 机车检修主断试验时，可以登车顶作业。（ ）

22. 机务库区电气化区段遇雷电、中雨及以上天气操作隔离开关时，必须设置临时接地。（ ）

23. 机车在接触网下保洁作业时，不得将水管向供电线路方向喷射，不得采用向车体上部喷水方式洗刷车体。（ ）

24. 库内进行各种电气试验或使用电动源（机具）工作完毕后，应及时切断电源，拆除临时线。（ ）

25. 机车整备场内禁止任何人员在转盘转动时上下，与工作无关的人员不得在转盘上停留或行走。（ ）

26. 救援起重机无支腿工况下，禁止旋转。（ ）

27. 救援起重机，用钢丝绳、软吊带或链条捆绑吊件时，不得有结扣或拧绕。（ ）

28. 救援起重机操纵回转动作一定要平稳,避免急转急停。（ ）

29. 救援起重机自力走行速度不得低于其额定速度。（ ）

30. 救援起重机走行前必须将转台转至定位,防止救援起重机走行过程中发生旋转,造成起重机倾倒。（ ）

31. 当无法使用调整工具调整救援起重机索具位置时,在有人防护的情况下可手动调整。（ ）

32. 救援起重机每次起吊物件时必须试吊。（ ）

33. 救援起重作业前,应检查确认绳索、链条、挂钩等吊索具完好。（ ）

34. 低压配电设施内可以临时存放工具、配件、螺栓、螺帽等与维修相关的物品。（ ）

35. 机械钳工维修机务设备前应认真检查各部防护装置安全可靠。（ ）

36. 机械钳工操作风钻时必须戴手套。（ ）

37. 机务设备使用维修场所低压断路器跳闸后,可先重新合闸,根据跳闸时间间隔判断跳闸原因。（ ）

38. 机械钳工使用电钻、风钻作业过程中,应同时用手擦拭金属屑,以免发生火灾等事故。（ ）

39. 机务设备维修场所使用的固定式空气压缩机储气筒、冷却器、油水分离器或管路冻结时,在确定周围无可燃物的情况下,可使用燃气喷枪解冻。（ ）

40. 锅炉运行中,水位不准低于最低水位线或高于最高水位线。（ ）

41. 机务场所使用的锅炉热态放水时,应在出口处设置防护。（ ）

四、简答题

1. 动车组、动集列车受电弓故障停车后需上车顶检查处理时的安全要求有哪些?

2. 救援起重机检查、保养、维修、机能试验时的安全要求有哪些？

3. 救援起重机不使用支腿作业时有哪些注意事项？

4. 机务系统电工在低压设备上不带电作业时的安全要求有哪些？

5. 救援起重机吊物件装车前、装卸车时应执行哪些安全规定？

6. 机车上检修作业需接交流电时必须执行哪些安全措施？

7. 在机车顶部进行清洁或检查、检修作业时，应采取哪些安全措施？

8. 配件地面耐压试验有哪些安全规定？

9. 简述转盘司机作业人身安全规定。

10. 机务库区电气集中道岔清扫应遵守哪些安全要求？

五、情境题

1. 甲机务段检修作业人员发现 DF_{11}0043 号机车因第 1 轮对踏面剥离到限，车间调度安排机车进库内第 5 道落换第 1 轮对，通知走行组落轮作业人员落换第 1 轮对，作业人员现场作业应注意哪些安全事项？

2. 某线路停留一辆转向架故障棚车，因其无法使用调车机车运移，需要用救援起重机将其吊入敞车，运离现场。在作业过程中应注意哪些安全事项？

3. 甲机务段电力机车司机小张在整备场接 HXD_{1D}0123 号机车，进行制动机及机能试验时，应如何确保作业人员人身安全？

4. 甲机务段动车组司机小张，担当 G××次列车（CRH380 型动车组）值乘任务，运行至区间 K102＋590 处碰撞异物，此时司机小张应如何操作确保列车及现场作业人员安全？

5. 甲机务段电力机车司机小王在整备场接 HXD_{1B}0052 号机车，进行机车整备检查试验作业时，发现弓网故障，此时小王应如何操作确保人身安全？

参 考 答 案

一、填空题

1. 班前、班中
2. 安全标线
3. 面向
4. 劳动防护用品
5. 有效证件
6. 定置
7. 抛掷
8. 呼唤应答、确认
9. 两线中间
10. 盖板
11. 防护罩
12. 绝缘状态
13. 防护
14. 高可视性警示服
15. 正线
16. 准许下车
17. 安全径路
18. 连接器
19. 两侧车门
20. 有列车通过
21. 通过列车
22. 断开
23. 停车、停机(断电、降弓)
24. 攀登
25. 劳动安全
26. 曲轴箱
27. 试验;监护配合
28. 列车调度员
29. 先联系后作业;防溜
30. 残留电荷放电
31. 盖板
32. 消防器材;水源
33. 防滑垫
34. 制动
35. 绝缘胶垫
36. 放正
37. 传动部位
38. 专人
39. 支腿
40. 吊件;吊臂
41. 关闭
42. 13
43. 40
44. 定期试验
45. 断电
46. 接地保护
47. 排气
48. 停止运转

二、选择题

(一)单项选择题

1. C	2. A	3. C	4. A	5. A	6. B	7. A
8. A	9. D	10. D	11. A	12. C	13. C	14. A
15. B	16. B	17. D	18. A	19. C	20. B	21. D
22. A	23. C					

(二)多项选择题

1. AB	2. ABCD	3. ABCD	4. ABC	5. ABCD
6. ABC	7. ABD	8. BCD	9. AB	10. AC
11. ABC	12. ABC	13. ABD	14. ABCD	15. ABC
16. BCD	17. ABD	18. ABCD	19. ABCD	20. ABC

三、判断题

1. × 解析:严格执行禁动牌摘挂制度(谁设置、谁摘除)。凡挂有禁动牌或设有安全防护标志的各种操纵握柄、闸刀、开关等处所**严禁其他人员擅自触动**。 2. × 解析:**禁止跨越地沟**,禁止跳下、爬上地沟(站台)。 3. × 解析:**禁止**在机车车辆、机械设备、线杆、铁塔、高柱信号机、接触网下面和有倒塌危险的地点及有毒气体处所休息、饮食、乘凉、避风雨。 4. × 解析:机械设备运转中,不准手触运动部件,不准脚踏及跨越运动件防护装置,**严禁**打开防护罩。 5. √ 6. √ 7. × 解析:配合电务车载设备人员进行车上检测作业时,确认单阀在全制动位、制动缸压力不低于 300 kPa,机车控制开关在**断开位**,换向手柄在中立位,牵引(主)手柄在零位后,方可实施检测作业。 8. × 解析:动车组在车站折返换端时,应在接近靠本列一侧站台的安全线内行走;无站台时,**应在动车组车厢内行走**。 9. √ 10. √ 11. √ 12. √ 13. × 解析:机车检修作业过程中,轮对、车轴等处于旋转状态时,**禁止**手触摸、触碰检查。 14. √ 15. √ 16. × 解析:内燃机车柴油机启机状态下,**严禁**处理油、水管路和传动部位及其周围的故障。 17. × 解析:软管吹扫配件时,必须**先握好软管再开阀**。 18. √ 19. √

20. √　21. ×　解析：机车检修主断试验时，**禁止**登车顶作业。　22. ×　解析：机务库区电气化区段遇雷电、中雨及以上天气时，**禁止操作隔离开关**。　23. √　24. √　25. √　26. ×　解析：救援起重机无支腿工况下，**只能在允许的角度范围内旋转**。　27. √　28. √　29. ×　解析：救援起重机自力走行速度**不得高于**其额定速度。　30. ×　解析：救援起重机走行前**必须锁定转台**，防止救援起重机走行过程中发生旋转，造成起重机倾倒。　31. ×　解析：救援起重机调整索具位置时，必须使用安全钩或安全绳，**严禁**用手直接调整。　32. √　33. √　34. ×　解析：**严禁**在低压配电设施内部放置工具、棉纱、配件、螺栓、螺帽等杂物。35. √　36. ×　解析：机械钳工操作风钻时**禁止**戴手套。　37. ×　解析：低压断路器跳闸后，再次合闸前，**必须先查清故障原因**，待排除后方可再次合闸运行。　38. ×　解析：使用电钻、风钻在没有完全停止转动前，**禁止**用手摸钻头或擦拭金属屑。　39. ×　解析：固定式空气压缩机储气筒、冷却器、油水分离器或管路冻结时，只准用热水或蒸气加热，**严禁火烤**。　40. √　41. √

四、简答题

1. **答**：动车组、动集列车受电弓故障停车后需上车顶检查处理时，根据机械师停电检查处理的请求，向调度员申请、办理停电手续，必须得到调度员接触网已停电的调度命令及其他相关调度命令已发布的口头指示后，方可通知随车机械师，并按规定进行升弓验电（网压为0）放电。

2. **答**：救援起重机检查、保养、维修、机能试验时，按规定戴安全帽；两侧检查时，严禁跳（跨）越检查坑；无检查作业平台、使用梯子检查时，必须有专人进行监护，监护人没有到位，一律禁止登梯作业；启机后，动力室检查，禁止手触任何运动部件。

3. **答**：救援起重机不使用支腿作业时，必须使用闭锁油缸，吊臂旋转严禁超出“性能曲线表”规定的回转角度和吊臂仰角范围，并不得在曲线、坡道上作业。固定臂起重机不使用支腿时严禁使用主钩进行起重作业，使用副钩起吊时起重量不得超过限制吨位，吊臂必须在顺轨方向±10°范围内活动。

4. 答：电工在低压设备上不带电作业时，必须将停电设备各方面的电源彻底断开，包括中性线，并取下可熔保险器，在闸刀或开关的操作手柄上挂禁动牌；根据需要可在闸刀或开关装设接地线或现场派人看护。

5. 答：救援起重机吊物件装车前应将车辆放好止轮器。吊物件装车时，物件未放入车厢之前车厢内不准有人，吊件落稳车厢底时，起重人员方能进入车厢进行摘绳；吊物件卸车时，物件挂妥吊索具、起重人员退出车厢后方能起吊。

6. 答：机车上作业需接交流电时，机车停放指定位置，挂好禁动牌，做好防溜防窜措施。(1)接入前检查机车库用插座状态良好，检查库用交流电源及电缆状态良好。(2)电源接入后在规定处所使用禁动牌，严禁在使用过程中随意切断电源。(3)机车交流负载试验由专人指挥，严禁闲杂人员进入司机室及机械室，试验完毕后及时恢复各设备位置。

7. 答：在车顶进行清洁或检查、检修作业时，必须按规定设置防护，安全带挂在牢固位置，佩戴安全帽要扣好下颏带，站稳抓牢，禁止靠边缘处行走，不得倒行，防止滑倒和坠落。

8. 答：(1)实行两人作业，严禁单人使用耐压试验设备。作业过程中应将待测物置于规定的绝缘垫上并与其他物件保持足够空间。连接测试探头(或输出端)与待测物时应分步连接，身体不得同时接触两根高压输出线的金属裸露部分。(2)设置防护。在距待测物周围1 m处设置物理防护，任何人不得与待测物接触。如需要进行漏电检查确认时，作业者必须穿戴好符合规定的防护用品(绝缘鞋、绝缘手套)。(3)经两人共同确认安全后方可接通耐压试验设备电源，试验时一人站于绝缘垫操作设备，一人在距待测物1 m外实施防护。(4)试验完毕，经两人共同确认设备输出电压为零、关闭电源后方可拆除高压输出线(身体不得同时接触两根高压输出线的金属裸露部分)。装有放电设备设施的场所，应使用工装对耐压件进行放电处理，在确认已断电并穿戴好符合规定的防护用品（绝缘鞋、绝缘手套）后再操作。

9. 答：(1)禁止在转盘转动时上下，与工作无关的人员不得在转盘上停留或行走。(2)上下转盘应注意防止踏入缝隙内，转盘上渡板及防护栏杆须保持良好。(3)电动转盘操纵室地板须绝缘良好，电动机等处的熔丝等安全附件不得任意更换。(4)清扫转盘、给油时，须切断电源、加锁，做好防护措施后，方准作业。冬季应及时清除转盘上的冰雪。(5)转盘重载前，应空载绕行一周，检查是否存在侵限刮碰情况，是否存在漏油等异常状况，并确认轨道对位锁止功能是否良好。

10. 答：(1)未得到外勤值班员的许可，严禁进行清扫作业。进入作业场地前，道岔清扫员应主动和外勤值班员取得联系，在确认许可后，携带防护用品和联系通信工具进入工作现场。(2)未放置“安全防护栓”，严禁进行清扫作业。清扫作业前道岔清扫员应按规定在岔尖开口处插上“安全防护栓”。(3)未设置监护人员，严禁进行清扫作业。清扫作业中应做到一人监护、一人作业（监护员随时保持与外勤值班员联系，时刻注意机车车辆动态，严禁擅自离岗，不得中途擅自换人和做其他与工作无关之事；清扫员作业中应使用专用工具，不得徒手擦岔；外勤值班员不得操动道岔）。清扫完毕或暂停作业，应及时向外勤值班员汇报，并两人共同确认“安全防护栓”撤除。遇降雾、暴风雨（雪）、雷电密集、扬沙等恶劣天气，确需上道作业时，必须指派车间干部现场防护。

五、情境题

1. 答：(1)与钢轨连接的固定销装置和防缓装置完好，安装牢固。(2)机车在落轮前，必须按规定挂禁动牌和采取止轮措施。(3)操纵人员在操纵落轮机升、降、横移动作前，必须先确认作业人员和转向架在安全条件下进行。(4)落轮机在升、降、横移动作时，作业人员应站立在地面的安全位置，严禁站立在落轮机上。(5)落轮坑应做到“工作完，盖板严”，落轮作业中使用渡板时，应将渡板摆放牢固，在一块渡板上同时进行工作的人员不得超过两人，且不得堆积摆放重物。落轮机结束工作后，应立即将落轮坑上方盖板盖好。(6)严禁向落轮机上冲水。

2. 答：(1)禁止作业人员在吊起的轮对下方或吊臂下方逗留或通过。(2)起吊轮对移动时，信号指挥人员须确认在吊件移动方向内没有人员或障碍物后，方可向司机发出操作指令。(3)调整索具位置时，必须使用安全钩或安全绳，严禁用手直接调整。(4)禁止在降落中途用手推扶吊件，以防碰伤。(5)轮对装车前应将车辆放好止轮器。(6)轮对装车时，轮对未放入车厢之前车厢内不准有人。(7)轮对落稳车厢底后，先采取固定措施，防止轮对移动，起重人员方可进行摘绳，摘绳时，抽出绳子一方不得站人。

3. 答：小张应确认作业人员处于安全位置，鸣笛示警后方准进行。高、低压试验时，严格执行试验程序及方法，做到一人试验、一人监护。

4. 答：司机小张应立即采取停车措施，并向列车调度员(车站值班员)报告碰撞异物地点、碰撞异物情况及停车地点，同时通知随车机械师。需下车检查时，向列车调度员申请发布邻线限速 160 km/h 及以下的调度命令，在接到列车调度员已发布相关调度命令的口头指示后，通知随车机械师下车检查。

5. 答：发现弓网故障需登顶检查处理时，司机小王必须接到“接触网已停电，准许登上车顶作业”的调度命令，并验电、可靠接地后，方可登顶作业。

第五章 车辆劳动安全

一、填空题

1. 在站场上作业和行走时，要随时注意两邻线来往的机车车辆，防止被车上坠落物品、篷布绳索等击伤；顺线路行走时，不走轨道中心和________。

2. 横过线路和道口时，注意瞭望机车车辆，执行“一站、二看、三确认、四通过”制度和“手比、眼看、______”有形化措施。

3. 在线路上作业时，禁止戴妨碍视觉的______和妨碍听觉的帽子；冰冻天气应采取防滑措施，以防滑倒摔伤。

4. 客货车辆检修作业场相对固定的作业线路须安装具有防护功能的____________，动车组库内固定检修线路尽头应安装防撞止挡。

5. 进行室内或车辆内部油漆作业时，大面积喷漆与______作业不得同步进行，应保持通风良好。

6. 对车辆的车体进行电气焊作业时，应按规定拆除四周易燃物并即时浇水防燃，同时确保周围____m 以内不得有易燃、易爆物品。

7. 动车组运行途中停车处理故障时，随车机械师仅在__________侧作业，并按要求申请邻线列车限速；作业需侵入邻线限界时，申请封锁邻近线路。

8. 动车组运行在高速铁路区段途中停车处理故障时，随车机械师要与司机共同确认得到列车调度员已按规定发布__________或扣停的调度命令的口头指示，并做好安全防护工作后方可下车。

9. 动车组车下作业前须采取动车组______和人员________措施，作业中重点防止碰伤、砸伤和电机、风机等设备运转引起的伤害。

10. 动车运用所(检修车间)接触网供断电作业必须由动车所调度员、操作员、________共同进行，做好呼唤应答。

11. 动车检修作业中，严禁安排无资质人员担当____________，或安排低职代高职人员作业。

12. 车辆整备车间更换大型配件时，班组长或________要亲自组织指挥和负责安全工作。

13. 调车作业人员须按要求进行拟任岗位资格性培训，并经职业技能认定和考试考核，取得相应____________和岗位培训合格证书后，方可任职。

14. 客车检修需要动火作业时，须严格办理__________手续，不得人为降低动火防护等级。

15. 机车供电列车进行电力连接线摘结作业前，车辆乘务员须与司机、客列检办理__________交接手续，电力机车还须确认受电弓降下后，方可进行摘结作业。

16. 进行打磨、焊接及其他飞溅粉尘等作业时，须按规定佩戴________等安全防护用品，同时要严格落实消防管理相关要求。

17. 货列检作业人员插撤脱轨器时，应确认______正确，列车（车列）、机车停留位置符合规定。

18. 防溜器具应按照“____________”的原则，在有关处所设置防溜揭示板（簿），对现场停留车辆防溜措施和防溜器具使用情况按规定进行动态登记揭示。

19. 对车辆电气设备设施进行检修时，须按规定执行监护制度，挂“______________”牌。

20. 车辆检修作业临时中断后恢复前，均须重新检查确认电源是否______。送电前，应确认所有作业人员已__________并在安全位置。

21. 客列检作业人员在接发列车、蹲式接车时，须在线路安全位置，人身、工具设施等不得______。

22. 车辆乘务员出库作业时，应注意行走路径及邻线车辆移动情况，并按规定确认________的防护状态正常。

23. 起重作业司机和指挥人须按规定持证操作，执行起重作业安全操作规程。起重作业必须实行__________，严禁无人指挥、多人指挥。

24. 氧气瓶与乙炔瓶必须按规定存放，严禁混放，间隔距离不得少于____m；气瓶严禁靠近明火或在阳光下暴晒，距明火不得少于____m。

25. 上道吸污上水作业，作业人员一律佩戴防护帽，穿着________________，以提醒各种机车车辆操纵、瞭望人员的注意。

26. 电气设备的金属外壳必须接地(接零)，______线要符合标准，有电设备不准断开外壳______线。

27. 对客车电气设备进行维护工作时，严禁使用未安装____________的各种手持式电动工具和移动设备。

28. 各种机械设备转动的外露部分均须设有______________，做到“有轮必有罩、有轴必有套”。

29. 操作普通车床时，必须______站在操作位置，严禁身体正面对着转动卡盘。切削刀具未脱离工件时严禁______。

30. 轨边设备上道维修作业开始前，驻站联络员须提前到指定地点进行登记，与____________进行呼叫试验，确保通信畅通。

31. 调车作业有关人员在扳动道岔时，应执行“一看、二扳(按、点击)、三______、四显示(呼唤)”制度。

32. 调车作业单机或牵引运行时，由______要道；推进车辆运行时，由车辆前端的__________要道；还道时扳道人员必须在确认______准备正确、道岔尖轨密贴后，方可显示道岔开通信号。

33. 调车作业距停留车位置十、五、三车时，速度分别不应超过____km/h、12 km/h、7 km/h；接近被连挂的车辆时，不应超过____km/h。

34. 使用调车机车、轨道车进行调车作业时，应使用______________设备，频率和显示方式符合有关要求。

35. 无线调车灯显设备故障时，应改用调车手信号进行作业，禁止使用________指挥调车作业。

36. 车列(车辆)挂有调车设备时，进入车档或档下进行摘结制动软管、调整钩位、施撤防溜等作业前，必须使用无线调车灯显设备的

__________键进行防护，严禁动态进档作业。

37. 调车作业摘车时，必须停妥，按规定采取好______措施，方可摘开车钩；挂车时，没有连挂妥当，不得撤除______措施。

二、选择题

（一）单项选择题（每题备选答案中，只有一个符合题意的正确答案，请将正确答案前的字母填到题目中的括号内）

1. 动车段内调车作业需占用车站线路，调车指挥人须提前取得（　　）的同意。

A. 动车所调度员　　B. 车站值班员

C. 列车调度员　　D. 班组长

2. 随车机械师在出库作业时，应注意行走路径及邻线动车组移动情况，并在动车组出库端司机室（　　）设置禁动标志。

A. 制动手柄　B. 牵引手柄　C. 速度手柄　D. 方向手柄

3. 遇铁鞋压住不能撤除时，随车机械师通知司机稍作移动动车组，动车组总移动距离不得超过（　　）m。

A. 5　B. 3　C. 2　D. 1

4. 遇铁鞋压住不能撤除时，随车机械师通知司机稍作移动动车组，确认车轮与铁鞋分离时立即通知司机采用（　　）制动停车。

A. 5 级　B. 7 级　C. 紧急　D. 最大常用

5. 车辆乘务人员区间停车需下车进行应急处置时，要提前与（　　）联系，得到同意后方可下车作业。

A. 司机　　B. 列车调度员

C. 列车长　　D. 行车调度员

6. 客车库列检作业在线路上检查、修理、整备车辆时，应在列车（车列）两端来车方向的（　　）钢轨上设置带有脱轨器的固定或移动信号进行防护，前后两端防护距离应不少于 20 m。

A. 左侧　B. 右侧　C. 前端　D. 后端

7. 列检作业手信号须依次逐段显示传递，夜间或昼间能见度不能满足要求的须使用(　　)。

A. 检查锤　　B. 白色灯光检车灯

C. 红色灯光信号灯　　D. 红旗

8. 车辆运用作业设备的安装,工具、材料、配件的堆放,必须与电气化有关设备隔开(　　)m以上的距离。

A. 0.5　　B. 1　　C. 2　　D. 4

9. 作业人员避车时应距钢轨头部外侧不少于(　　)m(另有规定除外),设有避车台(洞)的桥梁(隧道)应进入避车台(洞)避车。

A. 1　　B. 2　　C. 3　　D. 4

10. 接触网导线折断下垂搭在车辆上或其他物品与接触网接触时,作业人员不得随意进行处理,应保持(　　)m以上距离,同时对现场进行防护,并及时通知有关人员处置。

A. 1　　B. 2　　C. 5　　D. 10

11. 电气化铁路区段,作业人员携带的任何物件与接触网设备的带电部分应保持(　　)m以上距离。

A. 0.5　　B. 1　　C. 2　　D. 4

12. 调车作业人员独立作业前须经过不少于(　　)h的跟班学习。

A. 10　　B. 30　　C. 60　　D. 120

13. 洗刷装运过腐蚀或有毒品的罐车时要实行轮换工作制,进入罐内作业一次最长时间不得超过(　　)min,并采取通风措施。

A. 15　　B. 30　　C. 60　　D. 120

14. 插撤脱轨器时,应确认股道正确,列车(车列)、机车停留位置符合规定,同组检车员之间、检车员与(　　)之间要做好联系和互控。

A. 班组长　　B. 列车调度员

C. 列检值班员　　D. 车站值班员

15. 搬运材料、配件应在(　　)行走,不得紧靠线路侵入机车车辆限界。

A. 轨道中心　B. 两线间　　C. 轨枕头　　D. 钢轨上

16. 手推调车速度不得超过(　　)km/h,禁止跨线手推调车作业。

A. 3　　B. 5　　C. 10　　D. 15

17. 在调车作业中，单机运行或牵引车辆运行时，前方进路的确认由(　　)负责。

A. 调车指挥人　　B. 连结员

C. 司机　　D. 扳道员

18. 人工驾驶公铁两用车单机运行或牵引车辆运行时，前方进路的确认由(　　)负责。

A. 领车员　　B. 操作员　　C. 连结员　　D. 调车人员

19. 在空线上单机牵引运行，瞭望距离不足 100 m 时，速度不应超过(　　)km/h。

A. 25　　B. 20　　C. 15　　D. 10

20. 在空线上单机推进运行，瞭望距离不足 100 m 时，速度不应超过(　　)km/h。

A. 25　　B. 20　　C. 15　　D. 10

21. 调动装载爆炸品、气体类危险货物、超限货物的车辆时，速度不应超过(　　)km/h。

A. 15　　B. 20　　C. 25　　D. 30

22. 使用中间体过渡车钩进行调车作业时，一次连挂不得超过(　　)辆，运行速度不得超过 15 km/h。

A. 2　　B. 4　　C. 6　　D. 8

23. 蓄电池公铁两用车调车时，速度不得超过(　　)km/h。

A. 5　　B. 10　　C. 15　　D. 20

24. 内燃公铁两用车调车时，速度不得超过(　　)km/h。

A. 5　　B. 10　　C. 15　　D. 20

25. 铁路营业线施工维修等上道作业时须设(　　)和现场防护员，必须经培训合格，持证上岗。

A. 驻站联络员　　B. 班组长

C. 调度员　　D. 安全员

26. 在作业线路上检查、修理、整备车辆，插设固定脱轨器安全防护距离不足(   )m或固定脱轨器不能正常使用时,应使用移动脱轨器进行安全防护。

A. 10 B. 20 C. 25 D. 30

(二)多项选择题(每题备选答案中,有两个或两个以上符合题意的正确答案,请将正确答案前的字母填到题目中的括号内)

1. 动车组检修作业过程中,对(   )等进行维修作业时,须采取截断风源、排风等安全措施。

A. 受电弓 B. 前罩开闭机构

C. 供风及制动系统 D. 自动车钩

2. 车辆检修作业中,使用起重机械吊运作业过程坚持"三不越过",具体是(   )。

A. 不从人头上越过

B. 不从汽车、机车上方越过

C. 不从轨道上方越过

D. 不从设备上方越过

3. 机车供电列车进行电力连接线摘结作业前,车辆乘务员须与(   )办理供电钥匙交接手续。

A. 调度员 B. 司机 C. 列车长 D. 客列检

4. 公铁两用车调车作业在(   )时,速度不得超过3 km/h。

A. 进入作业位置

B. 进入停留位置

C. 接近被连挂车辆

D. 进入安全警示牌10 m范围内

5. 以下情形禁止进行架落车作业的是(   )。

A. 镐顶与窄车体的侧梁搭载量不足100 mm时

B. 有大风雨时

C. 装载不均衡货物的重车

D. 装载液体的罐车

6. 罐车洗罐作业人员禁止(   )。

A. 使用化纤制品防护服

B. 单人独立作业

C. 携带火种进入罐内

D. 将食品带入毒物污染区

7. 车辆检修使用机床时，操作人员必须按规定着装，(　　)必须紧扎。

A. 领口　B. 裤脚　C. 袖口　D. 下摆

8. 车辆检修使用机械设备时，操作人员禁止(　　)。

A. 让机械设备带病或超负荷运转

B. 无人监护时独自维护保养机械设备

C. 不检查设备状态良好就开机

D. 开机前检查安全保护装置状态

9. 车辆检修所用机械设备处于运行状态时，作业人员禁止(　　)。

A. 身体部位靠近设备转动部件

B. 伸手越过转动工件传递物品

C. 从无防护设施的机械设备上方翻越

D. 进入设备动程范围

10. 车辆检修使用砂轮机时，操作者禁止(　　)。

A. 使用砂轮侧面磨削

B. 两人同时使用一台砂轮机

C. 用手把持研磨过小工件

D. 开机后立即开始磨削作业

11. 车辆检修使用的剪板机、折边机在运行过程中，作业人员严禁(　　)。

A. 将手垫在板料下送料

B. 两人在同一机床上同时折切两件材料

C. 在机床下拾料

D. 超负荷运转设备

12. 车辆检修使用架车机时，严禁(　　　)。

A. 架车前确认车辆已做好防溜

B. 交叉作业

C. 车下作业人员未撤离就开始作业

D. 车顶、车上有人时开始作业

13. 车辆检修使用车体整形机时，严禁(　　　)。

A. 车底有人时开始作业

B. 作业人员位于机具框架与车体侧面

C. 顶镐后方有人

D. 顶镐前方有人

14. 铁路营业线施工维修严禁(　　　)。

A. 无计划、无命令、未登记、未设置防护上道作业

B. 利用列车间隔进行影响行车的施工

C. 现场防护员未经安全培训上道作业

D. 现场防护员与驻站联络员通信中断后继续作业

三、判断题(判断下列各题，正确的在题干后面括号内打"√"，错误的打"×")

1. 动车组途中应急救援时，随车机械师要按规定从救援列车开来方向做好防护。(　　)

2. 客列检作业人员在线路上作业过程中，遇邻线有列车通过时，必须停止作业，避让到安全区域。(　　)

3. 客列检进行机车摘挂作业时，须在机次第一辆客车前端非站台侧设置防护号志。(　　)

4. 各型罐车在施修前确认清洗、测爆和明火试验合格证明记录后即可作业。(　　)

5. 未经清洗、测爆、明火试验合格的罐车，送入检修线后，作业人员不得进入罐内进行修理作业。(　　)

6. 对于装有化工产品的专用罐车，修理前须取得化工厂的洗涤消

毒安全证明后方准入段施修。（　　）

7. 遇雷电、大雪、暴雨、冰雹，以及五级以上大风等恶劣天气时，原则上不在线路上登顶作业。（　　）

8. 轨边设备上道维修和故障抢修时，现场防护员必须在作业前后分别与驻站联络员联系，通报作业内容、作业人员和作业情况等。（　　）

9. 有压设备拆装、检修时，必须切断压力来源，排净余压，严禁锤击各类承压设备。（　　）

10. 起重作业时不准用吊钩直接缠绕重物，不得将不同种类或不同规格的吊索、吊具混合使用。（　　）

11. 架车作业时，车体架起后，先将转向架推出，再插好固定架车器圆销或架好铁马。（　　）

12. 使用地面电源向动车组供电时，作业人员必须持证上岗，严格按照操作标准进行操作，操作前应确认该供电设施是否受到电气化接触网电源或其接地的影响。（　　）

13. 铁路罐车清洗和入罐检修作业按有限空间作业办理，严格遵守"先通风、再检测、后作业"原则。（　　）

14. 轨边设备上道维修作业时，防护人员严禁做与工作无关之事，严禁擅自离岗，严禁中途擅自换人。（　　）

15. 采用分区调车作业时，同一调车区内，两台调车设备可以同时作业。（　　）

16. 检查罐车及装有易燃易爆品的铁路货车时，严禁明火接近、敲打罐体或进入车内、罐内。（　　）

17. 非作业车辆(私家车、私人电瓶车、自行车等)禁止驶入客整所作业股道、检修库等作业场所。（　　）

18. 罐车清洗作业采用溶剂洗刷时，应确保溶剂与罐内残留物不致产生危及人体安全的气体反应。（　　）

19. 洗刷装有乙基汽油的罐车时，将罐内残余物取出后，要在通风良好的条件下，敞开罐盖进行清洗。（　　）

20. 机械设备维护保养时，若需手动转动皮带轮，应避免用力过猛。（　　）

21. 操作木工机床时，必要时可以用腹部顶推木料。（　　）

22. 操作普通车床时，在切削刀具尚未脱离工件的情况下可以停车。（　　）

23. 操作牛头刨床时，必须侧身站在操作位置，严禁身体正面对着刨刀进出面。（　　）

24. 卷板机在工作时，应在轮轴正面作业，严禁将手靠近轮轴。（　　）

25. 使用轮对磁粉探伤机时，如果有轮对或探伤人员在道轨内，要清道后，再按上下料按钮。（　　）

26. 在危险品存放仓库进行设备检修时，必要时可以使用手机。（　　）

27. 风动架车机检修作业保压试验时，严禁将活塞杆升至顶部位置。（　　）

28. 风动架车机检修作业时，严禁带压拆卸缸盖螺栓。（　　）

29. 轨旁设备上道维修作业过程中，防护人员因特殊情况临时离开岗位时，可由作业负责人接替其防护工作。（　　）

30. 群体上道作业人员不得单人脱离防护范围。作业人员上下工必须集中往返，不得单人或部分人员分散前往作业工地或返回。（　　）

31. 车辆检修人员在作业开始前和结束后，严格执行插、撤防护信号联锁传递办法，按规定防护距离设安全防护信号，并确认车列防溜状态。（　　）

32. 在空调客车供电系统检修作业、发电车检修、使用外接电源供电等情况时，禁止发电车启机向车列供电。（　　）

33. 发电车乘务员在启机前须首先检查机油位、水位、燃油位；确认蓄电池状态、各阀门开闭位置，不得盲目开机。（　　）

34. 在车辆制动装置检修作业过程中，对制动软管、制动阀等制动配件检修试验时，可以在有风压的情况下处理故障。（　　）

35. 在车顶作业时，禁止骑在车帮上或悬空俯身作业。（　　）

36. 车辆轮对检修作业时，不得脚踩钢轨，要随时注意前后轮对的动态，设好防溜器具，严禁骑跨钢轨推送轮对。（　　）

37. 对车辆配件进行抛丸（打砂）除锈作业，抛丸器没有完全停止时，严禁打开抛丸室门；抛丸设备运行状态出现异音、振动异常时，应停止使用。（　　）

38. 有动车组、动集存放或装设接触网的客整所，库内车辆外皮保洁作业时须在接触网断电情况下使用专用外皮清洗机进行；严禁用水冲洗车顶受电弓、高压电缆头连接器和头罩开闭部位。（　　）

39. 调车作业实行调车长（调车指挥人）单一指挥，规范信号联络，不得使用无线对讲机指挥调车。（　　）

40. 调车人员应在同侧作业，特殊情况下须临时到另一侧进行作业时，必须向班组长说明原因，并经同意后方可进行。（　　）

41. 调车作业的司机（操作员）离开调车设备时须拔取钥匙，锁闭车门，并妥善保管钥匙（遥控器）。（　　）

42. 调车作业时，调车人员必须正确及时地显示信号。没有得到调车指挥人的起动信号，禁止动车。（　　）

43. 调车作业人员在连挂车辆时，必要时可以进入车档用手推或脚蹬直接调整车钩连接状态。（　　）

44. 调车作业时，遇特殊情况需进入距线路终端（挡车器）10 m 以内或挂取距线路终端（挡车器）不足 10 m 的车辆时，必须在距线路终端（挡车器）或停留车 10 m 处一度停车，通知司机，速度不得超过 10 km/h。（　　）

45. 电力机车、动车组在有接触网终点的线路上调车时，应控制速度，一般情况下距接触网终点标应有 5 m 的安全距离。（　　）

46. 使用无线调车灯显设备指挥调车作业时，应执行单一指挥的原则，指挥机车的调车指令和用语只能由连结员发出。（　　）

四、简答题

1. 随车机械师运行途中登顶作业前需要进行哪些安全确认?

2. 车辆乘务员在巡视作业过程中有哪些作业人身安全规定?

3. 货车运用作业人员在沿线调查、处理故障和事故时有哪些人身安全规定?

4. 车辆轮对旋修作业过程中有哪些作业安全要求?

5. 动车组检修高压设备、变压器、变流器等高压部件有哪些安全注意事项?

6. 动车组库内登顶作业应遵守哪些规定?

7. 调车作业时安全提示标牌设置有哪些规定?

8. 轨边设备上道维修作业中“三不走”“三禁止”指的是什么?

9. 公铁两用车调车时,由谁负责确认前方进路?

10. 手推调车作业过程的安全要求有哪些(不含库内车辆进行手推对位等作业)?

五、情境题

1. 某日,甲动车运用所接触网工小王接到调度通知,需要对库外露天人工洗车线进行接触网供断电作业,小王赶到人工洗车线后,供断电监护员告诉小王快到下班点了,为了节省时间,隔离开关断开后可以直接进行洗车作业。请问小王应如何处置,在供断电作业过程中有哪些注意事项?

2. 某日,甲动车运用所地勤机械师小张需要对动车组非平台侧车门进行检查维护。小张在作业过程中应如何确保自身及现场其他作业人员人身安全?

3. 某日,一列动车组列车在电气化铁路区段运行途中车顶受电弓遭受异物击打损坏,需要随车机械师小张登顶进行受电弓捆扎作业。请问小张在登顶作业前须执行哪些必要程序?

4. 甲车辆段配属的 T111 次列车途停乙站换挂机车后,在列车试风过程中,司机反映列车漏泄超标,客列检班组工长老方接到通知后带领小李、小张立即赶往现场，按程序组织实施应急处置。客列检工长老方、机次作业人员小李和尾部作业人员小张在对客车车辆检查及故障处置时，需要注意哪些安全事项？

5. 甲车辆段配属的K1045次列车终到入库后，库检专项修班组按计划实施客车综合电气控制柜和车下电源专项修生产任务，专项修班组作业人员在进行客车车辆电气检修时需要注意哪些安全事项？

6. 甲车辆段检修车间调车班组在接到当日调车任务单后，需按要求将检修台位的6辆客车调至出车台位。调车作业指挥人小李和连结员小宋等调车作业人员需要注意哪些安全事项？

7. 甲车辆段安排动态检测设备车间乙班组进行列车调度指挥系统设备巡检作业，指定铁路试验检测设备维修工小肖、小张分别担任驻站联络员、现场防护员。防护作业过程中，小张突感腹痛难忍，无法继续防护作业。请问小张应如何处置？

8. 甲车辆段检修车间采用风动风镐进行架落车作业，落车作业完毕人员撤离后，工长老吴通知架落车作业负责人小方该车辆有故障需重新架车处理。小方应如何处置？

9. 甲车辆段乙检修车间车体班组铆工小李对敞车进行检修作业，发现该车11位下侧门外胀28 mm，需要车体整形车对其进行整形。班组长安排整形车司机和配合作业人员小闫前往处理。小李和配合人员小闫在整形作业时要注意哪些安全事项？

10. 客车车辆电工小李接到工长通知，需更换检修库内一辆客车故障空调的接触器。作业过程中，小李被工长临时安排离开作业区域从事其他工作20 min后返回继续作业。请问小李重新开始作业时应注意哪些人身安全事项？

参 考 答 案

一、填空题

1. 轨枕头
2. 口呼
3. 色镜
4. 固定脱轨器
5. 明火
6. 10
7. 非列车交会
8. 邻线限速
9. 防溜;防触电
10. 监护员
11. 安全防护员
12. 安全员
13. 职业资格证书
14. 动火审批
15. 供电钥匙
16. 护目镜
17. 股道
18. 谁使用、谁负责
19. 禁止合闸,有人作业
20. 断开;停止作业
21. 侵限
22. 脱轨器
23. 单一指挥
24. 5;10
25. 高可视性警示服(3 级)
26. 接地;接地
27. 触电保护器
28. 安全防护装置
29. 侧身;停车
30. 现场防护员
31. 确认
32. 司机;调车人员;进路
33. 17;5
34. 无线调车灯显
35. 对讲机
36. 紧急停车
37. 防溜;防溜

二、选择题

(一)单项选择题

1. B	2. B	3. C	4. D	5. A	6. A	7. B
8. A	9. B	10. D	11. C	12. D	13. B	14. C
15. B	16. A	17. C	18. B	19. C	20. D	21. A

22. B　23. A　24. B　25. A　26. B

(二)多项选择题

1. ABCD　2. ABD　3. BD　4. ABCD　5. ABCD

6. ABCD　7. ACD　8. ABC　9. ABCD　10. ABCD

11. ABCD　12. BCD　13. ABD　14. ABCD

三、判断题

1. √　2. √　3. √　4. ×　解析:各型罐车在施修前必须先确认清洗、测爆和明火试验合格证明记录,**再进行二次测爆、明火试验**,试验合格后方可作业。　5. ×　解析:未经清洗、测爆、明火试验合格的罐车,**严禁进入检修线**,也不得进入罐内进行修理作业。　6. √　7. ×　解析:遇雷电、大雪、暴雨、冰雹,以及**六级**以上大风等恶劣天气时,原则上不在线路上登顶作业。　8. √　9. √　10. √　11. ×　解析:架车作业时,车体架起后,**待插好固定架车器圆销或架好铁马后再将转向架推出**。　12. √　13. √　14. √　15. ×　解析:采用分区调车作业时,同一调车区内,**严禁**两台调车设备同时作业。　16. √　17. √　18. √　19. √　20. √　21. ×　解析:操作木工机床时,**不得**用腹部顶推木料。22. ×　解析:操作普通车床时,切削刀具未脱离工件时**严禁**停车。23. √　24. ×　解析:使用卷板机时,**禁止一切人员在轮轴正面逗留**。机器工作时,手不能靠近轮轴。　25. √　26. ×　解析:进入存在易燃易爆气体、粉尘场所和危险品存放仓库进行设备检修时,**严禁**吸烟、**使用手机**或动用明火。　27. √　28. √　29. ×　解析:轨旁设备上道维修作业过程中,防护人员确因特殊情况临时离开岗位时,**必须通知人员停止作业**,人员机具下道至安全地点。　30. √　31. √　32. √　33. √　34. ×　解析:在车辆制动装置检修作业过程中,制动软管、制动阀等制动配件在检修试验时,**严禁**在有风压的情况下处理故障。35. √　36. √　37. √　38. √　39. √　40. ×　解析:调车人员应在同侧作业,特殊情况下须临时到另一侧进行作业时,必须向**调车指挥人**说明原因,并经同意后方可进行。　41. √　42. √　43. ×　解析:调车作业人员在连挂车辆时**禁止**进入车档用手推或脚蹬直接调整车钩连接状态。 44. × 解析：调车作业时，遇特殊情况需进入距线路终端（挡车器）10 m 以内或挂取距线路终端（挡车器）不足 10 m 的车辆时，必须在距线路终端（挡车器）或停留车 10 m 处一度停车，通知司机，速度不得超过 **5 km/h**。 45. × 解析：电力机车、动车组在有接触网终点的线路上调车时，应控制速度，一般情况下距接触网终点标应有 **10 m** 的安全距离。 46. × 解析：使用无线调车灯显设备指挥调车作业时，应执行单一指挥的原则，指挥机车的调车指令和用语只能由**调车长**发出。

四、简答题

1. 答：随车机械师接到登顶作业通知后，与司机共同确认停电命令无误，通知司机升起无故障的受电弓验电（CRH2A/B/C/E、CRH380A/AL 型动车组须闭合主断路器），确认车载信息监控装置或网压表显示接触网网压为零后，按规定穿戴好防护用品，在列车非会车侧就近车门下车，使用验电器确认接触网已停电，将接地杆挂设在登顶作业范围以外附近的接触网支柱腕臂上后，方可登顶作业，登顶作业严禁超出两端挂设的接地杆。

2. 答：车辆乘务员在巡视作业过程中，应站稳扶牢，列车运行过程中，严禁探身瞭望，严禁将头、手伸到窗外。车辆乘务员途中作业应做到列车开动前上车，停稳后下车，严禁飞乘飞降。列车未停稳前，不得打开车门；下车时要注意地面落脚处有无障碍物、坑洼，要注意积冰、积雪、积水和气、风、水井，防止滑倒跌伤。列车运行中禁止打开车门处理车体外部故障。

3. 答：在沿线调查、处理故障和事故时，要在车站登记，通知车站将道岔锁闭在不能通往调查处置线路的位置，并在车列首尾端部来车方向的左侧车体上设置停车信号进行安全防护后，方可进行检查处理；作业结束并撤除防护信号后，通知车站。

4. 答：轮对等旋修作业时，操作人员必须持证上岗，按规定穿戴防护眼镜等劳动防护用品;作业时禁止人员或物品靠近转动的轮辐,严禁机床内、监控站台有人或者碎片防护网打开时开启设备,严禁在机床运行时关闭通风设备。

5. 答:对车下高压设备、变压器、变流器进行检查维修工作时,禁止升弓。安全接地保护开关闭合时间符合放电时间规定后,方可进行作业;作业期间,始终闭合安全接地保护开关;作业结束后,须断开安全接地保护开关。对带有电容器的设备进行作业时,必须确认电容器已完全放电。必须在动车组放电完毕后方可进行车顶检修作业。

6. 答:(1)须按规定办理手续并填写记录,领取和交还隔离门钥匙(或门禁卡、人脸识别进出)。(2)登顶作业前须确认接触网已断电并实施可靠接地。(3)严格执行一人一卡制度。(4)作业时应佩戴安全带,在防滑带行走,防止坠落。

7. 答:(1)无人看守道口应设置一度停车标识牌。(2)车挡表示器设置在线路终端的车挡上,昼间显示红色方牌,夜间显示红色灯光。(3)人行通道、平交道口应设置安全警示标识或安全防护栏杆;距离线路较近的房屋,门前道路与轨道交叉处,应设置安全栏杆或装设警铃、警告牌等。(4)有分区作业的车辆段,应在分区位置设置"分区限界"标识牌。

8. 答:(1)"三不走":轨枕、道中央不走;两车安全距离不够不走;车底下不走。(2)"三禁止":严禁抢越列车、钻车或穿越两车间隙;严禁在道心或轨枕头上行走;严禁扒乘机车车辆,以车代步。

9. 答:人工驾驶公铁两用车单机运行或牵引车辆运行时,前方进路的确认由操作员负责;推进车辆运行时,前方进路的确认由领车员负责,如领车员所在位置确认进路有困难时,可指派其他调车人员确认。无线遥控操纵公铁两用车调车时,前方进路的确认由领车员负责;装备视频监控装置的,领车员可通过视频监控装置确认前方进路。

10. 答:(1)须取得调车领导人的同意,并设置专人进行指挥及安全监督。(2)人力制动机作用必须良好,由胜任人员负责制动。(3)人员须在车辆同侧,手推调车速度不得超过 3 km/h。(4)禁止跨线手推调车作业。

五、情境题

1. 答:(1)小王应该拒绝直接进行作业。(2)供断电作业时,操作员要提前确认高压防护用品状态良好、未超期,操作时要穿戴好绝缘手套、绝缘靴,站在绝缘垫上使用验电棒及接地杆操作接触网供断电(远程操作除外)。(3)严格落实一人操作一人防护,执行安全联控标准化用语。暴风、雷雨天气不得操作隔离开关。(4)供断电作业及动车组放电时,严禁登顶、钻越地沟。

2. 答:禁止通过非平台侧车门探身对动车组外部进行检查作业,在检查维护非平台侧车门时,应使车门处于关闭状态,确需打开时,应规范穿戴安全带,身体应与车门保持安全距离,并做好自身防护。动车组进行车门开关试验时,应先广播通知作业人员,防止坠落;进行通电试验,须确认车下设备检修完毕。

3. 答:电气化铁路区段,需上车顶作业时,应严格按照相关规定办理停电手续,与司机共同确认接触网停电调度命令,在得到已停电通知后,使用验电器确认接触网已停电,随后佩戴好劳动防护用品,挂设好接地杆,做好安全防护措施,方能登顶作业。

4. 答:(1)作业前必须按规定插设防护号志,执行安全防护号志对插对撤制度,应在列车对角设置,机次一位客车插设在车辆前端非站台侧,尾部最后一位客车插设在车辆后端站台侧;禁止他人代插代拔。(2)故障处置时要精力集中,注意本线车辆防溜和机车移动情况,作业人员和工具物料防止超过两线间中心位置。(3)作业人员上线路时应穿戴高可视性警示服(3 级)和黄色防护帽等安全防护用品。(4)在线路上行走时,要认真执行勤回头瞭望制度,当邻线来车时应停止检查,及时躲避邻线机车车辆。

5. 答:(1)作业前穿戴好绝缘手套、绝缘鞋等劳动防护用品,检查工具、测量仪表、防护用具,确保状态完好。(2)严格执行停电检修、挂牌、验电和监护等制度。作业时执行监护制度,挂"禁止合闸,有人作业"牌;送电前,应确认所有作业人员已停止作业并在安全位置。(3)作业临时中断后恢复作业前，均须重新检查确认车辆电气设施的电源已经断开，方可继续作业。(4)进行车下电气部件更换、维修作业不得少于 2 人，1 人在控制柜悬挂“停电作业、车下有人”的警示牌，并做好安全防护及呼唤应答。(5)检修完毕撤除停电牌后，必须立即锁闭配电柜、配电间。

6. 答：(1)班前进行酒精测试合格。按规定穿着高可视性警示服(3 级)，不得佩戴影响听觉、视觉的帽子、色镜。(2)横越线路时，严格执行“一停、二看、三确认、四通过”和“手比、眼看、口呼”的有形化措施，严禁在运行的机车车辆前抢越线路。(3)顺线路行走时，严禁在钢轨上、轨枕头、道心内行走，人身及所携带的工具(物料)不得侵入机车车辆限界。(4)调车作业时严禁调车线路上进行其他任何作业，按规定清道、立岗防护。(5)严格按规定距离控制调车速度，规范信号联络和呼唤应答；严禁车辆移动时进车档进行作业。(6)调车人员应在同侧作业，特殊情况下须临时到另一侧进行作业时，必须向调车长(调车指挥人)说明原因，并经同意后方可进行。(7)调车作业车辆未停稳时，严禁脚蹬、手推调整车钩，车、机连挂后，必须按规定进行试拉。(8)调车人员必须在车辆停稳后方可上下车，严禁在车辆运行时飞上、飞下。(9)调车作业时，调车人员应站在车辆通过台处，并抓稳扶牢。严禁探身过远或站在车厢以外及站在车辆乘降梯上进出修车库和经过线路两侧有障碍物区段。

7. 答：(1)立即向驻站联络员小肖通报，因突感腹痛难忍，无法继续防护作业，须暂停作业。(2)通知所有人员停止作业，组织人员机具下道至安全地点。

8. 答：(1)重新组织架落车作业人员，不得少于 3 名。(2)架车作业前，确认车顶、车内、车下无人。(3)缓慢启动塞门手把，严禁猛起急落或两端同时起落。(4)车体架起后，应立即插好固定架车器圆销，保持车体平稳，注意车辆动态。(5)架车时，任何情况下不准将头部和身体探入枕梁和摇枕之间。

9. 答：(1)车体整形作业前，须确定车底无人，严禁位于机具框架与车体侧面进行指挥与作业。(2)严禁顶镐前方站人,调直过程中,应检查安全梁链是否挂牢,顶镐位置是否正确。(3)车体整形机移动前应确认移动方向无人员及机具等,并保持安全距离。

10. 答:(1)作业前,穿戴好绝缘手套、绝缘鞋等劳动防护用品。检查工具、测量仪表、防护用具,确保状态完好。(2)重新检查确认电源是否断开。(3)严格执行停电检修、挂牌、验电和监护等制度,确认"禁止合闸,有人作业"牌状态。

第六章　工务劳动安全

一、填空题

1. 多组捣固机械同时捣固时，前后距离不得小于____ m，走行应保持同步。

2. 木枕、木岔枕改道，分组打道钉时，前后距离应不小于____根木枕。

3. 在无作业通道的桥面上作业时，起钢轨外口道钉，应站在道心______，并使用专用起钉器或弯头撬棍等特制工具。

4. 在电气化铁路更换带有吸上线的钢轨，必须先通知______单位采取安全措施后，方准作业。

5. 桥涵大维修作业，下水作业前，应观测水深及流速，并选派会游泳的人员担当水中作业，水温在 16～25 ℃时，其连续工作时间不得超过____min。

6. 普速铁路进行栏杆油漆、不移动桥枕进行钢梁上盖板涂装等维修作业，可在天窗点外进行，但严禁利用速度____km/h 及以上的列车与前一趟列车之间的间隔时间作业。

7. 隧道内组织多项目、多台机械同时作业时，必须互相通报作业______、作业内容。

8. 皮带轮等露出机体的转动部件，应标有旋转方向指示标识，只允许一个方向旋转的设备，应设置有__________装置。

9. 使用切轨机、打磨机作业时，机具______与两侧一定范围内严禁站人，防止砂轮片碎裂或钢轨碎屑伤人。

10. 使用气焊、气割设备时，操作人员必须______上岗，按规定穿戴劳动防护用品。

11. 压力容器应放置在通风阴凉处，在规定的距离范围内不得进行金属切削、焊接及其他______工作。

12. 焊轨基地应在辊道线和设备、工作装置移动范围内设置封闭防护装置，作业过程中封闭防护装置应始终处于______状态。

13. 焊机基地作业人员跨越生产线时必须走安全通道、________，严禁从钢轨下、设备旁边等处钻越。

14. 电气化区段，清除危石、危树、爆破作业有碍接触网及行车、人身安全时，应有供电部门人员配合，先______后作业。

15. 工务作业所有上道作业人员必须按规定穿着________________。

16. 工务作业尽量减少单岗作业，必须单岗作业时，应配备便携式实时监控设备，明确作业人员__________和站位(道口看守人员除外)。

17. 作业人员下道避车时应______列车认真瞭望，防止列车上的抛落、坠落物或绳索伤人。

18. 参加营业线施工的劳务派遣工和业务外包用工应由具有______资格的正式职工带领，不准上述劳务人员单独上道作业。

19. 劳务派遣工和业务外包用工不准担任营业线施工的施工____________和带班人员等工作，不准单独使用各类作业车辆。

20. 易燃、易爆及有毒物品必须由______保管，储存时应与建筑物、烟火及水源隔离。

21. 高速铁路区间维修作业综合利用开行路用列车时，天窗内所有影响路用列车运行的维修作业必须在路用列车______后方可进行，并须在路用列车返回前结束。

22. 高速铁路因救援抢险等需要，必须在非天窗时间内进行作业的，在《____________________》内登记，必须同时提出对本线封锁、邻线限速 160 km/h 及以下或封锁的请求，得到列车调度员许可的命令后方可上道作业。

23. 在电气化区段通过或使用各种车辆、机具设备不得超过__________限界。

24. 在电气化区段作业时，长轨列车必须安装屏蔽装置，轨道吊必须安装______装置。

25. 在距接触网带电部分不足 2 m 处进行作业时必须停电，按规定办理接触网停电申请手续，得到＿＿＿＿＿＿＿命令，并由供电部门采取停电防护措施后方准施工。

26. 电气化区段，距牵引供电设备支柱及牵引供电设备带电部分＿＿m 范围以内的金属结构物均必须接地。

27. 电气化区段使用发电机、空压机、搅拌机等机电设备时，应有良好的＿＿＿装置。在可能带电部位，应有“高压危险”“＿＿＿＿＿”的明显标志和防护措施。

28. 电气化区段施工用的水管不得跨越＿＿＿＿，不得用射水方式进行圬工养生。

29. 长大隧道作业，应配备移动式或便携式＿＿＿＿＿、氧气监测报警仪，作业时安排专人监测＿＿＿＿＿、氧气指标，满足条件方可作业，并做好记录。

30. 普速铁路天窗、高速铁路在线间距不足＿＿m 地段（两线间已有站台、栅栏等设施的除外）V 形天窗区段和开行路用列车的垂直天窗，每名现场防护员应只承担一个防护单元的防护任务，每个防护单元长度原则上不超过＿＿m，瞭望不良地段应适当缩短。

31. 上道作业时，现场防护员应根据作业现场地形条件、列车运行特点、作业人员和机具布置等情况确定站位及＿＿＿＿＿，并做好自身防护。

32. 在区间线路、站内线路、道岔上维修时，现场防护员应站在维修地点附近且瞭望、通信信号、监听条件较好的＿＿＿＿＿进行防护。

33. ＿＿＿＿＿＿负责与车站值班员办理施工（维修）登销记手续；向施工（维修）负责人、现场防护员传达调度命令；向现场防护员通报列车运行情况。

34. 上道作业时，＿＿＿＿＿＿＿＿负责下达设置或撤除防护、开始或停止作业、下道避车等命令。

35. 普速铁路下道避车，在瞭望不良、噪声干扰大的处所及夜间天窗、跨越＿＿条及以上线路（含股道）时，应在跨线地点安排专职防护员。严禁在施工作业车辆前后____m范围内跨线。

36. 在普速铁路线间距不足____m地段(两线间已有站台、栅栏等设施的除外)施工维修而邻线行车时,更换道岔、道岔清筛等人员集中的作业应根据作业风险、作业面条件等因素设置软硬隔离。

37. 更换钢轨需拆装扼流变压器钢轨引线时,应有______单位现场配合。

38. 路用列车进入封锁区间的行车凭证为__________,路用列车在封锁区间内作业,不得超出其准许的作业范围。

39. 大型养路机械编组运行及无动力挂运,解列作业时,各车必须保持不小于____m的安全间距。

40. 使用轨道作业车装卸作业时,应指派熟悉路料性质和__________技术要求的胜任人员担任装卸车负责人,并指定专人防护。邻线来车时,应停止装卸作业。

二、选择题

(一)单项选择题(每题备选答案中,只有一个符合题意的正确答案,请将正确答案前的字母填到题目中的括号内)

1. 在电气化区段,任何人员及所携带的物件、作业工器具等必须与牵引供电设备带电部分保持(　　)m以上的距离。

A. 1　　B. 2　　C. 3　　D. 4

2. 高压水清洗钢梁,使用限界架检查限界,以及在距接触网带电部分不足(　　)m进行作业时必须停电。

A. 1　　B. 2　　C. 3　　D. 4

3. 发现牵引供电设备断线及其部件损坏,或发现牵引供电设备上挂有线头、绳索、塑料布或脱落搭接等异物,不得与之接触,应立即通知附近车站,在牵引供电设备检修人员到达未采取措施以前,任何人员均应距已断线索或异物处所(　　)m以外。

A. 3　　B. 5　　C. 10　　D. 15

4. 施工和维修作业必须设置防护员(驻站联络员、现场防护员),

日作业计划下达后不得擅自调换，特殊情况需调换时，由(　　)批准，报段指挥中心核备，并通知所在作业组负责人、驻站联络员、现场防护员等。

A. 车间主任(副主任)　　B. 技术员

C. 工长　　D. 班长

5. 现场防护员或驻站联络员改变通信工具、通信方式时，必须经(　　)同意，通知相关人员后方可改变。

A. 车间主任(副主任)　　B. 技术员

C. 工长　　D. 施工(维修)负责人

6. 防护员必须由经培训考试合格的人员担任，持证上岗。驻站联络员必须由从事现场防护工作满(　　)个月及以上的现场防护员中选出，经培训考试合格后持证上岗。

A. 1　　B. 2　　C. 3　　D. 6

7. 现场防护员应以瞭望防护为主，并掌握驻站联络员通报的信息，每(　　)min 联系确认一次。

A. 10～20　　B. 5～10　　C. 3～5　　D. 1～2

8. 作业人员普速铁路下道避车时，距钢轨头部外侧距离不小于(　　)m，设有避车台(洞)的桥梁(隧道)应进入避车台(洞)避车。

A. 1　　B. 2　　C. 3　　D. 4

9. 安全带、安全绳使用单位应每(　　)个月对安全带、安全绳做一次检测。

A. 12　　B. 6　　C. 3　　D. 1

10. 开挖基坑时，靠近基坑上方不得堆土及放置料具等重物，挖出的土石方和施工材料堆放位置应距坑边不小于(　　)m，高度不宜超过 1.5 m。

A. 1　　B. 2　　C. 3　　D. 4

11. 安全桩的埋深不得小于 0.75 m，土质山坡不得小于(　　)m，必要时适当加深。

A. 0.8　　B. 0.9　　C. 1.0　　D. 1.2

12. 临边作业使用安全绳时，安全绳左右移动距离不得大于(　　)m。

A. 2　　B. 3　　C. 5　　D. 10

13. 自轮运转车辆调车作业时，停车位置距前方信号机不足(　　)m 且瞭望不清时，副驾驶下车确认，应注意避让邻线列车。

A. 10　　B. 20　　C. 50　　D. 100

14. 推进附挂车辆运行时，应指定胜任人员登乘车组(　　)安全位置，认真瞭望，及时与司机联系，必要时通知司机停车或使用简易紧急制动阀停车。

A. 前端　　B. 中间　　C. 后端　　D. 顶部

15. 轨道车作业平台上有作业人员时，车辆移动速度不得超过(　　)km/h，平台上人员作业时，严禁移动车辆。

A. 10　　B. 15　　C. 20　　D. 25

16. 使用起重轨道车、随车吊进行起重作业时，遇有大雨、大雪、大雾或风力达到(　　)级及以上时，严禁起重作业。

A. 四　　B. 五　　C. 六　　D. 七

17. 在自动闭塞的普速铁路电气化区段更换一股钢轨时，换轨前应在被换钢轨两端的左右轨节间横向各设一条截面不小于(　　)mm^2的铜导线。

A. 20　　B. 30　　C. 50　　D. 70

18. 桥涵大维修时下水作业前，应观测水深及流速，并选派会游泳的人员担当水中作业，水温在 5～15 ℃时，其连续工作时间不得超过(　　)min。

A. 10　　B. 30　　C. 60　　D. 120

19. 使用轨道作业车作业平台在双线区段或站场内作业时，应正确使用限位装置，并经平台作业人员和(　　)共同确认，严禁向有电侧或未封锁线路侧旋转作业平台。

A. 作业负责人　　B. 现场防护员

C. 驻站联络员　　D. 司机

(二)多项选择题(每题备选答案中,有两个或两个以上符合题意的正确答案,请将正确答案前的字母填到题目中的括号内)

1. 野外作业遇雷雨时,作业人员应放下手中的金属器具,迅速到安全处所躲避,严禁在(　　)躲避。

A. 大树下　　B. 电杆旁

C. 停留的列车底部　　D. 涵洞内

2. 上道作业时,(　　)必须携带列调对讲设备,并做好音频记录。作业期间任何人不得随意占用列车无线调度电话频点。

A. 车间主任(副主任)　　B. 施工(维修)负责人

C. 驻站联络员　　D. 现场防护员

3. 进行(　　)作业时应戴防护面具或口罩、护目眼镜及手套。

A. 钢梁喷砂除锈　　B. 钢梁喷漆

C. 钢梁喷铝　　D. 圬工梁灌化学浆液

4. 自轮运转车辆及附挂车辆需解列作业时,应明确解列地点和(　　)等。

A. 各自作业范围　　B. 连挂时间及地点

C. 防护措施　　D. 联系方式

三、判断题(判断下列各题,正确的在题干后面括号内打"√",错误的打"×")

1. 作业通道钢支架(钢横梁)承载力不足、步行板破损的应及时整治,整治前在相应位置喷涂红色警示标识,防止作业人员坠落。(　　)

2. 绕行停留车辆时其距离应不少于 5 m,并注意车辆动态和邻线上开来的列车。(　　)

3. 在距离接触网带电部分 2～4 m 的建筑物上施工时,接触网可不停电,但应加强监护,确保人员、机具、材料等与接触网带电部分的距离不小于 2 m。(　　)

4. 高速铁路 V 形天窗、应急处置上道、作业区段有路用列车开行的垂直天窗时,必须设专职防护,现场防护员可参与施工工作。(　　)

5. 作业人员在普速铁路步行通过桥梁、道口或横越线路时，必须由现场防护员与驻站联络员联系确认，并严格执行“手比、眼看、口呼”制度，做到“一站、二看、三通过”，严禁来车时抢越。 ( )

6. 普速铁路与高速铁路并行地段，进出高速铁路防护栅栏门、桥隧疏散救援通道门，应执行普速铁路登销记制度。 ( )

7. 普速铁路与高速铁路并行地段作业时，相邻高速铁路列车限速160 km/h及以下，本线必须下道。 ( )

8. 普速铁路与高速铁路并行地段作业时，人员和工机具严禁侵入高速铁路建筑限界，需侵入高速铁路建筑限界时，封锁相邻高速铁路。 ( )

9. 普速铁路与高速铁路并行地段，与高速铁路同时封锁时，确认设好防护且高速铁路无路用列车通过时，可以跨越高速铁路，但应制定相应的安全措施。 ( )

10. 遇有降雾、暴风雨(雪)、扬沙等恶劣天气影响瞭望时，任何情况下都不得上道作业。 ( )

11. 普速铁路 v_{max} 为 140 km/h 的区段，巡查、巡守人员允许在道床范围内行走。 ( )

12. 作业过程中翻动钢轨时，可使用撬棍翻动。 ( )

13. 高速铁路在同一地点同时更换两股钢轨时，铜导线两端用夹子牢固夹持在相邻的轨底上，夹持位置应除锈。作业完毕后方准拆除接地线和铜导线。 ( )

14. 安全绳应一绳一人，严禁在一个物体上拴挂几根安全带或安全绳，严禁一根安全带或安全绳上拴挂多人。 ( )

15. 在高处及陡坡上作业，必须按规定戴好安全帽、系好安全带或安全绳，不得穿带钉或易溜滑的鞋。 ( )

16. 在无作业通道桥上拧动护木螺栓及钩螺栓时应向桥外方向用力。 ( )

17. 进行桥隧维修作业时，脚手架搭设应配合工程进度，不宜搭设过高。搭拆脚手架时，脚手架下不准人员停留或通过。 ( )

18. 喷砂设备的喷砂嘴或喷射嘴不得对着人、车、船；可以带风、带砂修理喷砂设备和更换零件。（ ）

19. 桥涵大维修作业，遇山洪暴发、江河水位暴涨时，不得下水作业。（ ）

20. 在隧道内处理松动衬砌、危石及翻修衬砌时，必须有预防塌落伤人的安全措施。（ ）

21. 封锁时间内进行隧道作业，除按规定防护外，还应分配好作业组，进出隧道由小组负责人清点人数。（ ）

22. 开挖建筑物基坑时，在同一坡面的垂直线上，不得上下同时开工，上层挖土时下层不得运土。（ ）

23. 下穿框构，顶进挖土作业时，严禁超挖，工作面坡度应符合规定，过车时严禁开挖，工作面下严禁站人。（ ）

24. 多人同时在坡面上开挖作业时，严禁上下重叠作业，开挖作业人员相互间距不得小于 1 m。（ ）

25. 乙炔瓶（丙烷瓶）和氧气瓶间的工作间距不得小于 5 m，气瓶与明火的距离不得小于 10 m。（ ）

26. 自轮运转车辆车顶两端应安装黄色警示灯或声光报警设备，遇有降雾、暴风雨（雪）、扬沙等恶劣天气及夜间运用时应开启。（ ）

27. 大型养路机械应逐步安装声光报警装置，遇邻线列车通过时，应提前开启声光报警装置，提示地面作业人员及时下道避车。（ ）

28. 使用大修列车、路基处理车在电气化区段作业时，接触网可不停电。（ ）

29. 小型养路机械、机具作业中如发生故障，应停机下道进行检修。（ ）

30. 作业人员在轨道车作业平台上控制车辆移动时，必须取得操作权限，并与现场防护员做好联控。（ ）

31. 使用起重轨道车、随车吊进行起重作业时，所有人员不得站在起重臂回转范围内，起重臂下严禁站人。（ ）

四、简答题

1. 工务作业人员在长大隧道作业时，有哪些劳动安全要求？
2. 普速铁路施工（维修）时防护联系中断应如何应急处置？
3. 工务作业人员步行上下工时有哪些安全注意事项？
4. 使用轨道作业车作业平台时，应遵守哪些安全规定？
5. 开挖建筑物基坑或刷坡时，应遵守哪些安全规定？

五、情境题

1. 甲工务段在上行线 K123＋400—K123＋600 区间进行天窗点外作业，现场防护员为小张，驻站联络员为小李，施工负责人为老王，现场有十余名作业人员及扳手、耙子等工具。小李在车站信号楼通过 GSM-R 手持终端与小张保持每 3 min 一次的防护联络；作业进行至第 25 min 时，小张的对讲机突然出现杂音失去联络功能，随后与小李的联络中断；此时，上行线方向有一列 K126 次旅客列车预计在 5 min 后通过作业区。请问小张、小李及老王应如何处置？

2. 甲工务段在上行线 K215＋300—K215＋500 区间进行更换重伤钢轨作业，现场由施工负责人老陈、安全员小赵及若干线路工组成作业组。作业需翻动一根长度 12.5 m、重约 600 kg 的旧钢轨至路肩，现场备有翻轨器 6 根、撬棍 5 根。作业开始时，工人小李为图方便，试图直接使用撬棍翻动钢轨，请问小赵应如何处置？

3. 甲工务段在站内 8 道实施更换重伤钢轨作业，线路工小周负责使用气焊切割钢轨。请问小周在切割作业过程中有哪些注意事项？

4. 甲工务段线路工区上道作业需要使用四轮平车运送路料，老王作为工区负责人，对使用四轮平车需要提醒哪些注意事项？

5. 甲工务段在上行线 K180＋200—K180＋400 区间进行天窗点外作业，现场配备液压起道机 2 台、撬棍 4 根等工机具，作业组由十余名工人组成。驻站联络员老赵通知现场防护员小孙 55886 次货物列车接近作业地点，需下道避车，列车编组包含敞车（可能装载砂石、钢材等货物）。作业人员下道避车应注意哪些事项？

参考答案

一、填空题

1. 3
2. 6
3. 内侧
4. 供电
5. 120
6. 160
7. 地点
8. 反转自锁
9. 前方
10. 持证
11. 加热
12. 关闭
13. 安全梯
14. 停电
15. 高可视性警示服(3 级)
16. 走行径路
17. 面向
18. 带班
19. 安全防护员
20. 专人
21. 通过
22. 行车设备检查登记簿
23. 机车车辆
24. 限位
25. 许可停电施工
26. 5
27. 接地;禁止攀登
28. 接触网
29. 一氧化碳;一氧化碳
30. 6.5;100
31. 移动路径
32. 安全地点
33. 驻站联络员
34. 施工(维修)负责人
35. 两;10
36. 6.5
37. 电务
38. 调度命令
39. 10
40. 装载加固

二、选择题

(一)单项选择题

1. B	2. B	3. C	4. A	5. D	6. D	7. C
8. B	9. B	10. A	11. C	12. C	13. A	14. A

15. A　16. C　17. D　18. B　19. D

(二)多项选择题

1. ABCD　2. BCD　3. ABCD　4. ABCD

三、判断题

1. √　2. √　3. √　4. ×　解析:高速铁路 V 形天窗、应急处置上道、作业区段有路用列车开行的垂直天窗时,必须设专职防护,**现场防护员不得兼职其他工作**。　5. √　6. ×　解析:普速铁路与高速铁路并行地段,进出高速铁路防护栅栏门、桥隧疏散救援通道门,执行**高速铁路**登销记制度。　7. ×　解析:普速铁路与高速铁路并行地段作业时,相邻高速铁路列车限速 160 km/h 及以下,**可不下道,但本线必须停止作业**。　8. √　9. √　10. ×　解析:遇有降雾、暴风雨(雪)、扬沙等恶劣天气影响瞭望时,应停止上道作业;**必须作业时,应采取特殊安全措施,保证来车之前按规定的距离及时下道**。　11. ×　解析:普速铁路 v_{max} 大于 120 km/h 的区段,巡查、巡守人员**不得**在道床范围内行走。　12. ×　解析:翻动钢轨时,必须使用翻轨器,**不得**使用撬棍翻动钢轨。　13. √　14. √　15. √　16. ×　解析:在无作业通道桥上拧动护木螺栓及钩螺栓时**不得**向桥外方向用力。　17. √　18. ×　解析:喷砂嘴或喷射嘴不得对着人、车、船;**不得**带风、带砂修理喷砂设备和更换零件。　19. √　20. √　21. √　22. √　23. √　24. ×　解析:多人同时在坡面上开挖作业时,应大致在同一高度自上而下进行,严禁上下重叠作业。开挖作业人员相互间距不得小于 **2 m**。　25. √　26. √　27. √　28. ×　解析:使用大修列车、路基处理车在电气化区段作业时,接触网**必须停电**。　29. √　30. ×　解析:作业人员在作业平台上控制车辆移动时,必须取得操作权限,并与**司机**做好联控。　31. √

四、简答题

1. 答:(1)应根据隧道长度、通风条件、内燃机械(含机车、自轮运转车辆、小型养路机械、工程机械等)数量制定作业方案,合理确定作业时长,优化作业方式,并采取以下措施防止一氧化碳中毒、粉尘吸入、氧气不足。(2)应配备移动式或便携式一氧化碳、氧气监测报警仪,作业时安排专人监测一氧化碳、氧气指标,满足条件方可作业,并做好记录;作业中遇报警时,施工(维修)负责人应立即组织人员撤离作业现场。(3)应根据需要配备防毒面具、呼吸器、供氧装置等防护用品。

2. 答:普速铁路施工(维修)时如防护联系中断,驻站联络员应向车站值班员报告,请求拦停列车;现场防护员应立即通知施工(维修)负责人停止作业;施工(维修)负责人应立即采取防护措施,并组织人员、机具、材料撤离至安全地点。

3. 答:步行上下工时,不得在道床范围内行走,注意前后瞭望;通过桥梁、道口或横越线路时,必须由现场防护员与驻站联络员联系确认,并严格执行"手比、眼看、口呼"制度,做到"一站、二看、三通过",严禁来车时抢越。在瞭望不良、噪声干扰大的处所及夜间天窗、跨越两条及以上线路(含股道)时,应在跨线地点安排专职防护员。严禁在施工作业车辆前后 10 m 范围内跨线。必须走道心时,应设置专人防护。进路信号辨认不清时,应及时下道避车。

4. 答:(1)司机接到施工(维修)负责人接触网停电、接地线设置完成的通知后,方可打开平台电源控制开关。(2)在双线区段或站场内作业时,应正确使用限位装置,并经平台作业人员和司机共同确认,严禁向有电侧或未封锁线路侧旋转作业平台。(3)平台上有作业人员时,车辆移动速度不得超过 10 km/h,平台上人员作业时,严禁移动车辆;平台升降、旋转时严禁作业人员上、下作业平台;作业平台严禁超载、偏载;严禁使用平台顶、拽固定设备设施。作业人员在作业平台上控制车辆移动时,必须取得操作权限,并与司机做好联控。(4)作业结束,平台作业人员必须将平台及平台上的装置复位,清理料具,与司机、现场指挥人员共同确认后方可动车。

5. 答:(1)开挖基坑时,边坡的坡度必须按照设计的要求,按放好的边线从上向下开挖,不得任意放陡坡度,严禁掏底挖土。(2)遇有滑层、裂纹、浸水等情况,基坑壁必须用支撑木(钢管、型钢等)支撑或改缓边坡。(3)靠近基坑上方不得堆土及放置料具等重物,挖出的土石方和施工材料堆放位置应距坑边不小于 1 m，高度不宜超过 1.5 m。(4)在同一坡面的垂直线上，不得上下同时开工，上层挖土时下层不得运土。(5)圬工凿除或人工打眼两人配合作业时，应佩戴防护眼镜，严禁面对面或戴手套打锤，掌钎时应佩戴防护手套。(6)拆除开挖坑支撑应按回填顺序自下而上逐步拆除，拆除高度视坑壁土质而定。(7)下穿框构，顶进挖土作业时，严禁超挖，工作面坡度符合规定，过车时严禁开挖，工作面下严禁站人。

五、情境题

1. 答：小李应向车站值班员报告，请求拦停列车；小张应立即通知老王停止作业；老王应立即采取防护措施，并组织人员、机具、材料撤离至安全地点。

2. 答：应立即制止小李使用撬棍翻动钢轨。翻动钢轨时，必须使用翻轨器，不得使用撬棍翻动钢轨。

3. 答：(1)作业前必须按规定穿戴劳动防护用品。(2)作业过程中，喷嘴前方不得有人员站立，防止烧伤。(3)气瓶不得靠近热源和电气设备。气瓶间的间距不得小于 5 m，气瓶与明火的距离不得小于 10 m。

4. 答：(1)作业前应明确四轮平车作业范围、走行径路、使用安全风险及防范措施，使用时应明确负责人和随车防护员，携带列调对讲设备及防护信号。(2)四轮平车应有制动和防溜装置，不得有动力，严禁载人。(3)在线路上停留时，应保持制动状态，采取防溜措施，严禁在线路上长时间停留。(4)研判经过线路坡度是否在 15‰及以上，若在 15‰及以上不得使用。特殊情况下使用时，应制定专项安全措施，由车间副主任及以上人员现场盯控。

5. 答：作业人员下道避车时应面向列车认真瞭望，防止列车上的抛落、坠落物或绳索伤人。作业人员下道避车的同时，必须将作业机具、材料移出线路，并放置、堆码牢固，不得侵入建筑限界。

第七章 电务劳动安全

一、填空题

1. 电务作业人员必须经过__________知识培训，经考试合格后方可持证上岗。

2. 电务作业人员应严格遵守劳动纪律和作业纪律，________、______禁止饮酒，按规定时间休息。

3. 新职人员必须经单位、______和班组三级安全教育，并按要求取得上岗资质后，方准上岗作业。

4. 电务作业人员班中应按规定着装，正确使用__________用品和安全防护装备，严格执行安全技术操作规程。

5. 危险场所(地)、地段和重要设备、设施处，须设置醒目的__________标志。

6. 有限空间作业过程中应当采取______措施，保持空气流通，禁止采用纯氧通风换气。

7. 电动工具、机械的电压在____V以上的，要采取保护性接地或接零措施。

8. 易燃、易爆及有毒物品必须由______保管，定置存放，储存时应与建筑物、烟火及水源隔离。

9. 检修工具及安全防护用品(包括绝缘工具)，应定期__________，使用前必须进行检查。发现超过安全期限或质量不良的，及时更换。

10. 电务作业人员上道作业必须设置______防护，所有上道人员必须按规定着装，佩戴防护用品。

11. 电务作业人员上道作业时，驻站联络员必须认真执行有关规定预告列车信息。不得随意离开行车室，确需离开时必须通知室外作业人员__________，并确认作业人员__________后方可离开。

12. 普速铁路CTC区域集控区域无人站作业防护，应在管理站和无人站行车室安排____________，室外根据作业具体情况设置相应的现场防护员。

13. 在通信不畅、瞭望距离不足、隧道等特殊地段作业时，应增设____________。

14. 电务作业人员上道作业时，现场防护员发现联系中断，应立即组织作业人员停止作业并__________。

15. 现场防护不得超过规定距离，超过时应增设____________。

16. 电务人员在桥梁地段作业避车时，设有避车台的桥梁，应进入避车台避车；无避车台时，应在__________避车。

17. 电务设备发生故障时，应首先在《行车设备检查登记簿》内登记停用相关设备，经车站值班员或____________签认同意后，方可进行处理。

18. 电务设备故障处理完毕，应进行检查试验，其结果应记入《____________________》，履行销记手续。

19. 电务系统所有上道作业必须安排在有计划的施工天窗点、____________内实施。

20. 作业人员进通道门必须按规定设置防护，必须得到现场防护员与驻站联络员联系确认__________已到位并在岗履责后，方可进入。

21. 在停留列车、车辆前部或尾部通过时，应与其保持____m以上距离。

22. 进入高速铁路封闭设施前，作业负责人应在_____________外清点登记作业人员、工机具、材料数量。

23. 电气化区段，作业人员身体和携带物件（如长杆、导线、工具等）与接触网设备带电部分必须保持____m以上的距离，与回流线保持____m以上的距离。

24. 电气化铁路区段在切割电缆外皮或打开电缆套管之前，要将电缆切割点（不含全塑电缆）钢带两端连通并__________，在作业地点铺设干燥的__________或作业人员穿高压绝缘靴进行。

25. 普速铁路凡影响营业线行车的维修作业均应纳入天窗，不准利用________进行。

26. 机车入库或在车站停车检修机车外部的电务设备时，应挂红色信号旗或______防护，并在操纵手柄上悬挂红色__________。

27. 电气化区段，在办理接触网停电手续且已设好______前，禁止攀登机车、动车组、轨道车顶部进行设备维修作业。

28. 检修电务车载设备时，上下机车、动车组、轨道车应面向车体，双手紧握______，沿踏板上下，严禁飞乘飞降，设有检修台架处所应经台架扶梯上下车。

29. 库内登顶作业前，电务车载车间(班组)应通报相关机务(辆)段、动车段(所)、轨道车运用单位，按规定办理相关手续，并取得本单位调度________，车间(或由指定人员)到场把关后方可进行。

30. 高处作业必须采取防滑、防坠、防坍塌等措施，正确佩戴________，正确使用安全带(绳、网)，严格执行专人防护制度。

31. 在桥梁地段进行临边作业时，应设置防护围栏和________。

32. 拆除杆柱时，应固定其倾倒方向，尽可能避免倒向______，任何人不得逗留在倒下方向杆柱长的____倍距离内。

33. 在道岔动作杆(锁闭框)附近或基本轨之间进行检修、清扫、注油工作时，应按规定使用________。

34. 在轨道电路钻孔和使用冲子时，作业人员必须佩戴________。

35. 任何电气设备未经验电，一律视为______，不准身体触及。

36. 高频开关电源带电作业时，应穿______鞋，站在绝缘垫上。

二、选择题

(一)单项选择题(每题备选答案中，只有一个符合题意的正确答案，请将正确答案前的字母填到题目中的括号内)

1. 驻站联络员应随时确认控制台显示，实时掌握列车运行、调车作业动态及作业车移动情况，及时准确地把本线及邻线列车和车列信息通知到(　　)。

A. 作业负责人或现场防护员

B. 作业人员

C. 列车调度员

D. 车站值班员

2. 普速铁路CTC区域集控区域安全防护规定中，无人站驻站联络员承担(　　)防护责任。

A. 主体　　B. 辅助　　C. 部分　　D. 全部

3. 现场防护员不得擅自离岗，特殊情况需离开作业现场、中断防护时，必须先征得(　　)同意。

A. 工长　　B. 车间主任

C. 作业负责人　　D. 段调度

4. 电务轨旁设备施工及维护作业完毕，试验良好后，履行(　　)手续。

A. 登记　　B. 销记　　C. 审批　　D. 申请

5. 电务系统各类上道维修，以及高速铁路各类轨旁作业按照"行车不施工、施工不行车"的原则，必须全部纳入(　　)内实施。

A. 施工计划或维修天窗计划

B. 临时计划

C. 应急计划

D. 列车运行间隔时间

6. 当发现接触网导线断落时，要远离该处(　　)m以外，将该处加以防护，并立即通知有关部门处理。

A. 1　　B. 2　　C. 5　　D. 10

7. 高速铁路各类轨旁作业，必须安排在(　　)进行。

A. 列车运行间隔时间　　B. 天窗外

C. 天窗内　　D. 夜间

8. 普速铁路上道作业必须设置(　　)。

A. 驻站联络员

B. 现场防护员

C. 驻站联络员和现场防护员

D. 安全员

9. 遇(　　)级及以上大风、暴雨等恶劣天气禁止高处作业，特殊情况落实现场把关。

A. 六　　B. 五　　C. 四　　D. 三

10. 有限空间作业必须严格实行作业审批制度，严禁擅自进入；必须做到“(　　)”，严禁通风、检测不合格作业。

A. 先检测、再通风、后作业　B. 先通风、再检测、后作业

C. 先作业、再检测、后通风　D. 先通风、再作业、后检测

11. 电气化区段配合工务部门更换钢轨时，应由(　　)负责加装“两横一纵”线，电务确认已加装并接牢后，方可开始作业。

A. 电务　　B. 工务　　C. 供电　　D. 车站

12. 对带有(　　)V及以上电压的电务设备进行作业时，一般应切断电源或一人监护一人作业。

A. 36　　B. 50　　C. 220　　D. 380

(二)多项选择题(每题备选答案中，有两个或两个以上符合题意的正确答案，请将正确答案前的字母填到题目中的括号内)

1. 电务作业人员在作业场所禁止穿着(　　)等易滑鞋。

A. 高跟鞋　　B. 拖鞋　　C. 露趾凉鞋　D. 硬底鞋

2. 铁路站场、区间应按固定线路行走，并注意周边机车车辆动态和货物装载、设备设施状态，注意脚下有无障碍物。非作业需要，不准脚踏(　　)等。

A. 钢轨面　　B. 道岔连接杆

C. 尖轨　　D. 辙叉心

3. 野外作业遇雷雨时，作业人员应放下手中的金属器具，到安全处所躲避，严禁在(　　)躲避。

A. 大树下　　B. 电杆旁

C. 停留的列车底部　　D. 涵洞内

4. 现场防护员上岗时须穿有明显标识的防护服，携带(　　)等防护用品。

A. 通信工具　　B. 作业记录仪
C. 口哨或喇叭　　D. 个人手机

5. 驻站联络员须掌握(　　)和安全卡控措施等，与作业负责人、现场防护员和作业人员互试通信工具良好。

A. 防护对象　B. 作业内容　C. 作业区域　D. 行走路线

6. 配电箱、开关、变压器等各种电气设备附近不准堆放各种(　　)和其他影响操作的物件。

A. 易燃　　B. 易爆　　C. 绝缘　　D. 潮湿

三、判断题(判断下列各题，正确的在题干后面括号内打“√”，错误的打“×”)

1. 实习生、临时工在作业负责人的指导下可担任防护员。(　　)

2. 特种设备操作人员在经过培训后就可以上岗。(　　)

3. 作业人员在铁路站场、区间行走及上道施工时，必须按规定穿高可视性警示服(3 级)。(　　)

4. 现场防护员可以参与施工作业。(　　)

5. 有限空间作业过程中可以采用纯氧通风换气。(　　)

6. 作业人员有权拒绝未按规定建立防护体系的上道作业。(　　)

7. 电务作业人员在桥梁步行板、隧道水沟盖板等人行道板上行走时，应时刻注意脚下，及时躲避障碍物和失效、断裂、缺失的道板等。(　　)

8. 电务作业人员在桥上行走、施工或休息时，身体可倚靠桥梁护栏，避免发生高处坠落。(　　)

9. 在距离接触网带电部分不足 2 m 的处所作业时，接触网必须停电，由接触网工区人员安设可靠的临时接地线并验电确认后，方可开始工作。(　　)

10. 天窗或封锁时间以外，禁止任何人员进入高速铁路封闭设施、桥面或隧道范围内。(　　)

11. 电务车载设备车底检修、检测须在机车、动车组、轨道车进入库内地沟停稳后，确认在制动状态下，并设置防护人员后方可进行。(　　)

12. 电务车载设备需登顶作业时，遇特殊情况经审批后可在库外进行。（ ）

13. 电务作业人员登杆作业前应检查电杆的各部位强度和质量，电杆未回填夯实前不得登杆作业。（ ）

14. 轨道电路作业时，使用的各种锤、铲、锉、冲、斧等手动工具应状态良好，使用大锤、手锤时必须戴手套。（ ）

15. 隧道内因空间限制，空气流动不畅，在自轮运转设备连续作业时，会造成废气聚集、氧气含量降低，在工作安排上应缩短连续作业时间，休息时作业人员应撤离至隧道外休息。（ ）

16. 严禁使用未安装触电保护器的各种手持式电动工具和移动设备。（ ）

四、简答题

1. 营业线施工单位“四员一长”是指哪些人员？

2. 电务专业工机具使用有何安全要求？

3. 现场防护员在作业人员下道避车时应做到“三看”，具体包括哪些内容？

4. 驻站联络员与现场防护员联系中断时，驻站联络员应如何应急处置？

5. 现场防护员与驻站联络员联系中断时，现场防护员应如何应急处置？

6. 上道施工时，对现场防护员的站位有何要求？

7. 电务作业人员在桥梁和隧道处下道避车时有何安全注意事项？

8. 在高柱信号机上作业时有何基本安全要求？

9. 电务人员道岔作业时有何基本安全要求？

10. 对带有 220 V 及以上电压的电务设备进行作业时应遵守哪些规定？

11. 对高于 36 V 电压的电务设备进行带电作业时应遵守哪些规定？

五、情境题

1. 甲电务段车间管理人员老潘带班组织乙工区小李和小张，利用天窗修作业计划，进行高柱信号机灯泡更换及信号机检修作业。作业过程中，小李在更换高柱信号机灯泡时，把套筒扳手放在信号机构上；同时小张在地面进行信号机箱盒检修作业。针对小李和小张的行为，请问老潘应如何予以纠正？

2. 甲电务段乙工区小张在检修外锁闭道岔作业过程中，发现某处道岔密贴过紧需要进行调整。请问小张应如何安全操作？

3. 甲电务车间由车间张主任组织新职工观摩立杆作业，为了观看更加清楚，部分新职工站在距离作业点 2 m 处进行观看，部分作业人员手持铁锹、木棍准备参与立杆作业。请问张主任应如何予以纠正？

4. 甲通信段乙工区在进行铁塔养护作业中，小张在高度 4 m 处未戴安全帽进行作业，小李在小张的下方高度 2 m 处同时作业，小王在塔底地面上配合小张和小李作业。老赵作为现场防护员，应如何予以纠正？

5. 甲通信段乙工区天窗点内进行高频开关电源带电检修作业中，作业人员小张穿着一双运动鞋，小李手持一把手柄绝缘部分开裂的螺丝刀。老王作为作业负责人，应如何予以纠正？

6. 甲电务段乙工区在上行线进行 V 形天窗修作业中，现场防护员小张把防护员袖标和防护员证件放在口袋里，并站在上下行两线间防护；作业人员小李擅自去下行线给道岔滑床板注油。老王作为作业负责人，应如何予以纠正？

7. 甲信号工区信号工小张（登高作业人员）和小李（防护人员）利用天窗修时间在电气化区段乙站下行高柱进站信号机进行灯泡更换作业。请问小张在作业前应注意哪些人身安全事项？

参考答案

一、填空题

1. 劳动安全	2. 班前;班中
3. 车间	4. 劳动防护
5. 安全警示	6. 通风
7. 50	8. 专人
9. 检查试验	10. 专人
11. 下道避车;下道完毕	12. 驻站联络员
13. 现场防护员	14. 下道避车
15. 现场防护员	16. 桥梁外方
17. 列车调度员	18. 行车设备检查登记簿
19. 维修天窗点	20. 防护人员
21. 5	22. 作业通道门
23. 2;1	24. 临时接地;橡胶绝缘垫
25. 列车间隔	26. 红灯;禁止操纵牌
27. 地线	28. 扶手
29. 作业许可	30. 安全帽
31. 安全网	32. 股道;1.5
33. 安全木	34. 护目镜
35. 有电	36. 绝缘

二、选择题

(一)单项选择题

1. A	2. A	3. C	4. B	5. A	6. D	7. C
8. C	9. A	10. B	11. B	12. C		

(二)多项选择题

1. ABCD　2. ABCD　3. ABCD　4. ABC　5. ABCD　6. ABD

三、判断题

1. × 解析:实习生、临时工不得担任防护员。　2. × 解析:特种设备操作人员按国家要求经过专业培训,考试合格,取得相应资格后持证上岗。　3. √　4. × 解析:现场防护员不得做与防护无关的事。　5. × 解析:有限空间作业过程中禁止采用纯氧通风换气。　6. √　7. √　8. × 解析:在桥上行走、施工或休息时,身体不能倚靠桥梁护栏,避免发生高处坠落。　9. √　10. √　11. √　12. × 解析:电务车载设备登顶作业须在机务段(折返段)、动车段(所)、轨道车日常停放地点等库内特定地点进行。　13. √　14. × 解析:使用的各种锤、铲、锉、冲、斧等手动工具应状态良好。使用大锤、手锤时禁止戴手套。　15. √　16. √

四、简答题

1. 答:营业线施工单位"四员一长"是指安全员、防护员、联络员、带班人员和工班长。

2. 答:(1)各种工机具使用人必须按规定穿戴劳动防护用品。(2)各种有动力的工机具使用人员必须经过专业技术培训,考试合格后,方可持证上岗。(3)电动工具、机械的电压在 50 V 以上的,要采取保护性接地或接零措施;使用手持电动工具时,必须安装漏电保护装置。

3. 答:现场防护员在作业人员下道避车时应做到"三看",是指一看作业人员下道完毕;二看使用的工具带到安全处所;三看机具、材料未侵限,并报告驻站联络员。

4. 答:驻站联络员应立即采取站场广播或其他通信方式通知现场作业人员停止作业、下道避车。待恢复联络后,应确认现场作业人员安全情况。

5. 答：现场防护员应立即通知作业负责人和作业人员下道至安全地点，同时采用其他通信手段与驻站联络员（或车站）取得联系。

6. 答：现场防护员应根据防护要求和作业现场地形条件、作业人员和工机具布置等情况，合理确定站位及移动路径，选择瞭望条件较好、位置醒目、不侵限，便于确认来车及人员作业情况，便于通知作业人员，并与作业者保持规定距离的处所进行防护，不得与作业人员扎堆。

7. 答：(1)设有避车台的桥梁，应进入避车台避车；无避车台时，应在桥梁外方避车。(2)设有避车洞的隧道，应进入避车洞避车；无避车洞时，应在隧道外方避车。(3)避车时，人员应分散进入就近避车台、洞，避免人员过度集中、拥挤，并注意桥上护栏的稳固状态。(4)在桥梁步行板、隧道水沟盖板等人行道板上行走时，应时刻注意脚下，及时躲避障碍物和失效、断裂、缺失的道板等。

8. 答：(1)在高处作业时，应按规定使用安全带、佩戴安全帽或采取安全防护措施。离开信号机梯子或站在梯子架外侧工作，必须使用安全带。(2)禁止上下同时作业，梯子上有人时下方不能站人；不得将工具、材料放在信号机上。(3)列车通过时，禁止在该股道两侧信号机上停留。(4)不准肩扛、手提笨重物品攀登信号机。不准上下抛递工具、材料，上下传递物品必须用吊绳。(5)遇大风(六级及以上)、暴雨等恶劣天气禁止高处作业，特殊情况落实现场把关。冬季作业应穿防滑绝缘鞋，登梯前注意梯子结冰湿滑。(6)严禁患有禁忌证人员高处作业。高处作业禁止使用手机接打电话。(7)电气化区段作业前，应事先检查梯子接地线接触良好，作业人员必须戴安全帽。必要时应按规范穿戴绝缘手套、绝缘靴。

9. 答：(1)检修电动(电空、电液)转辙机时，应打开遮断器。(2)在道岔动作杆(锁闭框)附近或基本轨之间进行检修、清扫、注油工作时，应按规定使用安全木。(3)在道岔区域作业时，不得将手脚置于尖轨、基本轨之间。严禁手扶、脚踏道岔转辙部位。(4)在道岔设备检修、拆装作业时，不得将手指伸入袖套、空动距离、锁钩、挤切销、孔、齿条、油缸等活动部位，不得用手指探试销子孔或用手确认其吻合状态。(5)电务驻站联络员操纵道岔或交付车务使用前，应经现场作业人员许可。(6)搬运、拆装道岔及转辙设备时，每人负重一般不得超过 50 kg，做到单一指挥、呼唤应答、同起同落。(7)活动扳手不准随意加装套管，扳手不准咬合使用或代替手锤，应规范使用。使用大锤、手锤时禁止戴手套。

10. 答：(1)对带有 220 V 及以上电压的电务设备进行作业时，一般应切断电源或一人监护一人作业。(2)需停电进行检修作业时，应指派专人负责断电，并在电源开关处悬挂警示牌。(3)恢复供电时，应确认全体工作人员作业完毕，脱离带电部件后，方可合闸，摘除警示牌。

11. 答：(1)使用带绝缘的工具，穿绝缘胶鞋(室内应站在绝缘板上)。(2)不得同时接触导电和接地部分。(3)未脱离导电部分时，不得与站在地面的人员接触或相互传递工具、材料。

五、情境题

1. 答：(1)应当通知小张立即撤离信号机构下方，不得在高柱信号机下方与登高作业人员同时作业。(2)应当要求小李把套筒扳手放在工具袋里，不得放在信号机构上。(3)待小李作业完毕后，再通知小张进行信号机箱盒检修作业。

2. 答：(1)打开转辙机箱盒盖，断开道岔遮断器。(2)在尖轨与基本轨间放入安全木，待调整完毕后再取出安全木、合上道岔遮断器。

3. 答：(1)应当提醒观摩的新职工撤离至安全距离外进行观摩，安全距离不得小于信号机柱长度的 1.5 倍。(2)要求作业人员放下手中的铁锹、木棍，在立杆作业过程中，不得用铁锹、木棍支撑机柱。

4. 答：(1)督促小张佩戴好安全帽，按规定使用安全带(绳、网)。(2)督促小李停止作业，不得与小张上下重叠作业。(3)提醒小王立即撤离到“可能坠落范围半径”以外。

5. 答：(1)督促小张更换运动鞋，穿绝缘鞋后，站在绝缘垫上。(2)提醒小李不得继续使用手柄绝缘部分已经开裂的螺丝刀，应进行绝缘处理或更换为带绝缘柄的工具。(3)上述问题纠正后方可开始作业。

6. 答:(1)督促小张按规范持证,将防护员袖标戴在手臂上;要求其站在安全处所防护,不得站在上下行两线间。(2)督促小李立即返回至上行线作业区域,并与小张保持不超过 50 m 的距离。

7. 答:(1)作业前检查确认安全带、安全帽、绝缘靴、绝缘手套状态良好,并正确使用。(2)作业前检查梯子状态良好及接地线可靠接地。

第八章 供电劳动安全

一、填空题

1. 供电专业相关人员应按规定参加与上道作业劳动安全有关的规章制度培训，经考试合格并取得__________后方可上道作业。

2. 上道作业时，在______条件不良的曲线地段、长大区间、通信不畅等特殊地段作业，必须按规定增设__________。

3. 利用V形停电作业时，检修吸上线、PW线、回流线（含架空地线与回流线并用区段）、避雷线等附加导线时一般不得______。

4. 普（高）速铁路所有接触网设备，自____________开始即认定为带电设备。

5. 牵引变电所内，作业人员进入电容器组围栅内或在电容器上工作时，要将电容器逐个放电并______后方准作业。

6. 在带电的电压互感器二次回路上作业时，作业人员要戴绝缘手套，并使用__________，必要时作业前撤除有关的继电保护。

7. 若接触网和电线路上有人作业，牵引变电所当地操作时，要在有关断路器和隔离开关操作手柄上悬挂“___________________”的标示牌。

8. 铁路电力作业应该严格执行________制度。事故紧急处理可不签发________，但必须采取安全措施。

9. 接触网作业组在接到停电作业命令后须先验电接地，然后方可进行作业。禁止使用__________法验电。

10. 运行中的高压设备其中性点接地系统的中性点应视作带电体，在运行中若必须进行中性点接地点断开的工作时，应先建立有效的__________后方可进行断开工作。

11. 电力作业装设接地线必须先接______端，后接______端。

12. 供电人员高处作业时，严禁两人同时在梯上作业，严禁上下双层同时进行______作业。

13. 进入有限空间作业前，应遵循“____________________”的原则。

14. 供电专业驻调度所(驻站)联络员必须在作业人员上工前，按规定时间提前到岗并登记，掌握列车运行信息，并随时与__________保持联系。

15. 接触网维修遇有雨、雪、雾、风力在______及以上恶劣天气时，一般不进行V形天窗作业，若事故抢修等必须进行V形天窗作业的区段，两接地线间距超过______m时应增设接地线。

16. 工作票是进行接触网作业的书面依据，事故抢修和遇有危及人身或设备安全的紧急情况，作业时可以_______工作票，但必须有供电调度批准的_________，并由抢修负责人布置安全、防护措施。

17. 在牵引变电所作业，雷电时禁止在室外设备以及与其有__________的室内设备上作业。

18. 进行高速铁路电力变、配电所检修作业时，应从_________侧全部停电。

19. 地线接挂后不得侵入限界，应对地线采取______措施，防止邻线车辆与地线或地线杆刮碰。

20. 高处作业必须采取防滑、防坠、防坍塌等措施，正确佩戴安全帽，正确使用安全带(绳)，安全带要_________，且必须系在安全牢固的位置。

21. 供电人员登杆作业攀登支柱前要检查支柱状态，观察支柱上有无其他设备，选好攀登______和条件。

22. 供电人员杆上作业所用工具、材料应装在________内，用______传递。

23. 接触网施工维修使用轨道作业车作业时，应指定作业平台__________，作业平台不得超载。

24. 轨道作业车平台应设置___________，在完成作业平台和工作对象设备等位措施后，方可触及和进行作业。

25. 当接触网作业用的车梯工作台面上有人时，推动车梯的速度不得超过____km/h，并不得发生冲击和急剧起、停。

26. 在冰、雪、霜、雨等天气时，接触网作业用的车梯、梯子应采取______措施。

27. 有限空间作业未经通风和检测合格，任何人不得进入有限空间作业，检测时间不得早于作业开始前____min。

28. 接触网维修利用轨道作业车作业时，人员上下作业平台应征得作业平台____________的同意。

29. 轨道作业车的作业平台应具有平台转向限位装置，作业前应将限位装置打至正确位置，作业平台严禁向______________侧旋转。

30. 外轨超高大于等于____mm区段，人员需在轨道作业车的作业平台上作业时，作业平台应具有自动调平装置并开启调平功能。

31. 使用轨道作业车维修接触网，作业平台上人员的重心超出作业平台防护栏范围作业时，须将________系在牢固可靠的部位。

二、选择题

（一）单项选择题（每题备选答案中，只有一个符合题意的正确答案，请将正确答案前的字母填到题目中的括号内）

1. 供电作业开挖沟、槽深度超过（　　）m时，必须采取防塌方措施，不得一人单独作业，严禁在沟槽内坐卧休息。

A. 0.5　　B. 0.75　　C. 1.0　　D. 1.5

2. 供电作业人员上道作业避车时，应距钢轨头部外侧距离不少于（　　）m（另有规定除外），设有避车台（洞）的桥梁（隧道）应进入避车台（洞）避车。

A. 1　　B. 2　　C. 3　　D. 4

3. 供电专业施工（维修）作业时，现场作业人员必须听从（　　）的统一指挥。驻调度所（驻站）联络员与施工（维修）作业负责人应确保通信畅通，及时了解施工（维修）进度及施工机械的作业情况。

A. 作业负责人　　B. 车间主任

C. 段调度　　　　　　　　D. 集团公司调度

4. 10 kV 及以下接触网停电作业时，作业人员（包括所持的机具、材料、零部件等）与周围带电设备的距离不得小于（　　）mm。

A. 3 000　　B. 1 500　　C. 1 000　　D. 700

5. 25 kV 和 35 kV 接触网停电作业时，作业人员（包括所持的机具、材料、零部件等）与周围带电设备的距离不得小于（　　）mm。

A. 3 000　　B. 1 500　　C. 1 000　　D. 700

6. 间接带电作业，（　　）不得直接参加操作，必须在现场不间断地进行安全监护。

A. 工作领导人　　　　　　B. 工班长

C. 工作许可人　　　　　　D. 工作票签发人

7. 对停电作业的设备，必须从可能来电的（　　）切断电源，并有明显的断开点。若无法观察到停电设备的断开点，应有能够反映设备运行状态的电气和机械等指示。

A. 各方向　　B. 电源侧　　C. 负荷侧　　D. 配电所内

8. 接触网利用 V 形停电作业时，两接地线间距大于（　　）m 时，需增设接地线。

A. 800　　B. 1 000　　C. 1 500　　D. 2 000

9. 铁路接触网远离作业指距离接触网带电部分（　　）m 及以外的处所进行的作业。

A. 0.5　　B. 1.0　　C. 1.5　　D. 2.0

10. 牵引变电所发生高压接地故障时，在切断电源之前，任何人与接地点的距离：室内不得小于 4 m，室外不得小于（　　）m。

A. 5　　B. 8　　C. 10　　D. 12

11. 牵引变电作业中，在工作票中填写的已经断开的所有断路器的隔离开关的操作手柄上，均要悬挂（　　）的标示牌。

A.“已接地”

B.“禁止分闸，有人工作”

C.“高压危险”

D. “有人工作，禁止合闸”

12. 电力作业过程中，在线路上装设接地线所用的接地棒(接地极)应打入地下，其深度不得少于(　　)m。

A. 0.5　　B. 0.6　　C. 0.7　　D. 1.0

13. 电力作业巡线人员如发现导线断线，应设置防护物，并悬挂“止步！高压危险”警告牌，防止行人接近断线地点(　　)m以内。

A. 10　　B. 9　　C. 8　　D. 7

14. 接触网作业人员必须始终处于(　　)保护范围之内，作业车梯应采用滑动接地线(铁车梯、作业车)或等位线(绝缘车梯)作为辅助保护。

A. 等位线　　B. 供电线　　C. 地线　　D. 回流线

15. 在多条铁路接触网平行处所及铁路接触网与地方电力架空线路平行设置等处所实施停电检修作业时，必须增设(　　)，防止发生感应电伤害。

A. 架空线　　B. 等位线　　C. 吸上线　　D. 接地线

16. 接触网接地线应可靠接在(　　)钢轨上，且不应跨接在钢轨绝缘两侧、道岔尖轨处。

A. 两侧　　B. 上下行　　C. 同一侧　　D. 异侧

17. 当验明接触网确已停电后，须立即在作业地点的两端和与作业地点相连、可能来电的停电设备上装设(　　)。

A. 等位线　　B. 回流线　　C. 接地线　　D. 短接线

18. 在电分段、软横跨等处作业，中性区及一旦断开开关有可能成为中性区的停电设备上均应接地线，但当中性区长度小于(　　)m时，在与接地设备等电位后可不接地线。

A. 2　　B. 4　　C. 8　　D. 10

19. 检修隔离开关、电分段锚段关节、关节式分相和分段绝缘器等作业时，应用截面积不小于(　　)mm^2 的等位线先连接等位后再进行作业。

A. 20　　B. 25　　C. 30　　D. 35

20. V 形作业检修接触网支柱下部地线、避雷引下线等，可在不停电情况下进行，但须执行第(　　)种工作票并做好行车防护，不得侵入限界。

A. 一　　B. 二　　C. 三　　D. 四

21. 高速铁路利用接触网作业车或专用车辆进行接触网巡视或检测而邻线未封锁时，应在办理邻线列车限速(　　)km/h 及以下手续后进行。

A. 80　　B. 100　　C. 120　　D. 160

22. 牵引变电作业中，使用携带型火炉或喷灯时，火焰与电压 10 kV 及以下的带电部分距离不得小于(　　)m。

A. 1.0　　B. 1.5　　C. 2.0　　D. 2.5

23. 地线一般选择在(　　)处接挂，绝缘锚段关节内不得安排接地点。

A. 中间柱　　B. 前方柱　　C. 后方柱　　D. 侧方柱

24. 禁止在大雾、大雨(雪)、雷电密集、扬沙及(　　)级以上大风等恶劣天气时露天高处作业。

A. 四　　B. 五　　C. 六　　D. 七

25. 间接带电作业时，每个高处作业地点都要设专人监护，其安全等级不低于(　　)级。

A. 一　　B. 二　　C. 三　　D. 四

26. 高处作业时，作业人员及所携带的物件、作业工器具等与接触网带电部分距离小于(　　)m 的远离作业，每个作业地点都要设专人监护，其安全等级不低于四级。

A. 1　　B. 2　　C. 3　　D. 4

27. 在冰、雪、霜、雨等天气时，轨道作业车的爬梯和平台应采取(　　)措施。

A. 防滑　　B. 防冻　　C. 绝缘　　D. 防潮

28. 接触网作业用的车梯的(　　)个车轮应采取可靠的绝缘措施。

A. 一　　B. 二　　C. 三　　D. 四

29. 接触网作业车作业平台上有人作业时，作业车移动的速度不得超过(　　)km/h，且不得急剧起、停车。

A. 5　　B. 10　　C. 15　　D. 20

30. 接触网施工(维修)作业中，作业车的移动应听从(　　)的指挥。

A. 司机　　B. 施工负责人

C. 作业平台操作负责人　　D. 工作领导人

31. 接触网高处作业时，人员不宜位于线索受力方向的(　　)，并采取防止线索滑脱措施。

A. 同侧　　B. 反侧　　C. 下侧　　D. 上侧

32. 高处作业人员在曲线区段调整接触网悬挂时，要采取防止线索(　　)后备保护措施。

A. 滑移　　B. 受力　　C. 固定　　D. 折弯

33. 供电作业人员在登梯前要先检查梯子是否牢靠，梯脚要放稳固，严防滑移，梯子上最多可以允许(　　)人作业。

A. 一　　B. 二　　C. 三　　D. 四

34. 在电气化区段运行的作业车可以攀登到车顶或作业平台的梯子、天窗等处所，均应有(　　)的警告标志。

A.“电气化区段　严禁攀登”

B.“高压危险”

C.“禁止移动”

D.“禁止通行”

35. 接触网作业人员使用车梯进行作业时，应指定车梯负责人，工作台上的人员不得超过(　　)名。

A. 一　　B. 两　　C. 三　　D. 四

36. 在接触网上作业，当车梯放在道床上时，作业人员应将安全带系在(　　)上。

A. 接触网　　B. 工作台框架

C. 接触网支柱　　D. 车梯支架

37. 为避让列车需将接触网作业用的车梯暂时移至建筑限界以外时，要采取防止车梯(　　)的措施。

A. 侵限　　B. 折断　　C. 倾倒　　D. 移动

38. 绝缘工具要有(　　)并定期进行试验，试验合格后方准使用。

A. 出厂证　　B. 合格证　　C. 使用证　　D. 操作证

39. 接触网作业组在接到停电作业命令后须(　　)，然后方可进行作业。

A. 接地　　B. 先验电接地

C. 抛线验电　　D. 先接地后验电

40. 有限空间作业场所具备固定通风设备的，作业过程中发现通风设备停止运转，应(　　)。

A. 继续作业，尽快完成

B. 稍作等待，观察设备是否自行恢复

C. 立即停止作业并撤离作业人员

D. 安排人员修理通风设备后继续作业

41. 作业人员进入牵引所(亭)、电力变配电所电缆夹层，应提前通风(　　)min 后再进入。

A. 5　　B. 10　　C. 15　　D. 20

(二)多项选择题(每题备选答案中，有两个或两个以上符合题意的正确答案，请将正确答案前的字母填到题目中的括号内)

1. 防护人员应参加作业前的安全预想，明确(　　)情况。

A. 作业地点　　B. 作业内容

C. 机工具分布　　D. 相关设备

2. 从业人员应严格遵守劳动纪律和作业纪律，(　　)禁止饮酒，按规定时间休息。

A. 任何时间　B. 班前　　C. 班中　　D. 班后

3. 作业场所禁止穿着(　　)等易滑鞋。

A. 高跟鞋　　B. 拖鞋　　C. 露趾凉鞋　D. 硬底鞋

4. 接触网作业人员检修各种电缆及附件前应对(　　　)两端进行安全接地,并充分放电。

A. 电缆肩架　B. 电缆导体　C. 铠装层　　D. 屏蔽层

5. 供电作业人员必须在雷雨天气巡视检查设备时,作业人员应远离(　　　),防止电击或触电伤害。

A. 护网　　B. 变电所

C. 接触网支柱　　D. 综合接地及其引接线

6. 接触网检修(　　　)等作业时,应用截面积不小于25 mm^2 的等位线先连接等位后再进行作业。

A. 隔离开关　　B. 电分段锚段关节

C. 关节式分相　　D. 分段绝缘器

7. 在电力作业过程中,工作组员应服从(　　　)的指挥。

A. 工作监护人　　B. 工作执行人

C. 工作许可人　　D. 工作票签发人

8. 绝缘工具新购、制作(或大修)后,在第一次投入使用前应进行(　　　)试验。

A. 机械强度　B. 防水性能　C. 牢固度　　D. 电气强度

9. 无法直接验电的设备,通过设备的(　　　)、仪表及各种遥测、遥信等指示信号的变化来确认该设备是否带电。

A. 机械指示位置　　B. 电气指示

C. 带电装置　　D. 万用表显示

10. 铁路站场、区间应按固定线路行走,非作业需要,不准脚踏(　　　)等。

A. 钢轨面　　B. 道岔连接杆

C. 尖轨　　D. 辙叉心

11. 高压电缆检修时,首先仔细核对(　　　)是否与工作票所写内容相符,然后从各方面断开电源。

A. 电缆回线名称　　B. 电缆直径

C. 图纸　　D. 标示牌

12. 为消除感应电压伤害，在进行(　　　)、供电线上网引线、避雷器引线、接地线引线等拆装线夹和分相、中性区、隔离开关、绝缘锚段关节检修时，要在相应的处所增设短接线。

A. 锚段关节电连接　　B. 线岔电连接

C. 分段绝缘器　　D. 回流线对向落锚

13. 电力作业人员在全部停电作业和邻近带电作业的情况下，必须完成(　　　)及装设防护物等安全措施。

A. 停电　　B. 检电

C. 接地封线　　D. 悬挂标示牌

14. 在进行接触网作业时，作业组全体成员须穿戴(　　　)。

A. 绝缘鞋　　B. 高可视性警示服

C. 安全帽　　D. 安全带

15. 进行电力相关作业时，(　　　)等工作必须由两人进行，一人操作，一人监护。

A. 停电　　B. 送电　　C. 检电　　D. 接地封线

16. 有限空间作业检测人员进行检测时，应记录检测的(　　　)等信息，并签字存档。

A. 时间　　B. 地点　　C. 气体种类　　D. 气体浓度

17. 轨道作业车出车前，司机应认真检查(　　　)齐全良好，确保与作业人员联络畅通。

A. 车辆和行车安全装备　　B. 防护备品

C. 通信工具　　D. 机车信号

18. 接触网作业车司机未接到施工负责人(　　　)的通知，严禁打开平台电源控制开关。

A. 调度命令已下达　　B. 接地线设置完成

C. 防护人员就位　　D. 接触网停电

三、判断题(判断下列各题，正确的在题干后面括号内打“√”，错误的打“×”)

1. 从事牵引供电设备运行和检修工作的有关人员，必须实行安全

等级制度，经过考试评定安全等级，取得安全合格证之后，方准参加牵引供电设备对应等级的运行和检修工作。（　）

2. 接触各类锋利刀具、锐器时要精力集中，避免划伤、割伤或刺伤，必要时应佩戴防切割手套。（　）

3. 作业人员进入铁路两侧封闭设施（进入高架桥下封闭设施除外，非封闭区段为进入路肩或桥梁、隧道范围内）、站内线路、侵入站台安全线进行施工，设备养护维修、检查（检测）、天窗点外作业、应急处置等作业，都必须按规定设置驻调度所（驻站）联络员、现场防护员进行防护。（　）

4. 严禁在机车车辆底下坐卧，天窗作业时，可暂时在轨枕头、道心里坐卧或站立。（　）

5. 遇有雷电时（在作业地点可见闪电或可闻雷声）禁止在接触网上作业。（　）

6. 普速铁路接触网步行巡视人员应携带望远镜和通信工具，一般情况下应背向来车方向行走。（　）

7. 任何情况下巡视，对接触网都必须以有电对待，巡视人员攀登支柱必须汇报调度同意。（　）

8. 遇有雨、雪、重雾、霾等恶劣天气，或空气相对湿度大于85%时，一般不进行间接带电作业。（　）

9. 遇有危及人身安全的紧急情况，值守人员必须先报告供电调度，得到供电调度的口头许可后，方可断开有关的断路器和隔离开关。

（　）

10. 特殊情况下，整个供电臂或一级、综合两条贯通线不能同时全部停电时，应经过供电调度批准，按照特殊作业办理。但应保证停电范围比作业范围向两方向各扩大延伸一个停电区间，并保证每个可能来电方向有一组及以上高压开关处于断开位置。（　）

11. 在装设接地线时，先将接地线的一端接地，再将另一端与被停电的导体相连。拆除接地线时，其顺序相反。（　）

12. 停电天窗时间内，使用接触网作业车或专用车辆进行接触网

巡视或检测作业，若未装设接地线，攀登平台、车顶和支柱时必须有人监护。（　）

13. 电力作业过程中若发现临时遮栏和标示牌妨碍作业时，可将其临时拆除或移动，但作业完毕后必须原样恢复。（　）

14. 接触网使用验电器验电必须使用同等电压等级的验电器，验电器的电压等级为 50 kV。（　）

15. 接触网作业使用的验电器应具有自检和抗干扰功能，自检时具有声、光等信号显示。（　）

16. 接触网施工(维修)作业中，若几个作业组同时作业，当距离较近时，可统一设置安全防护措施，但必须分别向供电调度申请停电命令。（　）

17. 拆装高压熔断器必须一人操作，一人监护。操作人要穿绝缘靴、戴防护眼镜，监护人可不戴防护眼镜，但要站在安全地点。（　）

18. 电力作业时，应按照约定时间停电、送电。（　）

19. 电力设备停电后，可依据开关设备断开的指示信号或经常接入设备的电压表显示判断设备是否带电。（　）

20. 接触网作业停电后，接地线位置应处在停电范围之外，作业地点范围之内。（　）

21. 供电人员高处作业之前，应检查确认登高辅助设备器具完整良好，设有防滑、固定等装置，并采取有效防护措施。（　）

22. 供电专业使用移动式机具时必须设置防护，严禁闲杂人员靠近作业场所。（　）

23. 使用接触网作业车作业时，人员上下作业平台应征得作业负责人的同意。（　）

24. 有限空间作业初始气体检测不合格的，必须再次对有限空间进行强制通风。（　）

25. 轨道作业车移动或作业平台升降、转向时，严禁人员上下。（　）

26. 工作领导人必须确认地线接好后，方可允许作业人员登上轨

道作业车的作业平台。 (　　)

27. 轨道作业车作业中须锁闭好作业平台的防护门,作业结束平台操作人员须将平台及平台上的装置复位并将施工料具及时清理,方可通知司机动车。 (　　)

28. 接触网作业车上方的接触网设备未停电并办理安全防护措施前,禁止任何人员攀登到车顶或车辆装载的货物上。 (　　)

29. 供电调度员发布停电作业命令时,受令人核对命令号无误后,方可给作业人员命令编号和批准时间。 (　　)

30. 高处作业使用的小型工具、材料应放置在工具材料袋(箱)内。确认安全后,可以抛掷传递工具。 (　　)

31. 登杆作业前必须对脚扣、安全带等登高用具进行检查,确保其性能完好,对发现存在的缺陷未整改前不得使用。 (　　)

32. 当外轨超高大于等于 125 mm 或风力五级以上时,未采取固定措施禁止登车梯作业。 (　　)

四、简答题

1. 现场防护员应如何选择站位及移动路径?

2. 停电作业时,不同电压等级下作业人员(包括所持的机具、材料、零部件等)与周围带电设备的距离分别为多少?

3. 在带电的电压互感器二次回路上作业时应注意哪些事项?

4. 电力作业装拆接地线有何要求?

5. 使用轨道作业车作业时有何安全规定?

五、情境题

1. 在甲区段的接触网检修作业中,乙供电段驻站联络员小张通过无线通信设备通知现场防护员小李,邻线即将通过一列限速 160 km/h 的旅客列车。此时,作业人员正在进行支柱调整作业。请问现场作业人员应如何正确处置?

2. 某日,甲接触网工区组织进行停电检修作业,由小李担任工作领导人。验电接地人员小张在安装接地线时发现,接地线连接处存在轻微锈蚀现象，可能影响接地效果。此时，现场环境复杂，包括设备表面的氧化层、潮湿天气等不利因素。请问作业人员应如何正确处理？

3. 甲供电段组织夜间接触网巡视作业，巡视人员小王在巡视过程中发现某处绝缘子表面出现严重闪络现象，但未引发跳闸。此时正值深夜，周围环境光线较暗，且存在一定的湿气，可能影响设备状态及巡视人员的操作。请问小王应如何正确处置？

参考答案

一、填空题

1. 作业资格
2. 瞭望;防护人员
3. 开路
4. 第一次受电
5. 接地
6. 绝缘工具
7. 有人工作,禁止合闸
8. 工作票;工作票
9. 抛线验电
10. 旁路接地
11. 接地;导体
12. 垂直
13. 先通风、再检测、后作业
14. 现场防护员
15. 五级;500
16. 不签发;作业命令
17. 电气连接
18. 电源、负荷
19. 稳固
20. 高挂低用
21. 方向
22. 工具袋;绳子
23. 操作负责人
24. 随车等位线
25. 5
26. 防滑
27. 30
28. 操作负责人
29. 未封锁的线路
30. 125
31. 安全带

二、选择题

(一)单项选择题

1. C	2. B	3. A	4. D	5. C	6. A	7. A
8. B	9. B	10. B	11. D	12. B	13. C	14. C
15. D	16. C	17. C	18. D	19. B	20. C	21. D
22. B	23. A	24. C	25. D	26. C	27. A	28. C
29. B	30. C	31. B	32. A	33. A	34. A	35. B
36. A	37. C	38. B	39. B	40. C	41. C	

(二)多项选择题

1. ABCD 2. BC 3. ABCD 4. BCD 5. CD
6. ABCD 7. AB 8. AD 9. ABC 10. ABCD
11. AD 12. ABCD 13. ABCD 14. ABC 15. ACD
16. ABCD 17. ABC 18. BD

三、判断题

1. √ 2. √ 3. √ 4. × 解析:**严禁**在机车车辆底下坐卧,以及**在钢轨上、轨枕头、道心里坐卧或站立**。 5. √ 6. × 解析:普速铁路接触网步行巡视人员应携带望远镜和通信工具,一般情况下应**面向**来车方向。 7. × 解析:任何情况下巡视,对接触网都必须以有电对待,**巡视人员不得攀登支柱**,并应时刻注意避让列车。 8. √ 9. × 解析:遇有危及人身安全的紧急情况,值守人员**可先行断开有关的断路器和隔离开关,再报告供电调度**。 10. × 解析:特殊情况下,整个供电臂或一级、综合两条贯通线不能同时全部停电时,应经过供电调度批准,按照特殊作业办理。但应保证停电范围比作业范围向两方向各扩大延伸一个停电区间,并保证每个可能来电方向有**两组**及以上高压开关处于断开位置。 11. √ 12. × 解析:停电天窗时间内,使用接触网作业车或专用车辆进行接触网巡视或检测作业,**未装设接地线时,禁止攀登平台、车顶和支柱**。 13. × 解析:电力作业过程中,**严禁**未经许可擅自移动或拆除临时遮栏和标示牌。 14. × 解析:接触网使用验电器验电必须使用同等电压等级的验电器,验电器的电压等级为**25 kV**。 15. √ 16. × 解析:接触网施工(维修)作业中,几个作业组同时作业时,**每一个作业组必须分别设置安全防护措施**,分别向供电调度申请停电命令。 17. × 解析:拆装高压熔断器必须一人操作,一人监护。**操作人和监护人均要穿绝缘靴、戴防护眼镜**。 18. × 解析:电力作业时,**严禁**约定时间停电、送电。 19. × 解析:表示开关设备断开的指示信号、经常接入的电压表,**不能作为设备无电的依据**。 20. × 解析:接触网作业停电后,接地线位置应处在停电范围**之内**,作业地点范围之外。 21.√ 22.√ 23.× 解析：使用接触网作业车作业时，人员上下作业平台应征得作业平台操作负责人的同意。 24.√ 25.√ 26.√ 27.× 解析：轨道作业车作业中须锁闭好作业平台的防护门，作业结束平台操作人员须将平台及平台上的装置复位并将施工料具及时清理，与司机共同确认后方可动车。 28.√ 29.× 解析：供电调度员发布停电作业命令时，受令人应认真复诵，经确认无误后，方可给作业人员命令编号和批准时间。 30.× 解析：高处作业使用的小型工具、材料应放置在工具材料袋(箱)内。作业中应使用专门的用具传递工具、零部件和材料，不得抛掷传递。 31.√ 32.√

四、简答题

1. 答：现场防护员应根据作业现场地形条件、作业人员和机工具布置等情况，合理确定站位及移动路径，选择瞭望条件好、位置醒目、不侵限，便于确认来车及人员作业情况，便于通知作业人员，并与作业者保持规定距离的处所进行防护，不得与作业人员扎堆。远端防护员、中间联络员往返防护地点途中，不得在线路上行走，不得随意穿越线路。

2. 答：停电作业时，作业人员(包括所持的机具、材料、零部件等)与周围带电设备的距离不得小于下列规定：500 kV 为 6 000 mm；330 kV 为 5 000 mm；220 kV 为 3 000 mm；110 kV 为 1 500 mm；25 kV 和 35 kV 为 1 000 mm；10 kV 及以下为 700 mm。

3. 答：在带电的电压互感器二次回路上作业时，注意防止发生短路或接地。作业时作业人员要戴绝缘手套，并使用绝缘工具，必要时作业前撤除有关的继电保护；连接的临时负荷，在互感器与负荷设备之间必须有专用的刀闸和熔断器。

4. 答：电力作业装设接地线应接触良好，必须先接接地端，后接导体端。同杆架设的多层电力线路同时挂接地线时，应先挂低压后挂高压，先挂下层后挂上层。拆除接地线的顺序与此相反。在导线上装拆接地线时，应使用绝缘棒并戴绝缘手套。

5. 答：使用轨道作业车作业时，应指定作业平台操作负责人，作业平台不得超载。工作领导人必须确认地线接好后,方可允许作业人员登上轨道作业车的作业平台。作业车平台应设置随车等位线,在完成作业平台和工作对象设备等位措施后,方可触及和进行作业。

五、情境题

1. 答:(1)小李接到小张的通知后,应立即汇报作业负责人。作业负责人应立即命令所有人员停止当前的支柱调整作业并下道避车。(2)作业人员应迅速撤离至距离钢轨头部外侧不少于3 m的安全区域。若作业地点处于线间距小于6.5 m的地段,严禁在两线间停留。(3)确认所有工具和材料已远离线路,并固定牢固,防止因列车气流或振动导致侵入邻线限界。(4)所有人员应面向列车认真瞭望,注意观察列车动态,防止列车上的抛落物或气流造成伤害。

2. 答:(1)小张发现接地线连接处存在隐患后,应立即停止后续作业,并向小李报告具体情况。(2)小李应安排工作许可人更换合格的接地线(或对接地部位进行清理和打磨),确保接地可靠后再继续作业。(3)严禁在未完成可靠接地的情况下开展任何接触网检修作业,避免发生感应电或误送电导致的人身伤害。

3. 答:(1)小王发现绝缘子闪络现象后,应立即保持安全距离,不得直接接触设备或靠近故障点,防止发生触电事故。应使用望远镜或其他辅助工具观察故障点的具体情况,避免近距离操作带来的风险。(2)详细记录故障位置、现象及可能原因,并第一时间向调度中心和工区负责人汇报。(3)在故障未彻底解决前,密切关注该区段运行状况。

第九章 房建劳动安全

一、填空题

1. 房建作业人员在列车通过避车时，必须站立在安全位置，其站立方向应为______列车。

2. 当燃气发生泄漏引发火灾时，应立即切断______。

3. 房建作业人员上道应急处理突发设备故障，必须按规定在《____________________》内登记，按规定程序申请__________，并按规定设置防护。

4. 房建作业人员上道必须得到所属铁路局集团公司调度所__________________的调度命令后方可作业。

5. 房建作业人员在铁路站场行走及上道施工、维修、检查、测量、应急处置等作业时，必须穿铁路__________________。

6. 房建作业人员上道作业前，驻站联络员应携带工作计划到达车站行车室提前 40 min 完成登记，并负责与车站值班员办理施工（维修）________手续。

7. 房建作业人员进入铁路两侧封闭设施进行施工，设备巡查、测量和利用列车间隔取水、抄表等作业，必须按规定设置驻站联络员、__________员进行防护。

8. 房建作业人员进入作业通道门前，必须得到现场防护员与驻站联络员联系确认__________________并在岗履责后方可进入。

9. 凡影响行车的房建施工（维修）作业，都必须纳入天窗，不得利用__________进行。

10. 使用砂轮机时，操作者必须佩戴___________，身体应站立在______，并待砂轮转速稳定后方可开始工作。

11. 电动机械、工具电压在 50 V 以上的，要采取保护性______或接零措施。

12. 氧气瓶与乙炔瓶必须按规定存放，严禁混放，间隔距离不得少于____m；气瓶严禁靠近明火或在阳光下暴晒，距明火不得少于____m。

13. 压力容器和压力管道必须严格按有关规定进行作业和储存，并定期__________。

14. 操作人员进入高空作业车作业平台内作业时，要关好______门，系好安全带，戴好安全帽并系好帽带。

15. 高空作业平台（车）移动和作业时，其______及承重支点不得进入站台帽悬挑部分。

16. 发现人员触电，在没有断电且采取安全措施前，不得用手或手持________物品直接接触触电者身体。

17. 屋面处理作业前，必须将散落在屋面及上方的电源线（确认断电后）______，并设立“注意安全”“当心触电”等警示标志。

18. 作业人员及所携带的物件、作业工器具等须与牵引供电设备高压带电部分保持____m以上的距离，与回流线、架空地线、保护线保持____m以上距离，距离不足时，牵引供电设备须停电。

19. 必须在雷雨天巡查设备时，作业人员应远离____________、综合接地及其引接线，防止电击或触电伤害。

20. 水质检验员进行水质检测时，必须按规定穿戴劳动防护用品，__________部位严禁与危险化学品接触。

21. 在高架车站的轨道梁与站台间隙处所，桥梁步行板，桥梁接缝、拼缝等处所作业时，必须检查______情况，确认安全后方可作业或通行。

22. 登高扫、抹、擦、吊、架设、堆物、检修设备时，作业面下要采取__________措施，防止物品坠落伤人。

二、选择题

（一）单项选择题（每题备选答案中，只有一个符合题意的正确答案，请将正确答案前的字母填到题目中的括号内）

1. 房建作业人员上道作业前，驻站联络员应携带工作计划到达车站行车室提前(　　)min 完成登记。

A. 30　　B. 40　　C. 45　　D. 60

2. 房建作业人员上道作业过程中,如防护联系中断,驻站联络员应向(　　)报告,请求拦停列车。

A. 车站值班员　　B. 现场防护员

C. 作业负责人　　D. 施工(维修)负责人

3. 房建作业人员上道作业过程中,如防护联系中断,现场防护员应立即通知施工(维修)负责人(　　)。

A. 迅速完成作业　　B. 加强瞭望

C. 修复联系　　D. 停止作业

4. 配备到个人的移动照明灯具电压不得超过(　　)V。

A. 220　　B. 110　　C. 50　　D. 36

5. 使用电压在 50 V 以上的手持电动工具时必须安装(　　)。

A. 漏电保护装置　　B. 防静电装置

C. 接地线　　D. 零线

6. 房建作业人员现场使用的照明、发电机等设备,应具备(　　)功能,杜绝漏电造成触电伤害。

A. 防破损　　B. 防摔　　C. 防雨防水　　D. 自动检测

7. 距离 10 kV 以下高压电线的安全距离为(　　)m。

A. 1.0　　B. 1.5　　C. 2.2　　D. 4.0

8. 距离 110 kV 高压电线的安全距离为(　　)m。

A. 1.0　　B. 1.5　　C. 2.2　　D. 4.0

9. 浓雾、雷电密集、沙尘暴、(　　)级及以上强风等恶劣天气时,严禁露天高处作业。

A. 四　　B. 五　　C. 六　　D. 七

10. 使用吊篮高处作业时,如遇有(　　)级及以上大风天气,应立即停止作业。

A. 四　　B. 五　　C. 六　　D. 七

11. 使用吊篮高处作业时,吊篮内作业人员不应超过(　　)人。

A. 1　　B. 2　　C. 3　　D. 4

12. 吊篮升降运行时，工作台两端高差不得超过(　　)mm。

A. 50　　B. 150　　C. 200　　D. 500

(二)多项选择题(每题备选答案中，有两个或两个以上符合题意的正确答案，请将正确答案前的字母填到题目中的括号内)

1. 房建作业场所禁止穿着高跟鞋、(　　)等易滑鞋。

A. 劳保鞋　　B. 拖鞋　　C. 露趾凉鞋　D. 硬底鞋

2. 房建作业人员上道作业必须严格落实上道作业计划审批、(　　)等制度。

A. 安全预想　　B. 作业防护

C. 通道门管理　　D. 上下道清点

3. 房建作业人员上道作业时，驻站联络员未得到现场防护员关于所有(　　)已撤离线路或返回安全地点的报告，不得结束驻站防护作业。

A. 作业人员　　B. 机具

C. 线路既有设备　　D. 工具

4. 房建作业人员上道作业过程中，防护员应根据(　　)等情况确定站位及移动路径，并做好自身防护。

A. 作业现场地形条件　　B. 列车运行特点

C. 作业人员　　D. 机具布置

5. 房建作业人员上道作业过程中，垂直天窗、V 形天窗点内无作业车辆时，现场防护员应(　　)。

A. 加强瞭望　　B. 结束防护工作

C. 保持通信畅通　　D. 参与施工工作

6. 房建作业人员上道作业严禁(　　)，确保上道作业安全。

A. 无命令上道　　B. 随意变更计划

C. 超范围上道作业　　D. 无计划上道

7. 装卸气瓶应轻装轻卸，避免气瓶相互碰撞或与其他坚硬的物体碰撞，不得用(　　)、碰等方式装卸气瓶。

A. 抛　　B. 滚　　C. 滑　　D. 摔

8. 有压设备拆装、检修时，必须(　　)。

A. 切断压力来源　　B. 保持压力

C. 轻轻锤击承压设备　　D. 排净余压

9. 从事危险废物的收集、储存、运送、接收和处置的工作人员和管理人员，应当接受(　　)等知识的培训。

A. 相关法律　B. 专业技术　C. 安全防护　D. 应急处理

10. 在高处作业过程中，严禁踩踏(　　)等轻质型材。

A. 简易彩钢瓦　　B. 石棉瓦

C. 玻璃钢瓦　　D. 阳光板

11. 高处作业前，应检查确认登高辅助设备完整良好，必须(　　)。

A. 采取防滑、防坠、防坍塌等措施

B. 正确佩戴安全帽

C. 正确使用安全带(绳、网)

D. 严格执行专人防护制度

三、判断题(判断下列各题，正确的在题干后面括号内打"√"，错误的打"×")

1. 使用有毒物品的场所，作业前必须采取通风、隔离等措施。(　　)

2. 房建、给水作业人员在开挖沟、槽时，可以在沟槽内坐卧休息。(　　)

3. 可燃气体设备点火前，如发现室内已有可燃气体泄漏，应立即关闭钢瓶角阀，疏散人员，打开门窗加强通风，并在现场及时拨打电话报警。(　　)

4. 已安装燃气报警装置的场所，使用单位每年须对设备功能进行一次全面检查，确保设备报警、风机联动、电磁阀联动、气体探测器、量值、电源和接地等功能正常。(　　)

5. 技术过硬的劳务工可以单独上道作业。 ( )

6. 取得营业线施工安全培训合格证的劳务工可以担任营业线施工的带班人员。 ( )

7. 作业通道门钥匙及开、关通道门,必须由专人负责管理。 ( )

8. 机具设备维护保养时,在做好安全防护并派专人防护的情况下,可以不切断电源。 ( )

9. 严禁在五级以上大风及暴雨、雷电、大雾等恶劣天气条件下,使用高空作业平台(车)。 ( )

10. 高空作业平台(车)必须在水平倾斜度不超过 10°的平整坚实地面上工作。 ( )

11. 高空作业平台(车)作业时,安全监护人员应站在臂杆下观察作业环境。 ( )

12. 高空作业平台(车)作业区域有限时,可以暂时上下交叉作业。 ( )

13. 接触各类锋利刀具、锐器时要避免划伤、割伤或刺伤,必要时应佩戴防切割手套。 ( )

14. 给水作业人员在电气化铁路区段站场进行抢修、开口、客车上水栓巡检试水等作业时,必须先停水再实施作业。 ( )

15. 水质检测所使用的药品、样品、试剂和溶液必须有标签标明,不得在容器中盛入与标签不相符的其他物品。 ( )

16. 房建作业人员在桥涵上施工间隙,倚靠桥梁护栏休息时要格外注意人身安全。 ( )

17. 登高作业使用的扶梯、人字梯、车梯必须结实、稳固,不能缺档,不得垫高、叠放使用。 ( )

四、简答题

1. 对参加上道作业的劳务工有哪些人身安全规定?

2. 作业通道门管理有哪些基本要求?

3. 施工中使用发电机、空压机、搅拌机、切割机等机电设备有哪些基本要求？

4. 在修建靠近接触网的建筑物、构筑物或设备时，登高作业有何规定？

5. 野外作业中遇有雷雨恶劣天气时如何做好安全防护？

6. 在屋面及高处作业场所作业有哪些安全注意事项？

五、情境题

1. 甲房建公寓段工长接到通知，公寓 12 楼电梯厅吊顶照明灯故障需更换，安排小李独自去处理。小李到达现场后，发现该楼层高 2.6 m，电梯厅北面的窗户处于打开状态，作业位置距离该窗口仅有 0.4 m，站在窗台上也能更换灯具。请问小李应如何处置？

2. 甲段公寓食堂厨师张师傅在烹饪菜肴时，发现燃气管道有一处燃气泄漏并引发失火，邻近的灶台还有其他人员作业。请问张师傅应如何处置？

3. 甲房建公寓段乙工区在丙站进行天窗点内上道作业，工区巡检工小张进行现场防护，小李为驻站联络员，小黄为施工负责人。上道作业时，小张发现与小李联系不上，请问小张、小黄应如何处置？

4. 甲房建公寓段乙车间参加天窗作业，需使用高空作业平台车登高检查雨棚檐口板。高空作业平台车操作人员小李在操作前，应做哪些准备工作？

参考答案

一、填空题

1. 面向
2. 气源
3. 行车设备检查登记簿;临时要点
4. 同意施工(维修)作业
5. 高可视性警示服(3 级)
6. 登销记
7. 现场防护
8. 防护人员已到位
9. 列车间隔
10. 防护眼镜;侧面
11. 接地
12. 5;10
13. 检查试漏
14. 安全
15. 轮胎
16. 非绝缘
17. 架起
18. 2;1
19. 接触网支柱
20. 身体裸露
21. 间隙
22. 防护隔离

二、选择题

(一)单项选择题

1. B 2. A 3. D 4. D 5. A 6. C 7. B
8. D 9. C 10. B 11. B 12. B

(二)多项选择题

1. BCD 2. ABCD 3. ABD 4. ABCD 5. AC
6. ABCD 7. ABCD 8. AD 9. ABCD 10. ABCD
11. ABCD

三、判断题

1. √ 2. × 解析:房建、给水作业人员在开挖沟、槽时,**严禁**在沟槽内坐卧休息。 3.× 解析:可燃气体设备点火前,如发现室内已有可燃气体泄漏,应立即关闭钢瓶角阀,疏散人员,打开门窗加强通风,严禁使用易产生火花的电灯、电话、排风扇等电器以及明火等。 4.× 解析:已安装燃气报警装置的场所,使用单位每季度须对设备功能进行一次全面检查,确保设备报警、风机联动、电磁阀联动、气体探测器、量值、电源和接地等功能正常。 5.× 解析:参加上道作业的劳务工必须按规定由具备带班资格(具有营业线施工安全培训合格证)的正式铁路职工带领,不准劳务工单独上道作业。 6.× 解析:劳务工不得担任营业线施工的安全防护员及带班人员等工作。 7.√ 8.× 解析:机具设备维护保养时,必须停机并切断电源(风源、气源),做好安全防护并派专人防护。 9.√ 10.× 解析:高空作业平台(车)必须在水平倾斜度不超过5°的平整坚实地面上工作。 11.× 解析:高空作业平台(车)车体回转或作业时臂杆下不准站人。 12.× 解析:高空作业平台(车)严禁作业区域内上下交叉作业。 13.√ 14.√ 15.√ 16.× 解析:桥涵上行走、施工或休息时,不得倚靠桥梁护栏。 17.√

四、简答题

1. 答:参加上道作业的劳务工必须按规定由具备带班资格(具有营业线施工安全培训合格证)的正式铁路职工带领,严格执行同去同归同转场制度,不准劳务工单独上道作业。劳务工不得担任营业线施工的安全防护员及带班人员等工作,不准单独使用各类作业车辆。

2. 答:进入通道门必须按规定设置防护,即作业人员进入作业通道门前,必须得到现场防护员与驻站联络员联系确认防护人员已到位并在岗履责后方可进入。作业通道门钥匙及开、关通道门,必须由专人负责管理。开门前,必须经现场防护员进门前安全防护后,方可打开通道门指挥作业人员进入。指定专人对进出通道门人员、机工具及材料等进行检查、清点、确认并做好记录。需在天窗点前从作业通道将作业人员、机工具及材料转移至作业地点的,应根据转移距离,合理确定进出门时间，纳入防护方案和班前安全预想。

3. 答：施工中使用发电机、空压机、搅拌机、切割机等机电设备时，要有良好的接地装置；在可能带电的部位要设置“高压危险”等明显的警示标志并采取有效的防护措施。

4. 答：在修建靠近接触网的建筑物、构筑物或设备时，禁止借助接触网支柱搭脚手架或借助铁塔支柱上下；必须借助接触网支柱登高时，应有供电专业人员现场监护。

5. 答：野外作业中遇有雷雨恶劣天气时，必须停止作业，作业人员应放下手中的金属器具，迅速到安全处所躲避。严禁在大树下、接触网支柱、铁塔旁和涵洞内躲避。必须在雷雨天巡查设备时，作业人员应远离接触网支柱、综合接地及其引接线，防止电击或触电伤害。

6. 答：在屋面及高处作业场所作业前，必须先把易使人滑倒的雪、霜、露、青苔、杂物等清扫干净。坡屋面作业时，应侧身斜走，弯腰慢行。石棉瓦屋面作业时，必须铺设脚手板，脚手板稳固铺在檩条上。

五、情境题

1. 答：(1)小李应立即向工长汇报，高处作业至少需要两人，一人作业、一人监护。(2)按规定使用安全可靠的登高工具，正确穿戴安全帽、工作服、绝缘鞋等防护用品。(3)关闭作业区域窗户，确认作业区域安全。(4)在安全条件完备后，作业前先断开电源并验电，严格执行安全作业规范。

2. 答：应立即切断气源，使用防火毯等封住着火口灭火。同时立即疏散人员，并迅速向本单位安全生产指挥中心、消防部门及燃气公司报警，请求排险。

3. 答：小张应立即通知小黄停止作业；小黄应立即采取防护措施，并组织人员、机具、材料撤离至安全地点。

4. 答：(1)确认液压油、燃油、冷却液是否充足、有无泄漏现象。(2)检查车辆接地装置是否完好，确保车辆具有良好的接地性能。

(3)检查安全防护装置是否完好,如安全带、安全绳、防坠器等。(4)检查操作手柄、控制按钮是否灵敏可靠。(5)检查各项功能是否正常,如升降、伸缩、旋转等。如发现异常情况,应立即报告维修或更换相应部件。

事故处置篇

第一章 伤亡事故应急处置

一、填空题

1. 伤亡事故是指在生产劳动过程中发生的违反劳动者意愿的__________、急性中毒。

2. 根据伤亡事故的严重程度，伤亡事故一般分为______________、__________、较大事故、一般事故四个等级。

3. 遇有呼吸心搏骤停又有骨折者，应先进行____________，直至呼吸、心跳恢复后，再进行固定骨折。

4. 大出血合并有伤口者，首先应采取指压法、止血带止血法等进行______，再消毒伤口进行包扎。

5. 有多人在现场或遇有成批伤病员时，______与呼救同时进行。只有一人在场的情况下，应先施救，后在短时间内进行电话呼救。

6. 如果受伤者伤害原因不能继续对现场抢救人员造成危害的，抢救人员可立即____________进行现场处理，使其尽快脱离现有的伤害源。

7. 脱离伤害状态前要确认伤者能否被______，不能______时，要在消除安全隐患后，开展现场抢救措施，等待医护人员到场后指导施救。

8. 较大事故是指造成____人以上____人以下死亡，或者____人以上____人以下重伤(包括急性工业中毒)。

9. 一般事故是指造成____人以下死亡，或者____人以下重伤(包括急性工业中毒)。

10. 受伤者伤害程度较重，精神迷糊、意识不清，或出现无意识、无心跳、无呼吸等严重情况，施救人员要立即拨打__________电话。

二、选择题

（一）单项选择题（每题备选答案中，只有一个符合题意的正确答案，请将正确答案前的字母填到题目中的括号内）

1. 事故发生后，铁路运输企业和其他有关单位应当积极开展（　　）工作，减少人员伤亡和财产损失，尽快恢复铁路正常行车。

A. 经济赔偿　B. 复工复产　C. 应急救援　D. 现场稳定

2. 帮助受伤者脱离伤害状态前应首先确认（　　）。

A. 医护人员到场　　B. 伤者能否被移动

C. 现场是否有目击者　　D. 是否需要报警

3. 某事故造成 20 人死亡，20 人重伤，属于（　　）。

A. 特别重大事故　　B. 重大事故

C. 较大事故　　D. 一般事故

4. 某事故造成 30 人死亡，156 人重伤，属于（　　）。

A. 特别重大事故　　B. 重大事故

C. 较大事故　　D. 一般事故

5. 当事故单位和人员必须移动现场物件时，正确的做法是（　　）。

A. 直接恢复作业后再补记录

B. 仅用文字描述现场情况

C. 优先确保生产设备不受损

D. 进行标记并采取摄像等方式记录原貌

6. 在处理触电事故时，断开伤害源首先应（　　）。

A. 记录触电设备型号

B. 对伤者进行人工呼吸

C. 确保自身和他人安全

D. 触摸伤者检查生命体征

（二）多项选择题（每题备选答案中，有两个或两个以上符合题意的正确答案，请将正确答案前的字母填到题目中的括号内）

1. 事故发生后，事故现场负责人或有关人员应当负责事故现场的保护工作，立即将事故发生的(　　　)及事故发生的简要经过向所在单位上级汇报。

A. 时间　　B. 地点

C. 单位　　D. 伤亡者姓名

2. 根据生产安全事故造成的人员伤亡或者直接经济损失，伤亡事故分为(　　　)。

A. 特别重大事故　　B. 重大事故

C. 较大事故　　D. 一般事故

3. 事故信息收集可采取的方法包括(　　　)。

A. 绘制现场图

B. 对事故现场录像

C. 拍照记录原貌

D. 保存损坏的零部件

三、判断题(判断下列各题，正确的在题干后面括号内打"√"，错误的打"×")

1. 确认人身伤害事故后，发现者要立即断开伤害源，阻止伤害继续。(　　)

2. 事故发现者应组织相邻岗位人员实施救援并将人身伤害信息汇报，管理部门接到汇报后须立即组织救援。(　　)

3. 断开伤害源要在确认安全后进行，防止对发现者和受伤者造成伤害。(　　)

4. 发现受伤者后其伤害原因不清不能盲目靠近施救，避免事故进一步扩大。(　　)

5. 事故发生后，铁路运输企业和其他有关单位应当积极开展应急救援工作，减少人员伤亡和财产损失，尽快恢复铁路正常行车。(　　)

6. 事故发生后，即便为抢救人员或恢复生产，也不能移动现场物件。(　　)

四、简答题

1. 伤亡事故的应急处置原则是什么？

2. 伤亡事故的应急处置要求是什么？
3. 伤亡事故发现者的处置流程是什么？
4. 伤亡事故确认伤害程度的注意事项有哪些？
5. 简述伤亡事故的报告程序。

参考答案

一、填空题

1. 人身伤害
2. 特别重大事故;重大事故
3. 心肺复苏术
4. 止血
5. 救护
6. 靠近受伤者
7. 移动;移动
8. 3;10;10;50
9. 3;10
10. 急救中心

二、选择题

(一)单项选择题

1. C　2. B　3. B　4. A　5. D　6. C

(二)多项选择题

1. ABCD　2. ABCD　3. ABCD

三、判断题

1. × 解析:确认人身伤害事故后,**发现者要在确认安全后**,立即断开伤害源,阻止伤害继续。 2. √ 3. √ 4. √ 5. √ 6. × 解析:为抢救人员或恢复生产**必须移动现场物件时,应做好标记**,采取摄像、摄影、录音、绘图等方法记录事故现场原貌,妥善保存重要痕迹、物证等。

四、简答题

1. 答:(1)先排险后施救。(2)先重伤后轻伤。(3)先复苏后固定。(4)先止血后包扎。(5)先急救后转运。(6)急救与呼吸并重。

2. 答:(1)迅速控制危险源,组织抢救遇险人员。(2)根据事故危害程度,组织现场人员撤离或者采取可能的应急措施后撤离。(3)及时通知可能受到事故影响的单位和人员。(4)采取必要措施,防止事故危害扩大和次生、衍生灾害发生。(5)根据需要请求邻近的应急救援队伍参加救援，并向参加救援的应急救援队伍提供相关技术资料、信息和处置方法。(6)维护事故现场秩序，保护事故现场和相关证据。(7)采取法律、法规规定的其他应急救援措施。

3. 答：(1)发现者处理及汇报。(2)确认伤害因素。(3)脱离伤害状态。(4)确认伤害程度及处理方法。

4. 答：(1)观察受伤者伤害位置及伤害严重程度要全面、详细。(2)如果受伤者觉得没事也必须去医院进行必要的检查，避免身体内部器官出现损伤。(3)现场报警要简要、详细、具体，现场接应引导安排到位。(4)根据受伤者身体状况立即采取相应的现场救护措施。

5. 答：(1)事故发生后，事故现场负责人或有关人员应当负责事故现场的保护工作，立即将事故发生的单位、时间、地点、伤亡者姓名及事故发生的简要经过向所在单位上级汇报。(2)发生作业人员当班突发疾病死亡时，要立即向当地县级以上医院或“120”急救中心请求救治，并立即向所在地铁路公安派出所、铁路公安处指挥中心报告。同时，向所在单位上级汇报。(3)发生作业人员工作中的道路交通事故(包括上下工途中)，除立即向所在地公安交警部门报告外，还要向所在单位上级汇报。

第二章 伤员急救

一、填空题

1. 胸外按压时，肘关节伸直，上肢呈一直线，双肩位于手上方，以保证每次按压的方向与______垂直。

2. 心肺复苏胸外按压的频率范围为____～____次/min。

3. 胸外按压时，按压胸壁的下陷幅度范围一般为____～____cm。

4. 无颈部损伤者心搏骤停时，以__________法开放气道。伴有颈部损伤者心搏骤停时，应以双手托颌法开放气道。

5. 实施口对口人工呼吸时，要确保患者______开放通畅。

6. 实施口对口人工呼吸时，吹气量以能看见患者胸廓起伏即可，按照______的按压通气比交替进行。

7. 发现患者无意识、无呼吸(或叹息样呼吸)，如有两人以上时，一人打电话向“120”求救，另有一人马上实施__________。

8. 常用止血方法包括压迫止血法和____________法。

9. 手部出血时应于腕横纹上方用双手拇指分别压迫________、桡动脉止血。

二、选择题

(一)单项选择题(每题备选答案中，只有一个符合题意的正确答案，请将正确答案前的字母填到题目中的括号内)

1. 对伤员进行心肺复苏时，应采用的正确体位是(　　)。

A. 仰卧位　　B. 左侧位　　C. 右侧位　　D. 俯卧位

2. 胸外按压时，按压部位在胸骨(　　)交界处，或两乳头连线与胸骨中线交界处。

A. 中上 1/3　B. 中下 1/3　C. 中下 1/4　D. 中间

3. 救护员使用仰头举颏法开放气道时，应使伤员的下颌角与耳垂的连线和地面(　　)。

A. 垂直　　B. 呈30°夹角

C. 呈45°夹角　　D. 平行

4. 当骨折伴有开放性的伤口时，应先(　　)、包扎，然后固定。

A. 正骨　B. 消毒　C. 清创　D. 止血

5. 止血带止血法适用于(　　)的止血。

A. 四肢出血　　B. 头部出血

C. 头侧颞部出血　　D. 颜面部出血

6. 救护员判断患者意识时应采取的标准做法是(　　)。

A. 用力摇晃患者双肩并大声呼喊

B. 轻拍双肩并大声呼喊"你怎么了"

C. 按压人中穴观察反应

D. 检查瞳孔是否散大

7. 上止血带过久，容易引起肢体坏死，应每隔(　　)放松一次。

A. 10～20 min　　B. 40～50 min

C. 1～2 h　　D. 2 h以上

(二)多项选择题(每题备选答案中，有两个或两个以上符合题意的正确答案，请将正确答案前的字母填到题目中的括号内)

1. 心肺复苏的操作技术包括(　　)。

A. 检查脉搏　B. 胸外按压　C. 开放气道　D. 人工呼吸

2. 气道异物梗阻的表现包括(　　)、发绀，常常不由自主地以一手呈V形紧贴于颈前喉部。

A. 突然的剧烈呛咳　　B. 反射性呕吐

C. 声音嘶哑　　D. 呼吸困难

3. 关于晕厥急救的正确措施包括(　　)。

A. 双腿抬高促进脑部供血

B. 解开紧身衣物保障呼吸

C. 给予含糖饮料补充能量

D. 待清醒后搀扶站立

4. 心肺复苏中判断呼吸的"听、看、感觉"具体指(　　)。

A. 将耳部贴近患者口鼻听呼吸声

B. 平视患者胸腹部观察起伏

C. 感受肢体末梢温度

D. 用面部感知口鼻气流

5. 现场急救的主要任务包括（　　）。

A. 抢救生命　　B. 减轻伤员痛苦

C. 减少伤情加重　　D. 预防并发症

6. 对脊椎损伤伤员可采取的救助措施包括（　　）。

A. 就地固定　　B. 硬板搬运

C. 抬胸、抬腿搬运　　D. 一人背负搬运

三、判断题

1. 现场急救的原则是先进行必要的急救，再使伤员脱离危险环境。（　）

2. “110”是我国统一实施的医疗急救电话号码。（　）

3. 检查颈动脉脉搏方法为：患者仰头后，救护员一手按住前额，用另一手的食指、中指并拢找到喉结，两指下滑，到气管与颈侧肌肉之间沟内即可触及颈动脉，同时把面颊贴近伤员鼻部，眼光看胸部是否起伏。（　）

4. 胸外按压放松时，掌根可以离开胸壁。（　）

5. 实施口对口人工呼吸时，每次吹毕即将口移开，患者凭借胸部弹性收缩被动完成呼气。（　）

6. 怀疑伤员脊椎骨折、大腿或小腿骨折时，应先将伤员就地固定，切忌随便移动伤员。（　）

7. 晕厥患者恢复意识后应立即起身活动以促进血液循环。

（　）

8. 安置休克患者的正确体位是头低脚高位。（　）

四、简答题

1. 简述 AED 使用的操作步骤。

2. AED 使用时的注意事项有哪些?

3. 何谓加压包扎止血?

4. 对于气道异物梗阻的患者,如何使用海姆立克腹部冲击法对其进行施救?

5. 简述胸外按压的操作要点。

6. 简述中毒的急救方法。

7. 简述晕厥的急救方法。

8. 简述止血带止血法的注意事项。

参考答案

一、填空题

1. 胸骨　　2. 100;120
3. 5;6　　4. 仰头举颏
5. 气道　　6. 30∶2
7. 心肺复苏　　8. 止血带止血
9. 尺动脉

二、选择题

(一)单项选择题

1. A　2. B　3. A　4. D　5. A　6. B　7. B

(二)多项选择题

1. ABCD　2. ABCD　3. AB　4. ABD　5. ABCD
6. AB

三、判断题

1. × 解析:现场急救的原则是**先使伤员脱离危险环境,再进行必要的急救**。　2. × 解析:“**120**”是我国统一实施的医疗急救电话号码。3. √　4. × 解析:胸外按压放松时,掌根**不要**离开胸壁。　5. √　6. √　7. × 解析:晕厥患者恢复意识后需保持**平卧位直至完全清醒,避免二次晕厥**。　8. × 解析:安置休克患者应**平卧位或头和躯干抬高20°~30°、下肢抬高15°~20°卧位**,以利于呼吸和静脉血回流。

四、简答题

1. 答:AED使用的操作步骤如下:(1)打开电源开关,按语音提示操作。(2)安放电极片:电极片安放关系到除颤的效果,一片电极安放在左乳头外侧(左腋前线之后第五肋间处),另一片电极安放在胸骨右缘、锁骨之下。(3)救护员示意周围人不要接触患者,等待AED分析心律，判断是否需要电除颤。(4)救护员得到除颤信息后，等待AED充电，确定所有人员未接触患者后，准备除颤。(5)按下电击按钮进行电击除颤。(6)除颤后继续实施心肺复苏2 min，AED再次自动分析心律。(7)如果AED提示不需要电击除颤，应立即实施心肺复苏。(8)如此反复操作，直至患者恢复心搏和自主呼吸，或者专业急救人员到达现场。

2. 答：(1)贴电极片前，应先清除患者过多的胸毛。(2)迅速擦干患者胸部过多的水分或汗液，再贴电极片。(3)不能在水中或金属等导电物体表面使用AED。如果患者躺在水中，要先将患者抬出，并擦干胸部再使用AED。(4)避免将电极片贴在患者植入式除颤器、起搏器和药物贴片上。(5)按照说明放置好电极片，如果电极片贴反，不用取下重贴。

3. 答：加压包扎止血是指在出血处放置敷料或伤口内填塞敷料后，用绷带加压包扎的止血方法，适用于出血量小的毛细血管或静脉出血。

4. 答：海姆立克互救腹部冲击法实施方法如下：(1)患者立位或坐位。(2)救护员站在患者身后，双臂环绕患者腰部，让患者弯腰，头部前倾。(3)救护员一手握空心拳，握拳手的拇指侧紧抵患者脐上两横指处。(4)另一手握紧此拳头，用力快速向内、向上冲击5次。如果梗阻没有解除，继续交替进行5次背部叩击和5次腹部冲击。

5. 答：按压部位在胸骨中下1/3交界处，或两乳头连线与胸骨中线交界处，一只手掌根紧贴患者胸壁，双手十指相扣，掌根重叠，掌心翘起。肘关节伸直，上肢呈一直线，双肩位于手上方，以保证每次按压的方向与胸骨垂直。按压胸壁的下陷幅度为5～6 cm；为达到有效的按压，可根据患者体型大小增加或减小按压幅度；按压频率为100～120次/min；应保证用力、快速地连续按压，每次按压后胸廓完全恢复原状，按压与放松时间相同，按压时手掌不能倚靠胸壁；放松时，掌根不要离开胸壁。连续按压30次，按压应保持双手位置固定，也可减少直接压力对胸骨的冲击，以免发生骨折。

6. 答:(1)立即脱离中毒现场,终止与毒物继续接触。(2)检查并稳定生命体征。(3)迅速清除体内毒物。尚未吸收的毒物,采用催吐、洗胃、导泻、灌肠等措施排毒;已被吸收的毒物,采用利尿、供氧、血液净化等措施排毒。(4)现场处理后,尽快送医急诊。

7. 答:出现先兆症状或已瘫倒在地,立即扶病人平卧在空气流通处,将其双腿抬高,解开领口、腰带、胸衣,片刻后病人常可自行清醒。如病因已查明,应尽早进行病因治疗,这是根治晕厥的最有效措施,如有明确诱因者应尽量避免。

8. 答:(1)上止血带前,皮肤与止血带之间应加一层布垫。(2)上止血带要松紧适宜,以能止住出血为度。(3)上止血带的部位要尽可能靠近伤口。一般情况上肢出血扎在上臂的上 1/3 处(中 1/3 处容易损伤桡神经),下肢出血扎在大腿中、上 1/3 交界处。(4)上止血带过久,容易引起肢体坏死,因此每隔 40～50 min 应放松一次,每次放松 2～3 min。必须注意,放松止血带时要在伤口处加压,以防止血带放松后引起猛烈出血。(5)运送伤员时,要有明显标志,并注明上止血带与放松止血带的时间。

劳动防护用品与职业健康篇

第一章 劳动防护用品配备与使用

一、填空题

1. 安全带的腰带和保险带、绳应有足够的机械强度，材质应有耐磨性，卡环(钩)应具有＿＿＿＿＿＿。

2. 安全带要拴挂在牢固的构件或物体上，防止摆动或碰撞，绳子不能打结使用，钩子要挂在＿＿＿＿＿上。

3. 安全带要经常检查缝制部分和＿＿＿＿部分，必须仔细检查捻线是否发生裂断或破损等。

4. 安全带应系在牢固的物体上，禁止系挂在＿＿＿＿或不牢固的物件上。不得系在棱角锋利处。

5. 安全绳是在安全带中连接系带与挂点的绳(带、钢丝绳等)，一般与＿＿＿＿＿配合使用。

6. 利用安全绳进行悬挂作业时，不得将挂钩直接勾在安全绳上，应勾在＿＿＿＿＿＿＿上。

7. 呼吸防护用品按用途分为防尘、防毒、＿＿＿＿三类，按作用原理分为过滤式、隔绝式两类。

8. 安全帽使用者在佩戴安全帽时要戴正、戴牢，不能晃动，要系紧＿＿＿＿＿，调节好帽箍，以防安全帽脱落。

9. 安全帽使用者严禁使用帽内无＿＿＿＿＿的安全帽。

二、选择题

(一)单项选择题(每题备选答案中，只有一个符合题意的正确答案，请将正确答案前的字母填到题目中的括号内)

1. 当劳动者暴露于 $L_{EX,8\,h}$(8 h 等效噪声水平)超过(　　)dB 的噪声环境时，用人单位必须为劳动者配备适用的护听器，并指导劳动者正确佩戴和使用。

A. 85　　B. 80　　C. 75　　D. 70

2. 安全带的保险带、绳使用长度在(　　)m 以上的应加缓冲器。

A. 1.5　B. 2.0　C. 2.5　D. 3.0

3. 安全带在使用后应按要求抽检,(　　)至少进行一次全面检查。

A. 每月　B. 每季度　C. 每年　D. 每三年

4. 为确保绝缘鞋的使用安全,应定期根据国标检测绝缘鞋,(　　)至少一次。

A. 每 3 个月　B. 每半年　C. 每年　D. 每两年

5. 常用的坠落防护用品有安全带、安全绳和(　　)等。

A. 脚手架　B. 渡板　C. 围挡　D. 安全网

6. 脏污的绝缘手套清洗时应采用专用的(　　)。

A. 纯净水　B. 汽油　C. 清洁剂　D. 橡胶水

(二)多项选择题(每题备选答案中,有两个或两个以上符合题意的正确答案,请将正确答案前的字母填到题目中的括号内)

1. 绝缘鞋不得与(　　)物质接触,以防腐蚀、变形、受损。

A. 油类　B. 尖锐　C. 酸性　D. 碱性

2. 高处作业用安全带按作业类别可分为(　　)。

A. 区域限制用安全带　B. 围栏作业用安全带

C. 围杆作业用安全带　D. 坠落悬挂用安全带

3. 安全帽按性能分为(　　)。

A. 普通型(P)　B. 通用型(T)

C. 特殊型(T)　D. 简易型(J)

4. 高可视性警示服根据基底材料、反光材料、组合性能材料等可视性材料的面积可以分为(　　)。

A. 0 级　B. 1 级　C. 2 级　D. 3 级

5. 绝缘鞋按使用时适用电压等级可以分为(　　)。

A. 0 级　B. 1 级　C. 2 级　D. 3 级

6. 接触粉尘、有毒、有害物质的劳动者应当根据不同粉尘种类、浓度及毒物的种类、浓度配备相应的(　　)等。

A. 呼吸器　B. 防护服　C. 防护手套　D. 防护鞋

三、判断题(判断下列各题,正确的在题干后面括号内打"√",错误的打"×")

1. 劳动防护用品是指为劳动者配备的,保护劳动者在劳动过程中免遭或者减轻事故伤害及职业病危害的个体防护装备和用品。( )

2. 国标安全带使用期一般为4~6年,发现异常应提前报废。( )

3. 绝缘鞋受潮后严禁使用,一旦受潮,须放在通风透气阴凉处自然风干后再使用。( )

4. 脏污的绝缘手套可采用橡胶水和不超过65℃的清水洗涤。有类似焦油、油漆等物质残留在手套上的,未清除前不宜使用。( )

5. 安全绳应保持清洁,用完后妥善存放,弄脏后可用温水或肥皂水清洗后晾干。( )

6. 绝缘手套应远离热源,避开酸、碱、油类等腐蚀品,并避免阳光直射,以防胶质老化,降低绝缘性能。( )

7. 安全帽使用前应检查外观是否有裂纹、碰伤痕迹、凸凹不平、磨损,帽衬是否完整,帽衬的结构是否处于正常状态。( )

8. 坠落悬挂用安全带是当作业人员发生坠落时,通过制动作用将作业人员安全悬挂的个体坠落防护系统。( )

9. 绝缘手套佩戴在工作人员双手上,手指与手套指孔应吻合牢固,衣服袖口不得暴露覆盖于绝缘手套之外。( )

10. 佩戴安全帽时要戴正、戴牢,不能晃动,要系紧下颏带,调节好帽箍,以防安全帽脱落。( )

11. 佩戴安全帽时使用者可以在安全帽上拆卸或添加附件。( )

12. 应使用在有效期内的安全帽,超过有效期的安全帽应报废处理。( )

13. 安全带是指在高处作业、攀登及悬吊作业中固定人员位置、防止作业人员发生坠落或发生坠落后将作业人员安全悬挂的个体坠落防

护装备的系统。 (   )

14. 高可视性警示服需定期使用刷子清洗，注意保护反光材料。 (   )

15. 在使用同类型安全绳时，各部件可以更换。 (   )

16. 使用安全带时要低挂高用。 (   )

四、简答题

1. 劳动防护用品通常分为 10 大类，具体包括哪些？
2. 安全帽的使用要求是什么？
3. 安全带的使用要求是什么？
4. 安全绳的使用要求是什么？
5. 安全绳使用注意事项有哪些？
6. 如何对绝缘手套进行气密性检查？

参考答案

一、填空题

1. 保险装置　　2. 连接环
3. 挂钩　　4. 移动
5. 缓冲器　　6. 安全带挂环
7. 供氧　　8. 下颏带
9. 缓冲层

二、选择题

（一）单项选择题

1. A　2. D　3. C　4. B　5. D　6. C

（二）多项选择题

1. ABCD　2. ACD　3. AC　4. BCD　5. ABC
6. ABCD

三、判断题

1. √　2. ×　解析：国标安全带使用期一般为**3～5 年**，发现异常应提前报废。　3. √　4. ×　解析：脏污的手套可采用肥皂和不超过65 ℃的清水洗涤，**不得使用橡胶水**。　5. √　6. √　7. √　8. √　9. √　10. √　11. ×　解析：佩戴安全帽时使用者**不得**随意在安全帽上拆卸或添加附件。　12. √　13. √　14. ×　解析：定期清洗高可视性警示服，注意保护反光材料，**避免**使用刷子清洗。　15. ×　解析：使用同类型安全绳，各部件**不能**擅自更换。　16. ×　解析：使用安全带时要**高挂低用**。

四、简答题

1. 答：劳动防护用品包括头部防护用品、呼吸防护用品、眼面部防护用品、耳部防护用品、手部防护用品、足部防护用品、躯干防护用品、护肤用品、坠落防护用品和其他劳动防护用品。

2. 答:(1)使用前应检查安全帽的外观是否有裂纹、碰伤痕迹、凸凹不平、磨损,帽衬是否完整,帽衬的结构是否处于正常状态。(2)使用者不得随意在安全帽上拆卸或添加附件,不能私自在安全帽上打孔,随意碰撞安全帽,以免影响其原有的防护性能。(3)使用者不得随意调节帽衬的尺寸,否则会直接影响安全帽的防护性能,落物冲击一旦发生,安全帽会因佩戴不牢脱出或因冲击后触顶直接伤害使用者。(4)使用者在佩戴安全帽时要戴正、戴牢,不能晃动,要系紧下颏带,调节好帽箍,以防安全帽脱落。(5)根据不同性质和环境选择具备一项或多项功能的安全帽。

3. 答:(1)使用前要检查各部位是否完好无损。(2)高挂低用。将安全带挂在高处、人在下面工作称为高挂低用。一旦坠落事故发生,安全带可将人员拉住,使实际冲击距离减小或使之不坠落掉下。(3)安全带要拴挂在牢固的构件或物体上,防止摆动或碰撞,绳子不能打结使用,钩子要挂在连接环上。(4)高处作业如无固定挂处,应采用适当强度的钢丝绳或采取其他方法悬挂。禁止挂在移动或带尖锐棱角或不牢固的物件上。(5)安全带在使用后,要注意维护和保管。要经常检查安全带缝制部分和挂钩部分,必须仔细检查捻线是否发生裂断或破损等。(6)安全带不使用时要妥善保管,不可接触高温、明火、强酸、强碱或尖锐物体,不得存放在潮湿的仓库中保管。

4. 答:(1)每次使用安全绳前,必须做一次外观检查,在使用过程中,发现有破损老化情况及时反映并停止使用,以确保安全。(2)使用时要束紧腰带,腰扣组件必须系紧系正。(3)利用安全绳进行悬挂作业时,不得将挂钩直接勾在安全绳上,应勾在安全带挂环上。(4)禁止将安全绳挂在不牢固或带尖锐棱角的构件上。(5)安全绳挂绳长度,在保证操作活动的前提下,要限制在最短范围内。

5. 答:(1)安全绳必须有足够的强度来承受人体掉落时的冲击力。(2)使用安全绳不得过长,应能够防止人体坠落致伤。(3)使用同类型安全绳,各部件不能擅自更换。(4)安全绳应保持清洁,用完后妥善存放，弄脏后可用温水或肥皂水清洗后晾干，不得用热水浸泡或日晒火烧。可以使用绳索袋或类似设备进行悬挂存储，避免绳子扭曲或受压。

6. 答：将手套从开口处朝手指方向卷曲时，稍用力将空间压到手掌及指头部分，检查上述部位有无漏气，如有，则禁止使用。如有条件，可用专用绝缘手套充气检查设备进行气密性试验。

第二章 职业健康

一、填空题

1. 职业病是指企业、事业单位和个体经济组织等用人单位的劳动者在职业活动中，因接触______、____________和其他有毒、有害因素而引起的疾病。

2. 职业病危害因素包括化学、物理、______等因素。

3. 生产工艺过程中常见的化学性有害因素主要包括生产性毒物和____________。

4. 我国职业病防治工作遵循“________________”的方针。

5. 电力电缆井及其他场所进行有限空间作业时应当严格落实“____________________”的原则。

二、选择题

（一）单项选择题（每题备选答案中，只有一个符合题意的正确答案，请将正确答案前的字母填到题目中的括号内）

1. 以下不属于劳动过程中的有害因素的是（　　）。

A. 动车组司机长时间处于职业性精神（心理）紧张

B. 作业点存在其他场所逸散过来的有毒物质

C. 车站信号楼运转室内长时间视屏作业

D. 长时间人工捣固作业

2. 以下属于职业病三级预防中二级预防的是（　　）。

A. 生产过程实现机械化、自动化

B. 加强生产设备管理，防止毒物跑、冒、滴、漏

C. 对接触职业病危害因素人员定期进行职业健康体检

D. 为作业人员提供配套的个体防护设施

3. 进入缺氧有限空间作业必须使用（　　）。

A. 防尘口罩　　B. 空气呼吸器

C. 防毒面具　　　　　　　D. 防毒口罩

4. 以下手传振动危害防控措施中，属于二级预防措施的是(　　)。

A. 入职前进行岗前职业健康检查

B. 佩戴防振手套

C. 定期进行在岗期间职业健康检查

D. 采用轮班制

(二)多项选择题(每题备选答案中，有两个或两个以上符合题意的正确答案，请将正确答案前的字母填到题目中的括号内)

1. 工务人员在进行捣固作业时，可能接触的职业病危害因素包括(　　　)。

A. 噪声　　B. 臭氧　　C. 矽尘　　D. 手传振动

2. 以下属于物理因素所致职业病的有(　　　)。

A. 职业性减压病

B. 职业性外照射急性放射病

C. 职业性手臂振动病

D. 职业性高原病

3. 化学性有害因素主要通过(　　　)进入人体内。

A. 消化道　　B. 眼部　　C. 呼吸道　　D. 皮肤

4. 为预防职业病，线路工进行捣固作业时须佩戴(　　　)。

A. 正压式空气呼吸器　　B. 防护耳器

C. 防振手套　　　　　　D. 防尘口罩

5. 避免心理异常的方法包括(　　　)。

A. 建立健康的生活习惯　　B. 学会管理压力

C. 培养良好的人际关系　　D. 发展个人兴趣和爱好

6. 以下属于一级预防高温(固定或集中式作业场所)的措施的是(　　　)。

A. 作业场所设置空调或风扇

B. 作业现场配备防暑降温饮品

C. 配备合格的防毒面具等防护用品

D. 入职前进行岗前职业健康检查

7. 有限空间作业一级预防措施要求配备的防护装备包括(　　)。

A. 正压式空气呼吸器　　B. 防护耳塞

C. 便携式报警装置或设备　D. 耐酸碱鞋

三、判断题(判断下列各题,正确的在题干后面括号内打"√",错误的打"×")

1. 职业性痤疮和溃疡属于职业病。(　　)

2. 电焊烟尘导致的职业病为矽肺。(　　)

3. 尘肺病人容易治疗,但不好预防。(　　)

4. 噪声聋是劳动者在工作过程中,由于长期接触噪声而发生的一种渐进性的感音性听觉损伤,不属于我国法定职业病。(　　)

5. 夏季高温季节,工务、电务、车务等存在室外作业的人员接触的环境高温属于职业病危害因素。(　　)

6. 纱布口罩可用于防尘。(　　)

7. 职业健康检查是指平时的健康体检。(　　)

8. 露天线路上使用内燃设备作业时,劳动者应该在下风向进行作业。(　　)

9. 职业紧张感存在的时间长,可能影响职业人群的身心健康,但不会导致高血压等疾病。(　　)

四、简答题

1. 工作场所中的职业病危害因素按其来源可分为哪几类?

2. 职业病一级预防的定义是什么?

3. 有限空间作业职业病危害的一级预防措施有哪些?

参考答案

一、填空题

1. 粉尘;放射性物质　　2. 生物
3. 生产性粉尘　　4. 预防为主,防治结合
5. 先通风、再检测、后作业

二、选择题

(一)单项选择题

1. B　2. C　3. B　4. C

(二)多项选择题

1. ACD　2. ACD　3. ACD　4. BCD　5. ABCD
6. ABD　7. AC

三、判断题

1. √　2. ×　解析:电焊烟尘导致的职业病为**电焊工尘肺**。　3. ×　解析:尘肺病可以通过除尘降尘措施及个体防护进行预防,**但不好治疗**。　4. ×　解析:噪声聋是劳动者在工作过程中,由于长期接触噪声而发生的一种渐进性的感音性听觉损伤,**是我国法定职业病之一**。5. √　6. ×　解析:纱布口罩**不能**作为防尘口罩使用,其只能挡住部分大颗粒粉尘,对于微细粉尘无法有效阻挡。防尘必须使用满足《呼吸防护　自吸过滤式防颗粒物呼吸器》(GB 2626—2019)要求的防尘口罩。7. ×　解析:针对接触职业病危害因素的劳动者进行职业健康检查是**强制性**的,**单位组织的健康体检属于福利性质,属非强制性**。　8. ×　解析:内燃设备产生氮氧化物、一氧化碳等有毒有害气体,劳动者应该在作业点**上风向**进行作业,避免污染气体经过人的呼吸带。　9. ×　解析:职业紧张感存在的时间长,不但会影响职业人群的身心健康,更**会引发**紧张相关性疾病,如神经衰弱综合征、应激性消化系统溃疡、**高血压**等。

四、简答题

1. 答:工作场所中的职业病危害因素按其来源可分为三类,分别为生产工艺过程中产生的有害因素、劳动过程中的有害因素和生产环境中的有害因素。

2. 答:一级预防又称病因预防,是从根本上消除或控制职业病危害因素对人体作用和损害,即改进生产工艺和生产设备,合理利用防护设施及个人防护用品,以减少或消除作业人员接触危害因素的机会。

3. 答:(1)严格落实“先通风、再检测、后作业”的原则和联络监护制度。(2)可造成急性职业病危害事故的化学毒物应设置有效的便携式报警装置和正压式空气呼吸器等,可造成皮肤和眼睛灼伤的应设置便携式紧急喷淋洗眼装置,现场配备急救药品等。(3)制定有效的操作规程和个人防护制度。(4)职工入职前进行岗前职业健康检查。(5)配备合格的防毒面具等防护用品。